우울할 땐 뇌 과학,

실천할 땐 워크북

우울할 땐 뇌 과학,
실천할 땐 워크북

우울에 빠진 뇌를 재배선하는 10가지 실천 도구

앨릭스 코브 지음
정지인 옮김

심심

참으로 멋지고 놀라웠던 사람,

빌리 고든 박사를 기리며

추천의 말

우울증은 해마다 너무도 많은 사람에게 충격을 가하는 끔찍한 상태로, 개인과 사회 모두에 심각한 영향을 끼칩니다. 정신의학자로서 나는 정신 건강 문제를 치료하는 데 최신의 의학적 개입법을 활용하는 것이 필수적이라고 생각하지만, 그 방법들이 지닌 한계 때문에 답답함을 느끼기도 합니다. 40년 넘게 신경과학과 우울증을 연구해오면서 의술만으로는 우울증의 복잡성을 충분히 해결할 수 없음을 깨달았지요.

앨릭스 코브는 그의 첫 책《우울할 땐 뇌 과학》에서 우울증으로 이어지는 뇌의 작동 과정을 명확히 설명하고 회복에 유용한 방법들을 제안했습니다. 이 워크북은 우울증과 관련해 뇌에서 벌어지는 일을 설명하는 데서 한발 더 나아가, 우울증에서 벗어나기 위해 시도해볼 수 있는 일을 구체적으로 소개합니다. 일상에서 실천 가능한 행동과 방법을 제안하는 처방적인 책이지요.

나는 UCLA의 세멜 신경과학 및 인간행동 연구소Semel Institute for Neuroscience and Human Behavior에서 우울증과 불안증 그리고 그와 연관된 장애들의 최첨단 치료법을 개발하고 있습니다. 수십 년간 연구자이자 임상의로 일하면서 우울증을 가장 효과적으로 치료하는 길은 환자 본인의 생각과 행동에 달려 있음을 배웠습니다. 또 세계적 수준의 신경과학 연구들을 이끌면서 누군가의 머릿속에서 벌어지는 화학 작용과 뇌 활동은 그 사람의 행동과 아주 밀접한 관련이 있음을 밝혀냈습니다. 그런 경험을 했기에 이 책의 출간이 더욱 반갑습니다.

앨릭스 코브는 《우울할 땐 뇌 과학, 실천할 땐 워크북》이라는 실용적이고 효과적인 지침서를 통해 우리 뇌에서 벌어지는 일을 더 잘 이해하도록 도와줍니다. 또 그렇게 이해한 사실을 바탕으로, 우울증의 진행 방향을 뒤집는 데 활용할 만한 실천법을 다양하게 소개합니다. 이 책의 목적은 행동하고 사고하는 방식에 작은 변화를 일으켜 뇌 화학과 뇌 활동에 긍정적인 영향을 미치는 것입니다. 이 책에는 변화에 도움을 주는 실천법과 개입법이 가득 담겨 있는데, 그것들은 모두 과학 연구의 뒷받침을 받고 있습니다. 여기 제시된 방법 중에는 최근에 만들어진 것도 있지만 수십 년, 심지어 수 세기 동안 활용되어온 것도 있습니다. 뇌 과학은 이 방법들이 효과적인 이유를 이제 막 설명하기 시작하는 단계에 이르렀을 뿐이지요.

과학자이자 임상의로서 나는 증거가 분명한 치료법을 활용하는 것이 중요하다는 사실을 잘 아는 만큼 실험실에서 고안한 개입법을 실생활에 적용하기가 얼마나 어려운지도 잘 알고 있습니다. 앨릭스 코브는 뇌 과학 이론을 회복의 길로 안내하는 유용한 도구와 결합하는 그 어려운 일을 해냈습니다.

나는 이 책을 집어 든 여러분을 기쁜 마음으로 환영합니다. 이 책이 우울증을 물리치는 참신한 방법을 알려줄 것입니다.

피터 C. 와이브로, 의학박사 · UCLA 세멜 신경과학 및 인간행동 연구소장

머리말

우울증에서 벗어나기 가장 좋은 때는
바로 지금입니다

이 책을 펼치게 된 계기는 사람마다 다를 것입니다. 친구가 읽어보라고 권했을 수도 있고 서점에서 우연히 발견했을 수도 있겠죠(당신이 이 책을 읽고 있는 지금까지도 서점에 이 책이 꽂혀 있으면 좋겠군요). 아니면 내가 이전에 낸 책《우울할 땐 뇌 과학》을 읽고 내용이 마음에 들어서, 실생활에 적용할 수 있는 구체적인 안내서는 없는지 일부러 찾아봤을 수도 있고요.

어쩌면 당신은 뭔가 불편한 느낌은 들지만 정확히 어디가 잘못되었는지는 모르는 상태일 수도 있습니다. 그 느낌은 느닷없이 나타났을 수도 있고 어떤 나쁜 일을 계기로 걷잡을 수 없이 밀려들었을 수도 있습니다. 모든 게 너무 고통스럽고, 어떤 일도 노력을 기울일 가치가 없어 보일지도 몰라요. 여러 감정이 마땅히 있어야 할 자리가 텅 빈 채로 막막함, 죄책감, 길 잃은 느낌, 외로움만 남아 있다고 느낄지도 모릅니다. 혹시 한순간도 떨쳐낼 수 없는 두려움에 짓눌려 있지는 않나요? 밤마다 당신 곁을 맴돌 뿐, 붙잡을 수 없는 잠 때문에 괴로운가요?

이유가 무엇이든 당신이 이 책을 집어 들었다는 건 당신 안에 어떤 호기심이 있다는 뜻입니다. 그건 지금의 상태를 이해하고 지금보다 나아지고 싶다는 마음의 움직임이죠. 그리고 바로 그 마음의 움직임이야말로 우울이든 불안이든 당신을 밑으로 끌어내리는 마음 상태를 극복하는 데 가장 중요한 요소입니다.

뇌는 고정된 것이 아니며, 바꿀 수 있습니다. 그러니 우울과 불안을 일으키는 신경 회로도 당연히 바로잡을 수 있지요. 가장 기본적인 이 사실을 아는 것만으로도 우울증에 대한 오명과 낙인을 떨쳐내고 비관론을 누그러뜨릴 수 있습니다.[1,2] 그러니까 바로 여기서 책장을 덮는다 해도 당신의 상태는 이 책을 처음 읽기 시작했을 때보다 나아져 있을 것입니다. 하지만 당신에게 도움이 될 내용이 아직 많이 남아 있으니 계속 읽어봐 주세요.

여러 연구를 통해 우울증은 뇌의 사고 회로와 감정 회로 그리고 행동 회로 사이의 의사소통에 문제가 생긴 상태라는 사실이 밝혀졌습니다. 말하자면 우울증은 스트레스와 습관, 의사결정 등을 담당하는 뇌 회로 간 상호작용의 부산물인 셈입니다.

우울과 불안은 계속 아래로 끌어내리는 소용돌이와 같은 **하강 나선**입니다. 뇌가 부정적이고도 건강에 해로운 활동과 반응의 패턴에 붙들려 꼼짝도 못 하게 된 상태지요. 이런 하강 나선을 단숨에 해결할 비법은 없지만, 이 책에 소개한 방법들을 활용하면 나선의 방향을 서서히 뒤집을 수 있습니다.

최근의 연구들은 **상승 나선**의 힘이 무엇인지 보여줍니다. 일상을 조금만 긍정적으로 바꾸면 뇌 또한 긍정적인 변화를 일으켜 뇌의 전기적 활동과 화학적 구성을 바꾸고, 심지어 새 뉴런도 만들 수 있음을 밝혀낸 거죠. 게다가 긍정적으로 바뀐 뇌는 생활을 긍정적으로 변화시키는 일도 더욱 수월하게 만들어줍니다. 상승 나선은 아래로만 향하는 우울과 불안의 진행 방향을 거꾸로 돌릴 수 있어요. 기분을 살리고 에너지를 북돋우고 수면의 질을 개선하며 평온함을 느끼게 해주고 사람들과 더 잘 어울리게 하며 스트레스와 불안, 심지어 몸의 통증까지도 줄여주기 때문이죠.

우울증이나 불안증, 중독, 불면증 또는 만성통증에 시달리고 있더라도 희망은 있습니다. 이 모든 상태가 기본적으로 동일한 뇌 회로와 화학물질에 기반하는 데다 동일한 뇌 과학의 적용을 받기 때문입니다. 만약 당신이 기분과 스트레스, 습관, 에너지, 수면을 통제하는 신경 회로를 어떻게 수정해야 하는지 궁금하다면, 그 답을 얻기에 가장 적합한 곳을 잘 찾아온 셈입니다.

시작하기에 앞서 엄청난 비밀을 하나 알려줄게요. 이 비밀에는 당신의 뇌와 삶을 바꿀 힘이 있습니다. 그 비밀은 간단히 말해서, 당신의 생각과 행동, 상호작용, 환경에 작은 변화들을 만들어내면 우울과 불안을 주관하는 뇌 회로의 활동과 뇌 화학을 바꿀 수 있다는 거예요.

이 워크북은 당신 스스로 당신의 뇌를 더 잘 이해하도록 도와줄 것입니다. 뇌를 잘 이해해야 기분이 좋아지고 불안이 줄어들어 결국 스스로 원하는 삶을 살 수 있으니까요. 이 책을 읽는 동안 당신은 뇌에 관한 기본 지식에서 시작해 차차 우울과 불안의 신경 회로를 바로잡는 방법을 알게 될 것입니다. 바로 신체 활동, 수면, 마음챙김, 감사 등 삶의 폭넓고 다양한 영역에서 간단한 변화를 만들어내는 것이지요. 이제부터 기분과 에너지 수준을 북돋우고, 수면의 질을 향상시키며, 스트레스를 줄이는 데 도움이 된다고 과학적으로 증명된 수많은 방법으로 당신을 안내할게요. 과학은 당신 스스로 뇌를 변화시키고 우울증의 진행 경로를 뒤집을 수 있다고 분명히 말해줍니다.

이 책의 구성

솔직히 나는 당신이 어떤 삶을 살고 있는지, 어떤 어려움을 겪고 있는지 모릅니다. 하지만 이것 하나만은 분명히 알고 있습니다. 바로 당신이 인간의 뇌를 갖고 있다는 사실이죠(혹시라도 당신이 엄청나게 뛰어난 지성을 소유한 기린이나 뭐 다른 존재라면, 정중히 사과드립니다). 그리고 그 사실 하나만으로도 나는 당신의 뇌가 때때로 우울이나 불안에 사로잡혀 빠져나오지 못하는 이유를, 더 중요하게는 그 문제를 해결할 방법을 짐작할 수 있습니다.

이 책은 우울과 불안을 일으키는 뇌 회로들을 간단히 소개하는 것으로 시작합니다. 첫 장에는 뇌 관련 용어가 많이 등장하는데, 일일이 외우지 못하더라도 조바심 낼 필요가 전혀 없습니다. 계속 반복해서 나오기 때문에 나중에는 저절로 익숙해질 거예요. 구체적인 용어 따위는 아무래도 상관없다고 생각해도 괜찮습니다. 용어를 몰라도 이 책에서 제안하는 방법들이 효과를 내는 데는 아무런 지장이 없으니까요.

나머지 장에서는 핵심이 되는 뇌 활동과 뇌 화학을 변화시킬 일련의 근거 있는 개입법을 차근차근 소개하면서, 당신이 직면한 난관들을 헤쳐나가는 데 필요한 도구를 제공할 거예요. 각 장에서 '운동 나선', '수면 나선' 하는 식으로 따로 떼어 소개하지만, 각 나선은 서로 맞물려 작동하기 때문에 그런 구분에는 솔직히 좀 인위적인 면이 있습니다.

변화를 위한 개입법과 그 방법들이 표적으로 삼는 뇌 영역은 모두 서로 연결되어 있기 때문에 각 방법에서 얻는 효과는 다른 영역들로도 퍼져나갑니다. 예를 들어 감사를 표현하는 것과 수면, 사회적 상호작용은 각각 다른 장에서 다루고 있지만, 감사는 수면의 질을 향상시킬 뿐 아니라, 다른 사람들과 더 잘 연결되어 있다는 느낌도 갖게 해주지요. 마음챙김은 습관을 바꾸는 데 도움이 되며, 목표를 세우면 더 쉽게 운동 습관을 유지할 수 있고, 그러면 다시 수면의 질이 향상되는 식입니다.

결국 이 책에 담긴 내용이 일직선으로 깔끔하게 배열되지 않는다는 뜻인

데, 이는 당연하게도 우리 뇌가 일직선으로 단순하게 움직이지 않기 때문입니다. 좋은 삶을 사는 단 하나의 방식이 존재하지 않듯이, 우울증에도 단 하나의 해결책은 존재하지 않습니다. 당신의 뇌가 다른 사람의 뇌와 다르기 때문에, 당신이 갈 길도 남과 다를 수밖에 없습니다.

　각 장에 소개한 방법을 모조리 실행에 옮기려고 애쓰지는 마세요. 그러다가는 부담감에 짓눌려 나가떨어질지도 모릅니다. 당신의 호기심을 자극하거나 기존의 사고방식에 도전을 걸어오는 방법, 또는 이 정도면 충분히 할 수 있겠다 싶은 방법부터 골라서 시도해보세요. 각 장을 순서대로 읽지 않아도 괜찮습니다. 7장에 나오는 방법 하나를 시도해본 다음, 3장에 나오는 방법을 참고해도 아무 문제없습니다. 지금 시점에서 자신에게 더 좋은 순서대로 해도 되고, 그냥 좀 더 쉬워 보이는 것부터 시작해도 됩니다. 단, 한 장을 다 읽었다면 다른 장으로 넘어가기 전에 그 장에서 소개한 방법 중 적어도 하나는 꼭 실행해보세요. 그렇게 해서 점점 나선의 위쪽으로 올라가다 보면, 지난 장에서 빼먹고 넘어갔던 방법으로 돌아가 실행해볼 기회도 생길 거예요. 일단 시작은 첫 장부터 읽되, 이후로는 어떤 장에서 시작해도 좋습니다. 내가 생각하기에 우울증에서 벗어날 가장 확실해 보이는 경로에 따라 각 장을 배열했지만, 무엇보다 중요한 목표는 당신의 뇌가 무엇을 원하는지 스스로 이해하는 것이니까요.

　사실 **이해**는 우울증을 극복하는 데 필요한 두 가지 핵심 요소 중 하나입니다. 다른 하나는 **실천**이지요. 신체 활동이 유익하다는 점을 이해하는 것과 실제로 땅거미가 질 무렵 산책을 나가 활기차게 걸으며 공기를 깊고 차분하게 들이마시는 것에는 중요한 차이가 있습니다.

　이 책은 보통의 독서용 책이 아니라 워크북, 즉 실천하는 책입니다. 나는 여러분에게 이런저런 일을 하고 이런저런 글을 써보라고 요구할 텐데, 그건 그냥 재미로 하는 것이 아니에요. 이 책이 제안하는 것들을 실행하면 실제로 뇌가 측정 가능한 수준으로 변합니다. 글을 쓰는 것을 포함하여 행동이 뇌를 바꾸는 방식은 생각이 뇌를 바꾸는 방식과 다릅니다. 상승 나선의 뇌 과학을 완전히 활용하려면 반드시 생각과 행동이 함께 따라야 합니다.

다행히도 당신은 이미 스스로 도울 도구들을 갖추었습니다. 스트레스를 처리하고, 기분을 좋은 쪽으로 돌리고, 인간관계를 관리하는 방식들이 바로 그것입니다. 하지만 당신이 그 도구들을 충분히 효과적으로 사용하지 못할 수도 있고, 어쩌면 그 도구들 자체가 불완전할 수도 있습니다. 몇 가지 중요한 사이즈가 빠져서 모든 상황에 항상 도움이 되지는 않지만, 없어선 안 되는 스패너 세트처럼 말이에요. 이 책은 당신이 가진 것 이외의 도구들을 추가로 제공할 것입니다. 권위 있는 심리학자와 임상의, 연구자, 신경과학자 들이 과학적인 증거를 기반으로 만들어낸 도구들이지요.

이 책은 자기반성과 성장의 기회도 제공할 것입니다. 자신을 대상으로 과학 실험을 해볼 기회이기도 하지요. 우울과 불안을 해결하는 데 도움이 되는 여러 개입법 중에서 어느 것이 자신에게 가장 효과적인지 찾아보세요.

이 책에는 몸 움직이기부터 감사 일기 쓰기에 이르기까지, 생활을 바꾸는 간단한 활동들이 담겨 있습니다. 실없어 보이는 것도 있겠지만, 어쨌든 모두 다 엄격한 과학 연구를 거쳐 효과가 입증된 활동입니다. 그 모든 활동이 이 책의 목적을 이루는 데 힘을 보탤 것입니다. 그 목적이란 바로 당신을 원래 궤도로 되돌리고, 당신이 원하는 방식의 삶을 살게 하고, 당신이 되고 싶은 유형의 사람이 되게 하는 것이죠. 살면서 어떤 도전에 직면할지는 스스로 선택하기 어렵지만, 도전에 어떻게 맞설지는 분명 스스로 선택할 수 있습니다.

이제 여정이 시작됩니다

지금 우리는 여정의 출발점에 섰습니다. 맞아요. 나는 지금 내 사무실이라는 안전한 공간에서 노트북 앞에 앉아 자판을 두드릴 뿐, 힘든 일은 모두 당신이 하게 될 거예요. 하지만 나도 가이드로서 당신과 함께할 겁니다. 가이드라니까 생각나는데, 이 모든 걸 당신 혼자서 해야 한다고는 생각하지 마세요. 상담 치료사나 의사, 코치의 도움을 받아 이 책에서 제안하는 방법들을 실행해볼 수도 있고 혼자서는 시도하기 힘든 또 다른 치료법을 그들에게 배울 수도 있습니다. 유일한 정답 따위는 없어요. 상승 나선을 만들어내는 방법은 아주 많습니다.

여정은 편하지도, 수월하지도 않을 거예요. 잘 나가다가 도로 후퇴하는 일이 생길지도 몰라요. 그래도 괜찮습니다. 어쨌든 당신은 중요한 목적지를 향해 나아가고 있으니까요.

바로 지금, 여기까지 온 것만으로도 당신은 이미 중요한 걸음을 몇 발자국 내디뎠습니다. 미래는 알 수 없고 불확실하지만, 당신은 (의식적이든 아니든) 나아지겠다고 마음먹었고, 이 책을 읽음으로써 그 마음이 진심임을 자신에게 증명해 보이고 있어요(7장 참고). 당신을 원래 궤도로 되돌리기에 알맞은 신경 회로와 화학물질을 손에 넣은 것이죠(1장 참고). 그러니 심호흡을 한 번 하고(4장 참고), 출발합시다.

목차

11　뇌가 당신을 방해할지라도

1 이해하고 인식하기

"위대함을 성취하려면 지금 있는 곳에서, 지금 당신에게 있는 것을 활용하여, 지금 할 수 있는 일을 시작하세요." 전설적인 테니스 선수 아서 애시의 말은 우울증을 극복하는 일에도 똑같이 적용됩니다. 지금 당신이 있는 곳에서 시작하세요. 또 지금 당신에게 있는 것을 활용하고, 당신이 할 수 있는 것을 하세요. 그런데 당신이 있는 곳에서 시작하려면 먼저 당신이 어디에 있는지부터 정확히 알아야 합니다. 그러려면 지금 당신의 머릿속에서 휘돌고 있는 생각과 감정이 무엇인지 점검하고, 그것들의 토대가 되는 뇌 과학을 이해해야겠지요.

첫째 장은 한 번도 가본 적 없는 나라로 여행을 떠나기 전에 읽는 가이드북 정도로 생각하세요. 이 장을 먼저 읽으면 당신의 뇌에서 어떤 일이 일어나고 있는지, 뒤이어 소개하는 개입법들이 어떻게 효과를 내는지 이해하는 데 도움이 될 거예요.

우울증의 뿌리

간단히 말해서 우울증은 뇌의 생각하는 회로, 느끼는 회로, 행동하는 회로가 서로 의사소통하고 조절하는 방식에 문제가 생긴 상태입니다. 뇌의 활동과 반응이 계속 우울한 상태를 유지하게 하는 사고와 행동의 패턴에 사로잡힌 것이죠. 일단 그 상태에 붙잡히면 빠져나오기가 쉽지 않습니다.

안타깝게도 어떤 사람의 뇌는 우울과 불안의 하강 나선에 더 쉽게 빠지는 취약성을 갖고 있습니다. 그런데 겉보기로는 그런 성향이 드러나지 않는 경우가 많습니다. 흔히 힘든 일을 많이 겪은 사람일수록 우울증에 걸릴 위험이 높다고 생각하지요. 맞습니다. 실직하거나 배우자를 잃는 일과 같은 부정적인 사건이 사람을 우울증에 빠뜨릴 수 있어요. 그런가 하면 대학에 들어가거나 은퇴하거나 낯선 도시로 이사하는 것처럼 삶에 닥친 큰 변화도 우울증을 초래할 수 있고요. 하지만 중요한 사실은 우울증이 외부 상황보다는 뇌의 작용에 영향을 받는 경우가 더 많다는 점입니다.

당신은 완벽주의자인가요? 스트레스를 받을 때는 어떻게 반응하나요? 스스로 어떤 감정을 느끼는지 잘 알아차리는 편인가요, 아니면 감정을 깊이 억누르는 편인가요? 다른 사람의 도움을 받아들이는 게 어려운가요? 당신이 느끼는 감정에, 심지어 긍정적인 감정에도 압도되는 느낌을 받나요? 비현실적일 정도로 낙관적인가요, 아니면 비관적인 마음 때문에 의욕을 내기가 어려운가요? 이런 특징들은 뇌 회로의 미묘한 차이 때문에 생기며, 뇌가 우울의 하강 나선에 갇힐 위험을 높일 수 있습니다.

우울증의 뿌리는 생물학적인 것입니다. 그냥 마음먹는다고 단숨에 빠져나올 수 있는 것이 아니라는 말이지요. 만약 당신이 우울한 상태에서 그냥 빠져나올 수 있다면, 그것은 우울증의 정의에 부합하는 상태가 아닙니다. 한번 해볼까요? 그냥 그 상태에서 빠져나오세요!

빠져나왔나요? 그렇다면 정말 잘됐군요! 당신은 여기서 이 책을 그만 덮어도 됩니다. 하지만 그러지 못했다면 계속 읽어보세요.

우울증이 그냥 빠져나올 수 있는 상태가 아니라면, 무엇을 어떻게 해야 할까요? 우울증이 생물학적 기반을 갖고 있다고 했지만, 그렇다고 해서 바위에 새겨져 영원히 변치 않는다는 뜻은 아닙니다. 그보다는 캐러멜에 새겨져 있다고 하는 편이 정확하겠네요. 단단하지만 모양을 바꿀 수 있는 캐러멜 말이죠.

여러분의 신경생물학적 특성은 바꿀 수 있습니다. 우울증이 신경생물학과 연관되어 있음을 아는 것만으로도 낙인과 비난을 줄일 수 있지요. 신경생물학적으로 변화할 수 있다는 사실을 깨달으면 장기적으로 당신에게 유익하며, 당신이 스스로 자신을 도울 가능성도 커집니다.[3]

우울증은 모든 사람에게서 같은 양상으로 나타나지 않고, 우울증에서 벗어나는 경로도 각자 다릅니다. 이 책은 당신이 자신에 대해 잘 알고, 자신의 신경생물학적 특성이 무엇이며 자신에게 어떤 방법이 효과적인지를 좀 더 잘 이해하도록 도울 것입니다.

나는 우울증일까?

아홉 개 문항으로 구성된 환자건강설문지PHQ-9, Patient Health Questionnaire 는 임상 우울증을 앓고 있는지 여부를 판단하는 데 도움이 됩니다. 하지만 정확한 진단을 위해서는 정신 건강 전문가를 통해야 한다는 점을 명심하세요(게

다가 전문가들은 우울증에 대처하는 데에도 큰 도움을 줄 수 있습니다). 진단이 어떠하든 여기 소개하는 내용은 우울증과 관련된 증상을 해결하는 데 유용합니다. 하지만 무엇보다 중요한 점은, 인생이 살 가치가 없다는 생각이 들 때는 정신건강 전문가든 친구든 가족이든 상관없이 당장 누군가와 이야기를 나눠야 한다는 것입니다. 하다못해 자살예방상담전화(한국은 국번 없이 1393번)에라도 전화하세요.

지난 2주 동안 다음과 같은 문제로 괴로웠던 적이 얼마나 되나요?	전혀 없음	며칠	일주일 이상	거의 매일
1 무엇을 해도 흥미나 기쁨을 거의 느낄 수 없었다.	0	1	2	3
2 기분이 가라앉거나 우울하거나 절망적이었다.	0	1	2	3
3 잠들기가 어렵고 자주 깨거나, 잠을 너무 많이 잤다.	0	1	2	3
4 피로하거나 기력이 거의 없었다.	0	1	2	3
5 식욕이 없거나, 과식을 했다.	0	1	2	3
6 자신에 대한 불만, 인생에서 실패한 느낌, 자신이나 가족을 실망시켰다는 느낌이 들었다.	0	1	2	3
7 신문 읽기나 텔레비전 시청 등 무언가에 집중하기가 어려웠다.	0	1	2	3
8 남들도 알아차릴 만큼 움직임이나 말하기가 느려졌거나, 반대로 너무 안절부절못하거나 초조해서 가만있지 못하고 평소보다 더 많이 돌아다녔다.	0	1	2	3

| 9 | 죽는 편이 낫다는 생각이 들거나 어떤 식으로든 자신을 해하고 싶은 생각이 들었다. | 0 | 1 | 2 | 3 |

합산 _____ + _____ + _____ + _____

총점 = _____

　각 문항에 답한 점수를 합산합니다. 총점이 5~9면 경미한 우울증, 10~14면 중등도의 우울증, 15~19면 중등도 중증 우울증, 20 이상은 중증 우울증입니다.

　그중 어디에 해당하는지에 상관없이 잠시 짬을 내어 이 문항들이 가리키는 문제가 당신이 일을 하거나 집안일을 보살피거나 다른 사람과 어울리는 것을 얼마나 어렵게 만드는지 생각해보세요. 우울증이 당신에게 중요한 것들을 얼마나 많이 방해하는지 좀 더 명확히 파악할 수 있을 거예요.

　우울증과 불안증은 상당 부분 서로 겹쳐서, 우울증을 앓는 사람 대다수는 불안 관련 문제를 겪으며, 불안증이 있는 사람 대다수도 우울 문제를 안고 있습니다.[4] 왜 그런지는 우울과 불안의 바탕에 깔린 신경과학을 깊이 알아갈수록 점점 더 분명해질 것입니다. 통증, 불면증, 중독 같은 연관 장애들과도 겹치는 부분이 아주 많지요.

나는 불안증일까?

다음은 범불안장애설문지GAD-7. Generalized Anxiety Disorder Questionnaire 입니다. 범불안장애 진단을 위해 만들었지만, 여러 다른 유형의 불안증을 앓는지 여부를 확인하는 데도 도움이 됩니다. 그러나 이 경우에도 역시 제대로 진단을 받으려면 정신 건강 전문가의 도움을 받아야 합니다. 이 책은 불안증과 관련된 증상을 해결하는 데에 한정해 활용하기를 권합니다.

지난 2주 동안 다음과 같은 문제로 괴로웠던 적이 얼마나 되나요?	전혀 없음	며칠	일주일 이상	거의 매일
1 초조하거나 불안하거나 안절부절못했다.	0	1	2	3
2 걱정을 멈출 수 없거나 통제할 수 없었다.	0	1	2	3
3 다양한 일들에 대해 너무 많이 걱정했다.	0	1	2	3
4 긴장을 풀기가 어려웠다.	0	1	2	3
5 너무 초조해서 가만히 앉아 있기 어려웠다.	0	1	2	3
6 툭하면 화나 짜증이 났다.	0	1	2	3
7 뭔가 끔찍한 일이 일어날 것 같아 두려웠다.	0	1	2	3

합산 _____ + _____ + _____ +

총점 = _____

　　각 문항에 답한 점수를 합산합니다. 총점이 5~9면 경미한 불안증, 10~14면 중등도의 불안증, 15 이상은 중증 불안증을 나타냅니다.

　　이 책이 스스로 시도해볼 수 있는 방법을 안내한다고 해서 모든 걸 혼자서 해야 한다고는 생각하지 마세요. 당신이 우울증이나 불안증으로 어려움을 겪을 때 정신 건강 전문가를 만난다면 이 책의 내용보다 더 많은 도움과 안내를 받을 수 있습니다.

우울증의 뇌 지도

다시 말하지만 우울과 불안 둘 다 일차적으로는 각각 감정과 생각, 행동을 담당하는 뇌 회로 사이에서 벌어지는 의사소통의 결과입니다. 그 회로들이 상호작용하거나 서로 조절하는 방식, 또는 조절하지 못한 결과가 우울과 불안으로 나타나는 것입니다. 감정 회로는 변연계, 생각 회로는 전전두피질, 그리고 행동 회로는 선조체라고 할 수 있어요.

　　이들 뇌 영역을 쉽게 이해하는 방법 중 하나는 각각이 진화한 방식을 알아보는 거예요. 그러려면 뇌의 맨 안쪽부터 살펴보기 시작해서 점차 바깥쪽으로 나오면 됩니다. 뇌에서는 가장 깊이 자리한 부분이 진화상 가장 오래된 부분이기 때문이지요.

　　먼저 공룡이 살았던 때로 돌아가 봅시다. 공룡에게는 두개골 맨 아래쪽에 뇌간brain stem이 있었어요. 뇌간은 호흡과 혈압 등 생명을 유지하는 데 필요한 기본 기능을 조절하지요. 뇌간 바로 위에 행동과 동작을 통제하는 회로가 있는데 이것을 **선조체**striatum라고 합니다. 또 공룡의 뇌에는 기본적으로 감정 회로라 할 수 있는 **변연계**limbic system의 초기 형태들도 있었죠. 하지만 그게 다였어요. 그러니까 티라노사우루스는 머리가 크긴 했지만 그 안에 생각이란 게 그리 많이 굴러다니지는 않았어요.

그러다가 1억 년쯤 전에 좀 더 지능이 높은 최초의 포유동물이 등장했습니다. 감정 회로인 변연계는 계속 진화하면서 감정과 행위의 범위를 더욱 넓혀 나갔지요. 그보다 중요한 점은 놀라운 처리 능력을 지닌 새로운 뇌 조직층이 공룡에게 있던 파충류 뇌 주위를 감싸며 확장해나간 것입니다. 이것이 바로 **피질**cortex입니다. '피질'은 표면을 뜻합니다. 포유류가 진화함에 따라 이 피질 또한 점점 더 두꺼워졌습니다. 쥐와 다람쥐에게는 피질이 거의 없습니다. 개와 고양이는 그보다 좀 더 두껍고, 원숭이는 개와 고양이보다 좀 더 두껍죠. 포유동물의 뇌는 수백만 년을 거쳐 진화를 거듭하는 동안 점점 더 커졌고, 결국 피질은 머릿속 공간에 맞추기 위해 마치 신문지를 뭉치듯 구겨져 들어가야만 했습니다. 인간 뇌의 표면이 주름진 이유가 여기 있지요.

피질 중에서도 뇌의 앞쪽을 감싼 부분(**전두피질**frontal cortex이라는 딱 맞는 이름이 붙었어요)은 복잡한 상황을 처리하는 능력이 매우 출중합니다. 그중에서도 특히 가장 앞쪽의 **전전두피질**prefrontal cortex은 아주 유능한 컴퓨터와 같아서, 계획, 추상적 사고, 의사결정, 사회적 상호작용을 처리합니다. 전전두피질 덕분에 인간 고유의 특징이 만들어졌으며, 백분율로 보아도 인간의 뇌에서 전전두피질이 차지하는 비중은 다른 어떤 동물의 뇌보다 큽니다.

여기서 소개하는 뇌 영역의 명칭과 기능을 모두 외울 필요는 없어요. 감정을 관장하는 뇌 영역이 있는가 하면 계획과 사고를 책임지는 뇌 영역이 따로 있다는 사실을 큰 그림으로만 파악해도 도움이 됩니다. 과학 용어가 부담스럽고 정신만 산만하게 하거나 그것에 전혀 흥미가 없다면, 앞으로 '변연계'

나 '전전두피질' 같은 단어가 나올 때 그냥 머릿속으로 **어떤 뇌 영역**이라고 치고 넘어가세요.

습관과 충동의 선조체

2천여 년 전 고대 그리스의 철학자 헤라클레이토스는 이런 글을 남겼습니다. "충동적 욕망에 맞서 싸우는 것은 아주 어렵다. 그것은 영혼을 대가로 치르고서라도 원하는 것을 손에 넣으려 한다." 고대 그리스인은 신경과학까지는 아니더라도 뭘 좀 아는 사람들이었던 게 분명합니다.

뇌의 깊은 안쪽에는 행동과 동작을 담당하는 회로들이 모여 있는 선조체가 있습니다. 선조체는 [그림 1]에서처럼 점선을 기준으로 윗부분과 아랫부분

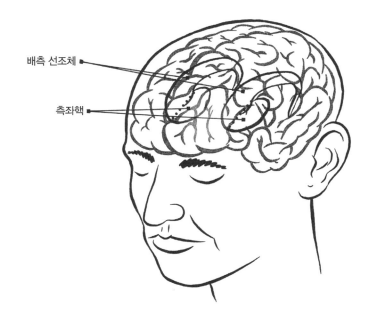

그림 1   선조체

으로 나뉩니다. 윗부분에 해당하는 **배측 선조체**dorsal striatum는 습관에 관여합니다. 습관이란 우리가 별생각 없이 자동으로, 자극에 반응하듯이 취하는 행동입니다. 어떤 행동을 반복할 때마다 그 행동은 배측 선조체에 더욱 강력하게 배선되고, 그 결과 당신이 그 일을 또 할 가능성은 더욱 커집니다. 우리가 차에 타면 안전벨트를 매거나 잠자기 전에 양치질을 하는 것은 배측 선조체의 활동 때문입니다. 친구가 문자메시지에 즉각 답을 안 해서 스트레스를 받거나 거부당한 기분이 들 때 맥주에 손을 뻗는 것도 안타깝지만 바로 배측 선조체 때문이지요. 배측 선조체는 신체적 습관뿐 아니라 사회적 습관과 감정적 습관도 통제합니다.

이와 대조적으로 선조체의 아랫부분인 **측좌핵**nucleus accumbens은 충동적 행동에 관여합니다. 측좌핵은 새롭고 신나고 즉각적 쾌락을 주는 일을 하고 싶어 합니다. 섹스를 하고 싶거나 초콜릿을 먹고 싶은 이유, 또는 좋은 일인지 나쁜 일인지는 차치하고 초콜릿을 먹으면서 섹스를 하고 싶은 이유는 바로 이 측좌핵에 있습니다. 충동적 행동은 재미있고 즐거울 때도 있지만 때로는 장기적 목표를 이루는 데 방해가 되기도 하지요.

여기서 유념할 것은 선조체의 두 부분 모두 고도로 진화한 뇌 영역들과는 다른 논리를 따른다는 점이에요. 그건 좋고 나쁨의 문제가 아닙니다. 그냥 원래 그렇게 생겨먹었을 뿐이지요. 배측 선조체와 측좌핵은 어떤 일을 수월하게 만들기도 하고 더 어렵게 만들기도 하지만, 어쨌든 우리한테 해를 끼치려고 그러는 건 아닙니다. 실은 오히려 우리를 도와주지요. 반복적인 일상이나 충동이 없다면 살아가기가 불가능해질 테니까요. 당신이 취하는 특정 습관이나 충동적 행동이 항상 최선의 것은 아닐지도 모르지만 궁극적으로 당신은 그 습관과 충동을 차차 바꿔나갈 수 있습니다.

선조체를 개라고 생각하면 이해하기 쉽겠네요. 개는 간식을 얻어먹기 위해 자기가 할 수 있는 행동을 하죠. 또 개에게는 훈련도 필요합니다. 당신의 개는 나이를 먹는 동안 나쁜 습관 몇 가지가 생겼을 수도 있고, 새로운 기술을 가르치기가 더 어려워졌을지도 모릅니다. 이와 마찬가지로 당신은 살아오면서 배측 선조체가 특정한 방식으로 행동하도록 훈련해왔어요. 그래서 변화가 힘든 것입니다. 그래도 여전히 변화는 가능합니다. **신경가소성**neuroplasticity, 즉 구조를 바꿀 수 있는 뇌의 능력을 활용하면 되지요. 당신에게 필요한 건 변해야 할 이유입니다. 여기에 보상으로 줄 간식, 그리고 시간이 필요하죠.

감정의 변연계

기쁨과 두려움, 기억과 동기부여에 핵심적인 기능을 담당하는 영역 역시 뇌의 깊숙한 곳에 있는데, 진화상 선조체만큼 오래되지는 않았습니다 (〔그림 2〕 참고). 바로 변연계인데요, 하는 짓이 꼭 어린아이 같습니다. 자신이 원하는 때에, 원하는 것을 즉각 얻지 못하면 생떼를 부리거든요.

변연계의 중심에는 **시상하부**hypothalamus라는 구조물이 있는데, 이것은 생체항상성을 유지하는 데 필수적이지요. 중학교 과학 시간에 배워서 기억이 가물가물할 테니 다시 설명하자면, **생체항상성**homeostasis이란 신체가 내부 환경을 일정한 상태로 유지하는 것입니다. 얼어붙을 듯이 춥고 건조한 툰드라에서 땀이 줄줄 흐르는 나이트클럽으로 외부 환경이 극단적으로 바뀌더라도 몸 안의 모든 것은 그럭저럭 균형을 유지해야 하는데 이 일에 바로 생체항상성이 필요하지요. 우리에게 공기나 물, 음식 또는 생명을 유지하게 하는 그 밖의 것이 필요할 때면 시상하부가 나서서 스트레스 반응을 촉발합니다.

'스트레스'라는 말이 나쁘게 들릴지도 모르지만, 그렇지는 않아요. 스트레스는 그저 환경 변화에 대한 반응일 뿐입니다. 스트레스 자체는 본질적으로 나쁜 것이 아니지요. 스트레스가 해로워지는 것은 그것이 당신의 대처 능력을 압도해버릴 때뿐입니다. 그럴 경우에 흔한 해결책은 스트레스를 줄이는 것이지만, 대처 능력을 높이는 것 역시 도움이 됩니다.

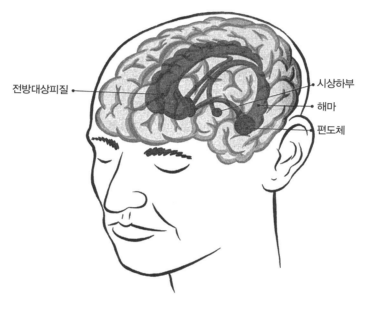

그림 2   변연계

시상하부 가까이에는 아몬드 모양의 **편도체**amygdala라는 구조물이 있습니다. 편도체는 흔히 뇌의 공포 중추라 불리는데, 공포를 비롯하여 모든 강렬한 감정에 관여합니다. 뇌의 일차적인 위험 탐지기로 기능하며 무엇이 우리 자신에게 해를 입히는지, 무엇에 스트레스 반응을 촉발해야 할지 알아내려고 애쓰지요. 편도체는 이성적 사고가 아니라 과거의 경험과 확률에 의지하여 당면한 상황을 육감으로 파악해 알려줍니다.

시상하부와 연결되어 있고 편도체와도 바로 인접해 있는 **해마**hippocampus
는 뇌의 기억 중추입니다. 기억이 저장되는 곳은 아니지만 기록을 장기간 보
관하는 일에 관여하지요. 또 우리 자신이 속해 있는 맥락을 이해하고 인지하
는 데도 아주 중요해요. 만약 당신이 넓은 초원을 가로질러 가다가 사자의 공
격을 받는다면, 해마는 그 사건을 장기기억으로 보냅니다. 그래서 다음번에
같은 들판을 지나게 되면 해마가 신경을 곤두세우고 "어, 여기 와본 적 있는
것 같은데"라며 변연계의 나머지 영역들의 옆구리를 찌르며 경계 태세를 갖추
게 하지요.

해마는 이전의 상황에서 얻은 교훈을 바탕으로 상황을 일반화하려고 합
니다. 초원에서 사자의 공격을 받은 뒤로는, 어디든 넓은 들판을 지날 때마다
과거의 경험을 떠올리고 경계하게 만드는 식이지요. 그러나 때로는 지나치게
일반화하는 것이 문제가 됩니다.

만약 당신이 어린아이이고 길거리에 나갔다가 차에 치일 뻔했다면, 그 경
험을 일반화하는 게 좋습니다. 해마가 모든 길거리를 조심해야 할 장소로 일
반화하는 게 안전에 유리하지요. 그러나 지나친 일반화는 오히려 해로울 수도
있어요. 예를 들어서 당신이 친구의 아파트에 갔다가 엘리베이터에 갇혔다고
해봅시다. 다소 찜찜한 기분이 들어서 다음번에는 그 엘리베이터를 타지 않고
계단을 이용하는 게 실제로 안전에 도움이 될 수도 있겠지요. 하지만 그 공포
가 모든 엘리베이터나 그와 비슷한 작은 공간으로까지 확대돼버리면 이로울
게 전혀 없습니다. 해마에서 지나친 일반화가 너무 많이 일어나면 당신이 어
디를 가든 트라우마가 졸졸 따라다닐 수 있으니까요.

마지막으로 소개할 변연계의 주요 구조물은 주의집중에 매우 중요한 역
할을 하는 **전방대상피질**anterior cingulate cortex입니다. 전방대상피질은 고통과 실

수 그리고 당신이 이루려고 애쓰는 모든 것에 주의를 기울이지요. 때로 전방 대상피질은 고통과 실수에 대한 경보를 울려 주의를 흩뜨리는 것처럼 보일 때도 있는데, 그것도 사실은 당신을 도우려고 애쓰는 것입니다.

강렬한 감정들은 주로 변연계와 관련되어 있지만, 뇌의 다른 영역들과도 이어져 있습니다. 배 속에서 뭔가 철렁 내려앉는 느낌, 심장이 마구 두근거리는 느낌 등 몸으로 느끼는 신체감각들은 변연계와 밀접하게 연결되어 있지만 엄밀히 말해 변연계에 속하지는 않은 뇌 영역, 바로 **섬엽**insula을 통해 전달됩니다. 섬엽은 피질의 아주 깊숙한 곳에 있으며, 심장과 위, 그 밖의 내장기관에서 보내는 정보를 처리하지요(〔그림 3〕 참고). 섬엽은 당신이 느끼는 감정을 신체감각으로 전달해줍니다.

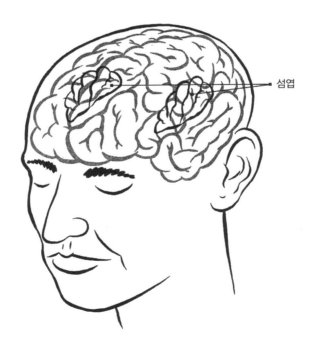

섬엽

그림 3   섬엽

뇌 속의 감정 회로는 사람이 살면서 느끼는 감정의 모든 스펙트럼을 경험하는 데 반드시 필요합니다. 그러나 감정 회로가 피로해져서 에너지가 바닥나거나 하강 나선에 붙잡힌다면 감정 회로를 어느 정도 조절해줘야 합니다. 바로 이때 뇌의 좀 더 진화한 영역들이 유용하게 쓰입니다.

생각 깊은 전전두피질

전전두피질은 뇌에서 가장 많이 진화한 영역으로, 뇌의 앞쪽 표면의 3분의 1을 차지하지요([그림 4] 참고). 전전두피질은 계획을 세우거나 결정을 내리게 해주고, 유연하게 사고하게 도와주며, 충동을 통제하거나 감정을 다스리게 해줍니다. 또 목표와 의도도 만들어주지요.

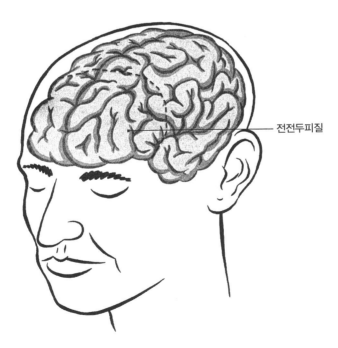

그림 4   전전두피질

전전두피질은 우리 뇌에서 상당히 큰 부분을 차지하는 만큼, 맡은 역할에 따라 다시 세부 영역으로 나뉩니다. 윗부분은 생각을, 아랫부분은 감정을 더 중점적으로 다루지요. 변연계가 감정을 **느끼는** 일에 깊이 관여한다면, 전전두피질의 아랫부분, 즉 복측(배쪽)ventral은 감정에 관해 **생각하는** 일에서 핵심적입니다. 이 부분이 변연계와 연결된 반면 윗부분, 즉 배측(등쪽)dorsal은 선조체와 많이 연결되어 있습니다. 그러니까 당신이 감정의 강도를 낮추려 하거나 더 흥분된 상태를 이끌어내려 하거나 충동이나 습관을 통제하거나 새로운 습관을 만들어내려 할 때, 모두 전전두피질이 관여하죠.

선조체가 천방지축 날뛰는 강아지이고 변연계가 어린아이라면, 전전두피질은 그 방에서 가장 의젓한 어른입니다. 그렇다고 전전두피질이 재미있는 건 모조리 없애버리기만 한다는 뜻은 아니에요(안타깝게도 전전두피질을 그런 쪽으로만 쓰는 사람도 있기는 하지만요). 다만 전전두피질은 안전한 선에서 재미가 이루어지도록 조절하고, 유용한 습관을 만들어주고, 한계를 설정해 일상의 궤도에서 벗어난 것들을 원래 상태로 되돌려줍니다.

그렇다고 전전두피질이 다른 영역들보다 더 우월하다고 생각하지는 마세요. 뇌의 모든 영역은 당신이 행복하고 의미 있는 삶을 살아가도록 균형을 유지하는 데 반드시 필요합니다. 감정을 너무 통제하면 관계가 단절된 느낌이 들 수 있습니다. 반대로 너무 통제하지 않으면 변덕스러운 감정이 당신을 마구 휘두를 테고요. 감정을 주식시장에 비유한다면, 전전두피질은 그 시장을 책임감 있게 조절하는 기관입니다. 규제가 풀려 투자 열기가 과열되면 버블로 이어지고 하이퍼인플레이션이 발생하지요. 반면, 공포가 너무 퍼지면 경기 침체를 불러올 수 있습니다.

뇌는 색칠놀이를 좋아해

제가 대학원에 다니던 시절, 필수 교재 중에 컬러링북이 있었습니다. 저명한 우리 교수님은 뇌 그림을 영역별로 색칠해보는 것이 각 영역의 명칭과 기능을 기억하는 데 효과적이라는 사실을 알고 있었지요. 지금 당신 주위에 굴러다니는 색연필이나 크레용이나 사인펜이 있다면 아무거나 집어 들고 앞에 나온 [그림 1, 2, 3, 4]를 색칠해보세요.

우울증의 화학물질

인간의 뇌는 **뉴런**neuron이라는 작은 신경세포 수십억 개로 이루어져 있습니다. 뉴런은 뇌에서 정보 처리를 담당하는 기본 단위예요. 각각의 뉴런은 다른 뉴런들과 연결된 기다란 가지(축삭돌기)를 따라 전기 신호를 흘려보내 정보를 전달합니다. 전기 신호가 뉴런의 가지 끝에 도달하면 **신경전달물질**neurotransmitter이라는 화학 신호를 뿜어냄으로써 다음 뉴런에게 정보를 보내지요.

하나의 뉴런은 수천 개의 다른 뉴런에 연결될 수 있어요. 동일한 뇌 영역에 있는 뉴런뿐 아니라, 멀리 떨어진 영역의 뉴런과도 연결될 수 있고요. 그럼으로써 신경의 방대한 의사소통 네트워크 또는 시스템을 만듭니다. 예를 들어 전전두피질에 있는 뉴런들은 서로 의사소통하는 한편 일부는 변연계와, 또 일부는 선조체와 의사소통을 합니다. 이와 마찬가지로 변연계와 선조체의 뉴런 역시 서로 의사소통을 하면서 전전두피질의 뉴런과도 대화하죠.

수십 가지의 신경전달물질이 저마다 다른 시스템 안에서 활동하며 서로 영향을 미칩니다. 그 밖에 뇌 속의 다른 화학물질들도 뉴런의 의사소통뿐 아니라 성장에까지 영향을 미치지요. 다음 표는 기본적인 신경전달물질과 우울증 및 우울증 극복에 관여하는 화학물질의 종류, 각 화학물질의 기능, 그리고 이들의 기능과 관련하여 효과적인 개입법을 정리한 것입니다. 자신에게 필요한 개입법을 표에서 찾은 뒤, 이어지는 장에서 좀 더 자세히 알아보고 활용한다면 스스로 뇌 화학을 조절하고 뇌 화학 시스템의 기능을 개선함으로써 기분을 좋게 하고 스트레스에 대한 회복력을 키울 수 있을 것입니다.

화학물질	기능	개입법
세로토닌	의지력, 충동 조절, 기분 조절에 관여하는 신경전달물질	운동(3장), 감사(10장), 햇빛(5장)
도파민	습관, 충동, 중독, 즐거움에 관여하는 신경전달물질	즐거운 활동(2장), 운동(3장), 감사(10장), 사회적 연결(6장)
노르에피네프린	스트레스 조절에 관여하는 신경전달물질	운동(3장), 수면(5장), 통제감 증가(7장)
옥시토신	사랑과 신뢰, 인간관계에 관여하는 신경전달물질이자 호르몬	감사(10장), 음악(4장), 신체 접촉(6장), 사회적 지지(6장)
엔도르핀	행복감과 통증 감소에 관여하는 신경전달물질 무리	운동(3장), 스트레칭(4장), 마사지와 신체 접촉(6장), 사회적 연결(6장)
엔도카나비노이드	평화로움과 통증 감소에 관여하는 신경전달물질 무리	운동(3장)
멜라토닌	수면의 질에 관여하는 호르몬	운동(3장), 햇빛(5장)
가바	불안 감소에 관여하는 신경전달물질	요가(4장)
뇌유래신경영양인자 BDNF	뉴런 강화와 새 뉴런 성장에 관여하는 뇌 화학물질	운동(3장)

| 코르티솔 | 스트레스 호르몬. 일반적으로 스트레스를 낮춘다는 것은 코르티솔을 낮춘다는 것을 의미 | 운동(3장), 심호흡(4장), 긴장 풀어주는 음악(4장), 질 좋은 수면(5장), 마음챙김(8장) |

신경과학 지식을 삶에 적용하기

뇌의 복잡 미묘한 구조와 기능을 모두 다루지는 못했지만, 이번 장에서 다룬 사실만으로도 당신의 삶을 이로운 방향으로 변화시키기에 충분합니다. 당신이 이제 막 새로 얻은 신경과학 지식을 실제로 적용해볼 수 있는 방법을 두 가지 소개합니다.

감정에 이름표 붙이기

많은 사람이, 그중에서도 대개는 남자들이(미안해요, 남성 여러분) 자신의 감정을 이야기하는 것은 자기연민 속에서 허우적거리는 일에 불과하며, 아무것도 해결해주지 못하는 쓸데없는 짓이라고 말합니다. 그러나 UCLA에서 실시한 몇 가지 연구는 감정에 이름표를 달아주기만 해도 전두엽이 편도체의 감정적 반응을 진정시킬 수 있다고 밝혀냈습니다.[5]

다음은 우울증과 불안증에서 흔히 나타나는 감정(과 그 변이형)을 열거한 것입니다. 지금 당신이 느끼는 모든 감정에 동그라미를 치세요. 혹시 목록에 없는 감정이 있다면 빈칸에 직접 적어 넣어보세요. 당신과 특별히 깊이 연관돼 있다고 느껴지는 감정에는 체크 표시를 해보세요. 그러면 다음번에 그와 비슷한 감정이 다시 떠오를 때 그것의 정체를 좀 더 수월하게 인지할 수 있으니까요.

□ **슬픔**	□ 얼어붙음	□ 버려짐	□ 공허함
□ 낙심	□ 주저	□ 고독	□ 지침
□ 처짐	□ 조마조마함	□ 고립	□ 졸림
□ 우울	□ 초조	□ 쓸쓸함	□ 피곤함
□ 음울	□ 압도됨	□ 거부당함	□ 만사 귀찮음
□ 상심	□ 공황	□ **죄책감**	□ **화남**
□ 처량함	□ 무서움	□ 수치심	□ 격분
□ 비참함	□ 스트레스	□ 후회	□ 성마름
□ 불행함	□ 겁먹음	□ 미안함	□ 분통
□ **불안함**	□ 불편함	□ 무가치함	□ 격노
□ 두근거림	□ 걱정	□ 피로함	□ _____
□ 우려	□ **외로움**	□ 나른함	□ _____
□ 염려	□ 자포자기	□ 탈진	□ _____

감정과 신체의 생리 활동은 서로 뒤얽혀 있기 때문에 우울증과 신체 증상들 또한 강력하게 연관되어 있습니다. 예를 들어 몸의 통증은 우울증과 밀접하게 연결되어 있는데, 요통과 두통이 특히 그렇습니다. 만성통증은 우울증의 위험성을 높이고 우울증은 만성통증의 위험성을 높이니, 안타까운 하강 나선이 아닐 수 없지요. 호흡곤란도 마찬가지입니다. 호흡이 곤란해지면 뇌를 진정시키는 신체의 능력이 무너지기 때문이지요(4장 참고).

변연계와 소화계도 밀접하게 연결되어 있습니다. 어렸을 때 나는 스스로 '너무 불안하다'라고 말로 표현하지는 못했지만, 시험 날짜가 다가오거나 타고 싶지도 않은 롤러코스터를 타려고 줄을 서 있을 때면 배가 아프곤 했어요.

신체 증상은 기분이나 불안과도 연관되어 있습니다. 통증과 고통은 몸이 보내는 신호의 결과이기만 한 것이 아니라 뇌가 그 신호를 처리하는 방식이기도 해요. 예를 들어 섬엽과 변연계 사이의 의사소통은 불안과 상관관계가 있지요.[6] 우울증이나 만성통증에 시달리는 사람의 뇌를 보면 섬엽과 변연계 사이의 의사소통에 변화가 일어난 것을 알 수 있습니다.[7,8] 이는 뇌가 민감해져서 통증을 더 많이 느끼고 통증에 감정적으로 더 강렬하게 반응한다는 뜻이에요. 유감스러운 조합이 아닐 수 없습니다.

신체 증상 알아차리기

신체 증상이 기분이나 불안과 관련이 있다는 사실을 알게 되었다고 해서 당장에 그 증상들을 사라지게 할 수는 없습니다. 하지만 일단 알고 나면 전전두피질과 변연계와 섬엽 사이의 의사소통을 조절할 수 있게 되고, 이

것은 결국 신체 증상의 개선으로 이어집니다.

　　다음 목록을 보고 지금 당신이 신체적으로 겪는 것들에 동그라미를 치세요. 그리고 자주 겪는 증상 옆에는 체크 표시를 해보세요. 이 밖에 떠오르는 증상이 있으면 빈칸에 적어보세요.

□ 구강 건조　　　　　□ 소름　　　　　　　□ 쥐(경련)

□ 근육 긴장　　　　　□ 속 쓰림 또는 소화불량　□ 턱 통증

□ 기운 없음　　　　　□ 속이 울렁거림　　　□ 현기증 또는
　　　　　　　　　　　　　　　　　　　　　　가벼운 어지러움

□ 두통　　　　　　　□ 손 떨림　　　　　　□ 호흡곤란

□ 땀 흘림　　　　　　□ 수면장애　　　　　□ 흉통

□ 메스꺼움　　　　　□ 심장이 두근거림　　□ _____

□ 목 통증　　　　　　□ 요통　　　　　　　□ _____

□ 무감각 또는　　　　□ 이 악물기나 이 갈기　□ _____
　　따끔거리는 느낌

□ 복통　　　　　　　□ 잦은 감기 또는 잔병치레　□ _____

고장 난 감정은 없다

우울증에 시달릴 때는 흔히 자신이 고장 났다고 생각합니다. 이럴 때는 뇌의 다양한 영역을 이해하는 것이 큰 도움이 됩니다.

만약 팔이 부러졌다면 당신의 팔이 부러졌다고 하지, **당신이** 부러졌다고 하지는 않지요. 당신의 팔이 곧 당신은 아니라는 사실은 누구나 알고 있어요. 당신은 팔을 들 수도 있고 손가락을 꼼지락거릴 수도 있어요. 팔은 당신의 일부이지, 당신 그 자체는 아니죠.

그런데 당신이 슬프거나 암담하거나 불안하다고 느낄 때는 그 감정들을 당신과 분리해서 생각하기가 어렵습니다. 그러나 그것들은 당신과 분리된 것이 맞습니다. 그 감정들은 지금 이 순간 당신이 세상을 경험하는 방식일 뿐이에요. 당신의 감정이 당신에게 속한 뇌의 구체적인 영역에서 발생했다고 해서 편도체나 시상하부가 곧 당신 존재 자체인 것은 아니잖아요. 그 영역들이 당신에게 속해 있고 때때로 문제를 일으킬 수 있을지언정, 당신이라는 존재의 본질은 아닙니다.

사람들은 종종 자신의 감정을 바로잡으려고 합니다. 하지만 감정이란 바로잡을 수 있는 것이 아니에요. 애초에 감정이란 고장 나는 것이 아니기 때문이죠. 감정은 그저 당신의 다양한 뇌 영역이 진화를 거치며 저마다 맡은 역할을 수행하면서 나오는 결과물에 불과합니다.

이제 당신 뇌 속에 있는 다양한 영역과 화학물질에 관해 알게 되었습니다. 잠시 그것들을 떠올리며, 각각의 것들이 현재 당신의 상황과 어떻게 연관되어 있는지 생각해보세요. 그리고 아래 빈칸에 생각나는 대로 적어보세요. 혹시 생각나는 게 하나도 없더라도 걱정하지 마세요. 우리는 이제 막 시작하는 단계에 있으니까요.

....
....
....
....
....
....

스스로 통제 가능한 것과
통제 불가능한 것

심리학자 소냐 류보머스키는 행복 연구를 통해, 사람들이 자신의 행복을 어
느 정도 통제할 수 있는지를 알아보았습니다.[9] 연구에 따르면 일부 행복은 통
제할 수가 없는데, 유전자나 아주 어렸을 때의 경험, 그 밖에 혼자 힘으로 바꿀
수 없는 삶의 양상에서 기인한 것들이 그랬습니다. 그러나 전체 행복의 40퍼
센트는 스스로 충분히 통제 가능하다고 합니다.

40퍼센트라는 낮은 비율에 한숨이 나온다 해도 이해는 갑니다(어쨌든 절반
도 안 되니까요). 하지만 그렇게 못 박아버리는 건 별 도움이 안 됩니다. 당신의
뇌가 그렇게 자동으로 부정적인 쪽에 초점을 맞추도록 내버려두면 결국 하강
나선에 힘을 더 실어주고 말거든요.

곰곰이 생각해보면 40퍼센트는 꽤 큰 수치입니다. 학점으로 치면 A와 F
를 가르는 차이지요. 당신 안에서 그만큼 큰 변화를 줄 수 있는 요소는 거의 없
습니다. 키가 40퍼센트 더 커지거나 머리가 40퍼센트 더 똑똑해지기는 어렵잖

아요. 그러니까 당신의 힘으로 통제할 수 있는 행복이 너무 적어보여도, 아직 희망은 있다는 얘깁니다. 게다가 이 책도 이렇게 곁에서 당신을 돕고 있고요.

때로 고통받는 사람은 나뿐이고 나머지는 모두 햇살과 무지개 아래서 하루를 보낸다고 느껴질 때가 있지요. 그러나 사실 우울증과 불안증은 아주 흔합니다. 매년 수천만 명의 미국인이 둘 중 하나 또는 둘 다에 시달리고 있어요. 그저 당신이 모르고 있을 뿐이지요. 대부분의 사람은 우울증에서 벗어나기 위해 스스로 어떤 일을 하고 있는지 말하지 않습니다. 넘어지고 멍들며 가까스로 헤쳐 가는 우울증과 불안증의 세계에서 자기를 돌보는 일에 관해서는 좀처럼 남에게 알리고 싶어 하지 않습니다. 온천에서 여유롭게 보낸 하루라면 모를까, 어느 누구도 가까스로 침대에서 빠져나와 양치질하러 가는 모습을 인스타그램에 올리지는 않아요. 당신은 다른 사람들이 사실 어떤 일을 겪고 있는지, 그 일에 어떻게 대처하고 있는지 모릅니다.

당신은 혼자가 아니에요. 그냥 혼자라고 느낄 뿐이죠. 그런 느낌도 우울증의 증상 가운데 하나이고요.

우울증이 그렇게 흔한 이유는 인간을 인간답게 만드는 바로 그 뇌 회로가 유감스럽게도 때로는 우울의 패턴에 갇혀 옴짝달싹 못 하게 되는 경향도 갖고 있기 때문이에요. 이 말은 당신의 상태(와 당신의 뇌)에 당신으로서는 바꿀 수 없는 측면들이 있다는 뜻이지요. 다양한 뇌 회로의 활동과 화학 작용은 여러 요인에 의해 결정되는데, 그중에는 우리가 통제할 수 있는 것이 있고 통제할 수 없는 것도 있습니다. 자신의 생물학적 상태를 전적으로 통제할 필요는 없다는 점을 이해하는 것이 중요해요.

당신 스스로 문제를 해결하도록 돕겠다는 목표를 지닌 책에서 하는 말치고는 이상하게 들릴지도 모르겠어요. 하지만 자신의 한계를 받아들이면 일종의 해방감을 얻게 되고, 그러고 나면 당신의 뇌, 나아가 당신의 삶에서 스스로 바꿀 수 **있는** 측면에만 초점을 맞추는 것이 가능해집니다. 그 점에서 이번 장은 중요한 출발점입니다. 지금 자신이 어디에 있는지를 받아들여야만 비로소 앞으로 나아갈 수 있기 때문이지요.

내 뇌는 어쩌다 이렇게 되었을까?

우울증의 바탕에는 유전이 있습니다. 부모님이 물려준 특정한 유전자 말입니다. 어떤 유전자들은 특정한 감정 회로의 조율 방식을 결정하기 때문에 우울증의 위험성을 높입니다. 그렇다고 해서 유전자의 그늘에서 결코 벗어날 수 없다는 뜻은 아닙니다. 유전자는 단지 당신의 뇌 회로가 특정한 방식으로 발달하게 하는 경향성을 만들어낼 뿐이지요.

그다음으로 당신이 아주 어렸을 때 경험한 것들, 그중에서도 특히 트라우마로 남을 만한 경험이 있습니다. 그 경험들은 뇌 회로가 발달하는 방식과 유전자가 발현되는 방식에 크게 영향을 미칩니다. 유전자가 발현되는 방식은 **후성유전**epigenetics이라는 것에 영향을 받지요. 후성유전은 특정한 유전자들을 활성화하거나 비활성화함으로써 유전자의 볼륨을 확 키우거나 완전히 줄일 수 있습니다.[10] 이러한 유전자 발현 조절이 때로는 도움이 되지만 반대로 별로 도움이 되지 않을 때도 있어요. 어린 시절 경험 중에 당신의 뇌를 우울증 쪽으로 몰아가는 것이 있나요? 괴로웠던 경험을 글로 자세히 쓰다 보면 여러모로 도움이 됩니다(5장 참고). 하지만 지금은 일단 머릿속에 떠오르는 경험들을 죽 써보세요. 그것만으로도 충분합니다.

···

···

···

··· .

     당신의 유전자를 바꿀 수는 없지만 그래도 괜찮아요. 우울증을 극복하기 위해 유전자를 바꿀 필요는 없습니다. 생각과 행동을 조금씩 바꾸는 것만으로도 당신의 후성유전에 영향을 미칠 수 있고, 그럼으로써 유전자의 영향력을 높이거나 줄이는 일도 가능하답니다.

     어릴 적 경험도 마찬가지예요. 이미 경험한 사실을 바꿀 수는 없지만, 관점을 바꾸거나 그 일에 대해 갖고 있던 생각을 수정함으로써 전혀 새로운 틀에서 바라볼 수는 있습니다. 생각을 바꾸면 뇌에도 긍정적인 영향을 미칠 수 있지요. 이렇듯 후성유전 메커니즘은 현재진행형으로 작동하며, 과거 경험에 대한 판단도 현재 내가 갖고 있는 생각에 따라 달라집니다. 기왕에 현재 얘기가 나왔으니, 이제 우울증을 구성하는 퍼즐 중 현재 삶의 상황이 어떤지 살펴볼까요.

현재 삶의 상황 살펴보기

     현재 당신이 처한 상황에는 직업(또는 실직 상태), 인간관계, 무의식적으로 반복하는 행동, 즉 대처 습관, 태도, 믿음, 운동, 수면, 최근의 경험 등이 포함됩니다. 이 중에서 우울증에 원인을 제공하는 것이 있나요? 항목별로 구체적인 상황을 정리해보세요.

인간관계: ....
....

대처 습관: ....
....

태도: ....
....

믿음: ....
....

운동: ....
....

수면: ....
....

최근의 경험: ....
....

기타: ....
....

현재의 삶을 검토해보면 어떤 요인이 당신의 뇌 활동과 뇌 화학에 영향을 미치는지 알아낼 수 있습니다. 우울증의 퍼즐에서 당신이 완전히는 아니라도 어느 정도 통제력을 행사할 수 있는 유일한 조각이 바로 당신이 현재 처한 상황입니다. 그중에는 당신이 바꿀 수 있는 것과 그럴 수 없는 것이 있겠지요. 두 가지가 분명히 구분되지 않을 때도 종종 있습니다.

현재 당신이 어떤 상황에 처해 있는지 알고 나면, 이어지는 장에서 소개하는 개입법 중에서 무엇을 적용하고 어떤 것을 건너뛸지 판단하기가 수월해질 겁니다. 앞으로 남은 여정에서 당신은 스스로 통제할 수 있는 삶의 상황들을 바꾸는 한편, 스스로 통제할 수 없는 것들을 받아들이는 훈련을 병행하게 될 것입니다.

○   자신의 목표 파악하기

당신은 이 책을 집어 들면서 무엇을 기대했나요? 이루고 싶은 목표가 무엇인가요? 5분만 시간을 내서 당신이 이 책으로 이루려는 것을 적어보세요. 잘 모르겠다면, 그냥 잘 모르겠다고 쓰세요. 괜찮습니다. 앞으로 나아갈 길을 밝히는 과정은 일직선이 아니니까요. 오히려 나선이라고 하는 편이 더 맞을 거예요. 이 얘기는 나중에 7장에서 다시 한 번 하겠습니다. 어쨌든 뭔가를 하고, 그것이 잘못되고, 그래서 다시 시도하고, 그랬는데도 여전히 충분히 잘되지 않더라도, 무언가를 계속하는 것이 아무것도 안 하는 것보다는 훨씬 유익합니다.

....

....

....

....

....

....

....

내 뇌는 무엇이 잘못된 걸까?

내가 우울증 연구자이며 MRI 검사를 실시할 수 있는 전문가라는 사실을 알고 나면 사람들은 대개 이렇게 묻습니다. "도대체 내 뇌는 뭐가 잘못된 건가요?" 그러면 나는 이렇게 대답합니다. "잘못된 건 하나도 없어요." 깊은 절망과 어둠 속에 빠져 있거나 불안으로 몸부림칠 때면 당신의 뇌가 뭔가 단단히 잘못되었다는 느낌이 들지요. 하지만 그건 말 그대로 느낌일 뿐, 실제로는 그렇지 않답니다. 당신의 뇌 회로가 전혀 도움이 안 되는 활동과 반응의 패턴에 갇혔을 수는 있지만 거기에 잘못된 것은 없어요.

이게 무슨 소리냐고요? 이번 장의 절반이 문제투성이 뇌 영역들을 다루지 않았냐고요? 우울증으로 변화가 생긴 뇌 영역들에 관한 연구가 산더미 같지 않으냐고요? 맞습니다. 우울증에 걸린 사람 스무 명과 그렇지 않은 사람 스무 명을 모아 실험실에서 특정한 과제를 수행하게 하고 그동안 그들의 뇌를 스캔하면, 특정한 뇌 영역들의 활동에서 평균적인 차이를 발견할 수 있습니다. 그러나 그 차이는 그야말로 평균일 뿐이에요. 통계상 작은 편차지요. 누군가의 뇌를 들여다보고 그 사람이 우울증에 걸렸는지 안 걸렸는지 알 수는 없습니다. 그 어떤 뇌 스캔이나 실험실에서 하는 검사로도 우울증을 진단하지는 못합니다. 그렇다면 뇌에 잘못된 것이 없는데 어떻게 우울증 같은 이상이 발생할 수 있냐고요?

《우울할 땐 뇌 과학》에서도 이야기했듯이 당신의 뇌 회로를 이해하고 싶다면 마이크와 스피커 같은 단순한 피드백 회로를 생각해보세요. 마이크를 특정 방향으로 둔 채 스피커의 볼륨을 다소 높게 설정하면, 아주 부드러운 소리도 귀를 찢는 듯 날카로운 되먹임 소리로 울립니다. 이때 마이크와 스피커에는 잘못된 점이 전혀 없습니다. 둘 다 정해진 기능대로 작동했을 뿐이지요. 문제는 시스템, 다시 말해 기계의 각 부분과 입력된 정보 사이의 상호작용에서 생겨납니다.

우리 뇌에 대해서도 똑같이 말할 수 있습니다. 당신의 편도체나 전전두피질이나 그 밖에 다른 어디에도 잘못된 것은 전혀 없어요. 각자 원래 주어진 역할을 수행하고 있을 뿐이지요. 당신이 우울한 상태에 갇히는 이유는 뇌의 각 부분이 서로 의사소통하는 방식, 그리고 사회적 상호작용이나 환경의 영향으로 다르게 입력되는 정보의 역학 관계 때문입니다.

다행히도 소리 문제를 해결하기 위해 마이크나 스피커를 새것으로 바꿀 필요는 없어요. 마이크의 방향을 바로잡고 스피커의 볼륨을 낮추기만 하면 되지요. 인간의 뇌는 마이크나 스피커보다 훨씬 더 복잡하지만, 우울증을 극복하기 위해 이 책에서 안내하는 다양한 개입법을 실행할 때는 당신의 뇌 회로도 그와 비슷하다고 생각하면 좋겠습니다. 어떤 개입법은 불안 회로의 볼륨을 낮추는 데 도움이 되고, 또 다른 개입법은 동기 자극이나 의사결정과 관련된 회로의 볼륨을 높여주거든요.

우리 뇌를 기타라고 생각해볼 수도 있어요. 솜씨 좋은 장인에게서 샀든 싸구려 잡화점에서 샀든 기타는 아름다운 소리를 낼 수 있지요. 그러나 아무리 잘 만든 기타라도 조율이 안 되어 있으면 듣기 싫은 소리를 냅니다. 이때도 기타 자체에 잘못된 점은 없어요. 어떤 줄이 느슨하게 풀려 있거나 지나치게 당겨 있을 뿐이죠. 이 책을 통해 당신의 뇌를 다시 잘 조율된 상태로 되돌려놓는다고 생각하면 도움이 될 거예요.

이번 장에서 이것만은 꼭 알고 넘어갔으면 합니다. 첫째, 지금 우울증에 걸린 당신에게는 잘못된 것이 하나도 없어요. 둘째, 우울증에 걸리면 뇌는 당신이 계속 우울한 상태에 머물도록 생각하고 행동하는 경향이 있는데, 그걸 바꾸는 일이 쉽지만은 않습니다. 셋째, 당신은 작지만 의미 있고 효과적인 변화를 만들어낼 수 있고, 그 변화들은 당신의 기분, 나아가 건강하고 행복한 삶에 긍정적인 영향을 미칩니다.

당신 탓이 아니에요

혹시 우울해한다는 이유로 자신을 비난하거나 몰아세우지는 않았나요? 우울한 것은 당신 잘못이 아닙니다. 심지어 당신 뇌의 잘못도 아니죠. 잘못은 어디에도 없습니다. 우울증에 원인을 제공하는 수많은 요인이 있을 뿐입니다. 당뇨병이나 심장병 같은 다른 의학적 상태들도 마찬가지예요.

누군가 당뇨병이나 심장병에 걸렸다고 해서 그것이 그 사람 잘못은 아닙니다. 물론 살면서 몸에 이롭지 않은 몇몇 결정을 내린 것이 원인을 제공했을수는 있지만, 어쨌든 그 사람은 그저 특정한 생물학적 상태에 놓인 것뿐입니다. 그럴 때 식습관과 운동, 스트레스 수준을 조금씩 바꿔나감으로써 자신의 상태에 긍정적인 영향을 미칠 수 있지요. 우울증도 마찬가지입니다.

우울증이 당신 잘못은 아니지만 당신이 해결책의 일부가 될 수는 있어요. 변화의 가능성은 열려 있습니다. 이렇게 새로운 관점으로 생각해보니 기분이 어떤가요?

....

....

....

....

....

....

이해하는 데 너무 많은 힘을 쏟고 있는 당신에게

이번 장에서 당신의 뇌를 이해하는 데 초점을 맞추었다면 나머지 부분에서는 뇌의 활동과 화학 작용에 긍정적인 영향을 미칠 작은 변화들을 만들어가는 일을 중점적으로 다루려고 합니다. 각각의 작은 변화는 그 자체로 궁극의 해결책은 아닐지라도 개선에 기여하는 요소로 작용합니다. 그 요소들이 모여 상승 나선을 이루지요. 효과를 장담하는 보증서는 내게 없지만, 확실한 건 불확실함을 받아들이는 것도 상승 나선을 타고 올라가는 방편 중 하나라는 사실입니다(7장 참고). 뇌를 이해하는 것은 출발점일 뿐, 이후로 작은 변화들을 만들어내야만 당신에게 유리한 쪽으로 길이 열립니다.

몇 년 전 나는 스스로 활기를 되찾기 위해 동기부여 워크숍에 참가했습니다. 강사는 상황을 새로운 틀로 재조명하는 방법, 우울한 상태에서 빠져나오기 위해 할 일들을 이야기하더군요. 나는 어쩐지 잘 이해가 되지 않아 좀 더 명확하게 설명해달라고 했지요. "당신이 무슨 말을 하는지는 알겠는데, 그게 어떻게 해서 나한테 도움이 된다는 건지 이해가 안 됩니다"라고요.

그랬더니 강사가 이렇게 대답하더군요. "당신은 이해하는 데만 너무 많은 힘을 쏟고 있어요. 일단 그냥 해보세요."

어떤 문제를 해결하는 데 이해가 도움은 되지만 그 자체로 해결책이 될 수는 없습니다. 이해가 행동이나 인정으로 이어지면 대단히 막강한 힘을 발휘하지만, 이해하려 애쓰다 보면 너무 깊은 생각에 빠지기 십상입니다.

이 책에 실린 활동들은 당신이 뇌 과학을 이해하는지 여부와 상관없이 효과를 낼 것입니다. 그러니 이해하는 데 너무 골몰해 그 자리에 멈춰서버렸다면, 이해하려는 마음을 우선 접어두세요. 우울증과 관련하여 뇌 과학의 주된 용도는 당신이 앞으로 나아가 행동하도록 돕는 데 있으니까요.

이제 당신은 뇌에서 어떤 일이 벌어지는지 대충 파악했을 겁니다. 핵심이 되는 뇌 회로의 화학 작용과 활동을 조절하는 방법에 관해서도 어느 정도 감을 잡았을 테고요. 이제부터는 다양한 영역에서 삶을 변화시키는 단계들을 소개하려고 합니다. 이해라는 높은 장벽 앞에 주저앉지 말고, 그냥 당신이 이해하기 편한 말로 바꿔서 받아들이세요. 뇌 과학에 관해 이해한 것을 활용하여 계속 앞으로 나아가고, 또 위로 올라갑시다.

2 뇌를 돕는 활동하기

카르마Karma(업)는 힌두교 사상에서 중요한 요소입니다. 여러 번의 생애를 거치는 동안 계속 쌓이며 좋은 행위는 좋은 결과로, 나쁜 행위는 나쁜 결과로 이어지게 하지요. 카르마는 이 책에서도 중요한 부분을 차지합니다. 특히 이번 장에서는 핵심 주제이지요. 아, 잠깐만요. 그런데 이 책은 뇌 과학에 관한 책이 아니냐고요? 맞습니다. 조금만 참고 기다려보세요. 그것도 좋은 카르마니까요.

산스크리트어의 카르마를 글자 그대로 옮기면 '행동'입니다. 그러니까 이번 장에서 다루는 것은 우주적 섭리라는 의미의 카르마가 아니라 말 그대로 어떤 결과로 이어지는 행위라는 의미의 카르마랍니다. 당신의 행동은 의도한 것이든 아니든 간에 주요 뇌 회로의 활동과 화학 작용에 특정한 결과를 남깁니다. 이 사실은 상승 나선을 만드는 데 유리하게 작용할 수 있지요.

우울증에 아주 효과적인 **행동활성화치료**BAT, Behavioral Activation Therapy도 이 개념을 잘 활용한 사례입니다. 행동활성화치료는 우울증의 원인이 되는 행동을 수정하고 우울증 개선에 유용한 행동을 유도하는 데 초점을 맞춥니다. 이런 접근 방식은 감정 회로와 동기 자극 회로, 습관 회로의 활동을 변화시키는 것으로 밝혀졌습니다. 각각의 회로는 내측 전전두피질, 안와전두피질, 배측 선조체에 해당하고요.[11]

반가운 소식을 하나 전하자면, 이 책은 당신이 싫어하는 일을 하라고 강요하지 않습니다. 행동활성화치료는 "그냥 행동을 시작하세요"라는 말을 조금 멋 부려서 표현한 것뿐이에요. 그러니까 생활 속에 긍정적인 활동을 더 많이 포함시키면 되는 것이죠. 즐거운 활동, 의미 있는 활동, 발전하고 있다는 느낌을 주는 활동 말입니다. 너무 단순하게 들릴지도 모르지만 이런 활동은 뇌 활동과 뇌 화학에 의미 있고 측정 가능한 변화를 만들어냅니다. 다시 말해서 좋은 카르마인 셈이죠.

우울증의 진행 방향을 뒤집는 다섯 가지 활동

우울증의 진행 방향을 뒤집기에 좋은 활동에는 다섯 가지 유형이 있습니다.

- 즐길 수 있는 활동 — 재미있거나 보람차거나 마음을 차분하게 해주거나 신나게 해주는 활동 또는 꾸준히 흥미를 느낄 수 있는 활동.
- 성취 활동 — 점점 더 잘하게 되거나 완성한 뒤에 숙달된 감각이나 성취감을 느끼게 해주는 활동.
- 의미 있는 활동 — 더욱 큰 목적의식을 갖게 해주는 활동 또는 다른 사람이나 좀 더 큰 이념과 연결해주는 활동.
- 신체 활동 — 등산이나 자전거 타기, 운동경기 등 몸을 움직이는 활동.

- 사교 활동―다른 사람들과 함께 하는 활동.

활동 유형끼리는 겹치는 부분이 많은데(예를 들어 온 가족이 함께 하는 여행은 의미 있는 활동이자 사교 활동이지요), 이는 반가운 일입니다. 일석이조랄까요? 그리고 당신은 어쩌면 여기서 말한 몇 가지 활동을 이미 하고 있을지도 모릅니다. 그건 더 잘된 일이지요. 이제 그 활동들을 당신을 회복시키는 일에 활용하기만 하면 되니까요. 이 또한 일석이조네요.

이들 활동은 당신을 부정적인 생각에 빠지게 하는 대신 특정 행동에 몰두하게 만든다는 점에서 대단히 유익합니다. 이번 장에서는 다섯 가지 활동 유형 중 앞의 세 가지, 즉 즐길 수 있는 활동과 성취 활동, 의미 있는 활동을 자세히 다루려고 합니다. 이어서 3장과 4장에서는 신체 활동을, 6장에서는 사회적 활동을 소개하겠습니다.

활동 고르기

우울증이 없을 때 당신은 지금보다 더 활동적이었나요? 그때를 생각해보세요. 어떤 활동을 했었나요? 그중 어떤 것을 다시 시작할 수 있을까요? 당장 그러고 싶은 마음이 안 생기더라도 괜찮아요. 하지만 우울할 때 하고 싶은 대로만 지내면 결국 우울한 상태에 계속 머무르게 됩니다. 그러니 뭐라도 시작해야 합니다. 우선 시작하기에 좋은 활동 몇 가지를 제안합니다. 물론 나는 당신이 무슨 일을 좋아하고 어떤 일에서 의미를 찾는지 모릅니다. 그러니까 빈칸은 당신이 좋아하는 활동으로 채워보세요.

즐길 수 있는 활동	성취 활동	의미 있는 활동
목욕	십자말풀이	가족과 함께 시간 보내기
운동경기 보기	설거지	교회 가기나 종교 활동 참여
운동경기 하기	빨래	좋아하는 팀의 운동경기 보기
정원 관리	청구서 납부	좋은 친구와 시간 보내기
독서	독서	독서
먹기	취미 활동	박물관이나 미술관 가기
요리	휴가 계획 세우기	버킷리스트 중 하나를 달성하고 목록에서 지우기
악기 연주	헬스장 가기	누군가에게 줄 선물 만들기
그림 그리기 또는 기타 미술 활동	고장 난 것 고치기	일기 쓰기
운전	악기 연습	단편소설이나 영화 대본 쓰기
연주회나 연극 관람	산책, 등산, 달리기	생활체육 동호인 리그 입단하기
TV나 영화 보기	외국어 배우기	지역 자선활동에서 자원봉사하기
여행하기	춤 배우기	
	목공 배우기	
	요리 배우기	

우울증이 생기기 전에 자주 했던 활동은 무엇인가요?

··

··

··

·· .

좋아하기는 하지만 원하는 만큼 많이 하지 못하는 활동은 무엇인가요?

··

··

··

·· .

당신이 잘하는 활동 또는 스스로를 유능하거나 성공적이라고 느끼게 해주는
활동은 무엇인가요?

··

··

··

·· .

　이러한 활동이 어렵거나 무의미하다고 느껴질 수도 있지만, 그런 느낌은
시간이 지나면서 바뀔 것입니다. 한 가지 활동을 반복하다 보면 습관이 되어
선조체에 새겨지고, 그 활동을 하기가 점점 더 쉬워지지요.
　특히 다른 사람들과 함께 하면 이러한 활동이 더욱 의미 있게 다가옵니다.

그 첫걸음은 역시 시작하는 것입니다.

활동 일정 짜기

여기서 당신의 상태를 개선해주는 것은 이 활동들을 할 때 당신이 품는 의도도 아니고, 그 활동들의 중요성에 대한 당신의 이해도 아닙니다. 활동에 관한 한 중요한 것은 생각이 아니라 **실행**입니다.

긍정적인 활동을 미리 계획해두면 실행하기가 좀 더 수월해집니다. 일정 표에 기입하는 순간 그 활동은 현실이 됩니다. 그리고 뇌는 현실과 상상을 다르게 취급하지요. 어떤 일을 머릿속으로 그려보는 것은 전전두피질의 활동과 연결되기 때문에 더 많은 의지력이 필요한 데 비해, 실제적이고 구체적인 일일수록 선조체의 활동과 연결되기 때문에 비교적 적은 의지력으로도 성취할 수 있습니다.

다음에 나와 있는 일정표로 일주일치 계획을 세워보세요. 맨 먼저 잠잘 시간을 계획하여 일정표에 기입하세요. 잠자는 시간부터 정하면 하루 일정 전체를 짜기가 훨씬 수월합니다. 잠은 시간 낭비가 아니라는 것을 기억하세요. 잠자는 동안 당신은 우울증 개선에 도움이 되는 일을 완수하는 거예요(5장에서 자세히 다룰게요). 그러니까 일정표의 해당 시간에 '잠'이라고 크게 써넣으세요.

그리고 식사와 업무 등 기본 일과를 기입합니다. 그런 다음 즐길 수 있는 활동, 성취 활동, 의미 있는 활동을 추가하세요. 부담되지 않는 선에서 작게 시작하되, 일정표에 써넣은 대로 지켜보세요.

평소에 즐겨 쓰는 다이어리나 스마트폰 캘린더 앱을 활용해도 좋습니다.

스마트폰 캘린더는 알림 기능까지 있어서 유용하지요. 일정표에 손으로 직접 일정을 쓰다 보면 계획한 일이 더 구체적으로 다가옵니다. 우선은 아래 일정표가 당신에게 잘 맞는지 적어도 일주일은 써보기를 권합니다.

활동 일정표

시각	월요일	화요일	수요일	목요일	금요일	토요일	일요일
자정							
1:00							
2:00							
3:00							
4:00							
5:00							
6:00							
7:00							

활동 일정표 양식은 QR 코드를 스캔해 내려받을 수 있습니다.

8:00

9:00

10:00

11:00

정오

13:00

14:00

15:00

16:00

17:00

18:00

19:00

20:00

21:00

22:00

23:00

무익한 생각 가려내기

당신이 우울증을 벗어나는 데 유익한 활동을 생각할 때도 당신의 계획을 무너뜨리려 위협하는 생각은 느닷없이 떠오를 수 있습니다. 바로 유익한 활동을 더 어렵게 느끼도록 만드는 무익한 생각들이지요. 이런 생각들은 불안을 촉발하고, 쉴 새 없이 이런저런 걱정을 떠올리게 하거나 한 가지 걱정에 계속 매달리게 만들 수 있습니다.

무익한 생각 패턴은 우울증에서 흔히 나타나지요. 그것은 변연계와 선조체가 활동한 결과로 생겨납니다.

다행히도 무익한 생각을 모조리 제거해야만 유익한 활동을 할 수 있는 것은 아니에요. 사실 머릿속에 저절로 떠오르는 생각을 통제할 수는 없습니다. 통제하려고 노력하다가는 뜻대로 안 돼서 답답한 마음에 스트레스만 더 쌓이죠(게다가 자기가 통제할 수 없는 것에 집중하다 보면 변연계의 반응성도 높아지고요).

무엇보다 당신의 생각은 말 그대로 생각일 뿐, **진실**이 아니라는 것을 인정하세요. 진실과 관계가 있거나 진실의 요소가 포함되어 있을 수는 있지만, 그 생각은 당신의 신경 회로가 촉발하고 거르고 왜곡한 것입니다. '운석이 우리 집에 떨어져서 내가 죽을 수도 있어'라는 생각을 예로 들어봅시다. 엄밀히 따지면 맞지만, 너무나 가능성이 낮은 일이므로 거의 의미가 없지요.

여기서 중요한 것은 당신의 생각이 아닙니다. 그 생각에 당신이 어떻게 대응하는지가 중요하죠. 가족과 시간을 보내려고 할 때 '일을 마무리해야 하는데'라는 생각이 떠오른다면 그것은 유익한 생각일까요, 무익한 생각일까요? 그 생각 덕분에 회사로 돌아갔을 때 더 열심히 일하도록 자극받았다면 유익한 생각이겠죠. 심지어 당신이 가족과 함께하는 시간보다 일을 더 좋아한다는 걸 깨닫게 해주었더라도 나름 유익합니다. 하지만 그 생각 탓에 가족과 함께 하는 시간을 즐기지 못하고 망쳐버리거나 할 일을 두고 나온 것을 후회하면서 의기소침해진다면 그건 백해무익한 생각이에요. 어떤 생각은 의지와 상관없이 떠오를 수 있지만 그 생각에 대응해 어떻게 행동할지는 당신 스스로 선택할 수 있습니다.

당신의 생각은 행위와 행동, 상호작용, 생리, 감정에까지 영향을 미치지만, 생각 자체가 곧 감정이나 행위는 아닙니다. 이렇게 써놓고 보니 너무 실없어 보이지만 실제로 그 생각을 경험하는 순간에는 이 사실을 인식하기가 훨씬 어려워요. 무익한 생각은 대개 저절로 떠오르고, 그 뒤로 강렬한 감정이나 충동이 잽싸게 따라붙기 때문이죠. 하지만 생각은 그저 생각일 뿐입니다. 그것은 당신의 변연계와 선조체가 속삭이는 소리입니다.

생각은 당신에게 속해 있지만, 당신이라는 존재의 본질은 아닙니다. 당신은 당신의 변연계가 아니에요. 당신의 선조체도 아니고요.

당신은 이 책을 읽는 동안 무익한 생각들을 가려내어 인정하고 새로운 틀에 넣어 재조명하는 연습을 자주 하게 될 거예요. 그 단계를 차근차근 밟아가다 보면 멋대로 날뛰는 변연계를 전전두피질의 통제 아래에 둘 수 있게 될 것입니다.[12]

어떤 무익한 생각 탓에 상승 나선을 만들기가 어렵다면 다른 사람과 언쟁할 때처럼 그 생각에 이의를 제기하거나 반박해보세요. 물론 언쟁을 벌일 때 상대방이 그러하듯 당신의 생각도 이성에 귀 기울이지 않고 자꾸 엇나가기만 할지도 몰라요. 그런 경우에는 그 생각을 무시해버리고 하던 일을 계속 하는 것도 좋은 방법입니다.

여기, 무익한 생각의 흔한 유형 몇 가지를 소개합니다. 미리 알아두면 그런 생각들이 떠오를 때 좀 더 쉽게 가려낼 수 있을 거예요.

흑백사고

흑 아니면 백이라는 양자택일적 사고는, 어떤 대상을 좋은 것 아니면 나쁜 것이라고 이분법적으로 단정해버립니다. 예를 들면 '나는 이걸 사랑하든가 증오하든가, 둘 중 하나야' 하는 식이죠.

흑백사고에 맞서기: 우리 삶은 둘로 깔끔하게 나뉘지 않습니다. 흑백의 중간인 회색에도 다양한 명도와 채도가 존재할뿐더러, 그 밖에도 온갖 색이 존재하지요. 어떤 것에든 어느 정도 좋은 측면과 나쁜 측면이 있어요. 그러니 당신의 생각에 미묘한 차이들이 끼어들 여지를 남겨두세요.

비현실적 기대

우리는 우리에게 일어난 일 자체보다, 기대했던 것과 실제로 일어난 일 사이의 간극을 기준으로 만족하거나 실망합니다. 그렇기 때문에 비현실적인 기대는 문제를 일으킬 소지가 많지요. 예를 들어 '내가 유익한 활동을 시작하기만 하면 우울증이 당장 개선되겠지'와 같은 기대가 그렇습니다.

비현실적 기대에 맞서기: 당신이 기대하는 것이 현실적인지, 아니면 그 기대가 너무 높아서 당신이 행복해지는 길을 가로막고 있지는 않은지 돌아보세요. 유익한 활동은 상승 나선을 만드는 데 도움이 되지만, 그렇다고 해서 당장 쉽고 빠른 회복을 기대하는 것은 무리입니다. 당장은 어렵게 느껴지더라도, 당신에게 중요한 일은 조금씩이나마 앞으로 나아가는 것입니다. 그렇지 않다면 지금 이 책을 읽고 있지도 않겠죠.

선택적 주의

선택적 주의는 어떠한 상황에서 긍정적인 측면보다는 부정적인 측면에만 유독 주의를 기울일 때 문제가 됩니다. 부정적인 일에만 신경을 쓰고 긍정적인 일은 무시하거나 과소평가하는 것도 마찬가지입니다. '해야 할 일이 너무 많아'라거나 '내 우울증은 더 악화될 거야' 또는 '다른 활동을 시도해본들 내 기분은 절대로 나아지지 않을 거야' 같은 생각들 말이지요.

선택적 주의에 맞서기: 우선, 어떤 일을 '해야 한다'고 생각하면 당신이 즐겨 해온 일도 책임으로 인식됩니다. 해야 하는 일과 하고 싶은 일이 같은 경우도 많은데 말이죠. '하고 싶다'는 점에 초점을 맞추세요. 그러면 같은 일이라도 좀 더 재미있고 보람차게 느껴질 겁니다. 또, 부정적인 가능성보다는 긍정적인 가능성에 초점을 맞추세요. "내 기분을 더 나아지게 만드는 일이 아주 많아"라고 말한다면 훨씬 더 도움이 될 거예요.

그리고 평소에 '절대로' 또는 '항상'이라는 말이 자주 떠오른다면, 거기서 잠시 멈추고 당신 생각과 반대되는 예를 생각해보세요. 적절한 예가 떠오르더라도 당장의 일과는 무관하다며 무시하고 넘어가고 싶을지도 모릅니다. 그것 또한 일종의 무익한 생각으로, **긍정격하**disqualifying the positive라는 인지 왜곡의 한 유형입니다.

긍정격하

어떤 사례나 경험을 무슨 이유에서인지 '무효' 처리해버리는 것을 긍정격하라고 합니다. 예컨대 '지난번에는 파티에 갔다 와서 기분이 나아졌었지. 하지만 그날만 우연히 그랬을 뿐이야'라고 생각하는 것이죠.

긍정격하에 맞서기: 긍정적인 일을 경험했다면, 앞으로 다시 일어날 가능

성이 희박하고 아무리 예외적인 경우더라도, 의식적으로 의미 있는 일로 받아들이세요.

미래 예측

당신의 뇌는 미래에 관해 여러 예측을 합니다. 전전두피질이 하는 일 중 하나죠. 그런데 우울증 상태에서는 미래 예측이 대개 부정적인 쪽으로 치우칩니다. '그건 사실 별로 도움이 안 될 거야. 그러니까 아예 시도도 하지 말아야지'라고 생각하는 식이죠.

미래 예측에 맞서기: 사실 당신도, 어느 누구도, 미래에 어떤 일이 벌어질지 모른다는 사실을 받아들이세요. 미래 예측이 앞으로 긍정적인 행동을 취하는 데 도움을 주는지, 아니면 그저 당신을 가로막고 있는지 자문해보세요.

무익한 생각 인식하기

당신이 어떤 활동을 하는 데 방해가 되거나 흥미를 떨어뜨리는 생각에는 어떤 것이 있나요? 그 생각들은 앞서 소개한 유형 중에서 어디에 속하나요? 아니면 당신이 발견한 유형이 따로 있나요?

....

....

....

....

....

....

무익한 생각 유형을 정확한 범주로 나눌 필요는 없습니다. 사실 그 유형들은 서로 겹치는 경우가 많아요. 우울증에 어떤 생각들이 무익하다는 사실을 알아차리는 것만으로도 앞으로 한 걸음 내딛기에 충분합니다.

활동을 가로막는 생각

우울증 상태에서는 쉬워 보이는 일조차 하지 않는다며 자신을 비판하기 쉽습니다. 그러나 당신이 어떤 일을 하고 싶은데도 막상 하지는 않고 있다면, 당신의 뇌에 그럴 만한 이유, 적어도 핑곗거리 하나쯤은 있게 마련입니다. 비록 당신 마음에 들지 않더라도 일단 그 이유를 알고 나면, 어떤 일을 하지 않는다고 스스로를 비난하지 않고 앞으로 나아갈 길을 찾는 데 도움이 되지요.

긍정적인 활동을 실행하지 못하게 가로막는 생각은 아주 많습니다. 그 중 흔한 몇 가지를 소개합니다. 그리고 장해가 되는 각각의 생각을 극복하는 데 필요한 전략도 함께 제안합니다. 다음 제시하는 목록 중에서 당신이 하려는 유익한 활동을 방해하는 것에 체크 표시를 해보세요. 그것을 넘어서기 위해 당신이 할 수 있는 일이 있다면 함께 제안한 전략 중에서 찾아 체크 표시를 하거나, 빈칸에 적어보세요. 하지만 극복 방법을 찾지 못해도 괜찮습니다. 장해가 되는 생각을 한계로 받아들이는 것만으로도 앞으로 나아갈 수 있으니까요(이 부분에 대해서는 8장에서 더 자세히 설명할게요). 일단 자신의 한계를 인정하고 나면 그것은 당신을 더 이상 완전히 가로막지 못합니다. 인정이 당신을 자유롭게 하고, 그 결과 당신은 실제로 할 수 있는 일에 더 집중할 수 있기 때문이지요.

- **"그걸 할 수 있는 상태가 아니야" 또는 "그걸 하기에는 지금 너무 아파"**
  - 당신이 그럭저럭 해낼 수 있을 만한 활동을 새로 찾아서 시작합니다.
  - 의사나 물리치료사 또는 그 밖의 건강 전문가를 만나 현재의 건강 상태나 질병에 대해 도움을 받습니다.
  - ....
  - 이것을 한계로 받아들입니다.

- **"그걸 하려면 시간이 너무 많이 걸릴 거야"**
  - 일정표를 활용해 시간을 더욱 효율적으로 관리합니다.
  - 중요성이 떨어지는 일보다는, 짧은 시간만 하더라도 유용한 활동들을 우선적으로 합니다.
  - 아주 작은 변화부터 시도합니다(예를 들어 하루에 5분 정도 짬을 내어 하는 것).
  - 이미 하기로 되어 있는 활동들을 하나로 묶습니다(예를 들어 친구와 만나서 커피를 마시기로 했다면, 그전에 함께 산책부터 하는 게 어떻겠냐고 제안합니다).
  - ....
  - 이것을 한계로 받아들입니다.

- **"그걸 하려면 돈이 너무 많이 들 거야"**
  - 가까운 곳에 등산을 가거나 팟캐스트 같은 무료 서비스를 청취하는 등 비용이 들지 않는 활동을 찾아봅니다.
  - 당신이 어디에 돈을 쓰고 있는지 전체적으로 점검해봅니다. 당신에

게 중요하거나 당신을 행복하게 해주는 것들에 지출하고 있다면, 잘된 일입니다. 중요한 일에 우선적으로 돈을 쓰고 있는 거니까요. 그 반대의 경우라 해도 좋습니다. 이번 기회에 당신의 지출 습관을 재정비할 수 있으니까요.

☐ ....

☐ 이것을 한계로 받아들입니다.

☐ **"그걸 하려면 에너지가 너무 많이 필요할 거야"**

　☐ 수면의 질을 개선합니다(5장 참고). 수면의 질이 높아지면 활동에 필요한 에너지가 더 많이 생겨나고, 더 활동적으로 바뀌면 다시 수면의 질이 높아지죠. 정말 아름다운 상승 나선이지요!

　☐ 당신이 지금 하고 있는 활동을 습관으로 만듭니다. 한 가지 활동을 자주 반복할수록 그것은 배측 선조체에 더 깊이 새겨지고, 그러면 이전에 비해 의지력과 에너지를 많이 들이지 않아도 그 활동을 해나가기가 수월해집니다(9장 참고).

　☐ 그 활동을 다른 사람들과 함께 합니다(6장). 그들의 에너지와 열정에서 당신도 힘을 얻을 수 있을 거예요.

　☐ ....

　☐ 이것을 한계로 받아들입니다.

☐ **"그걸 할 마음이 안 생겨"**

　☐ 그냥 하세요. 어떤 활동을 하기 위해 꼭 그걸 하고 싶어 할 필요는 없습니다. 그걸 하고 싶어지도록 마음을 바꾸려고 너무 애쓰지 마세요.

불필요한 장해만 하나 더 늘리는 셈입니다. 그냥 행동만 바꾸세요.

☐ 당신이 속한 환경이나 맥락을 바꿔봅니다. 당신의 기분, 에너지 수준, 결정, 습관은 당신을 둘러싼 환경에 영향을 받습니다. 어떤 일을 하기 위해 무작정 의지력을 끌어올리는 대신 그냥 그 일을 더 쉽게 할 수 있는 곳으로 장소를 옮기거나 상황을 바꿔보세요. 집에서는 도무지 생산적인 일을 할 마음이 안 생기나요? 그럼 집 밖으로 나가세요. 파티에 갈 기분이 아니에요? 먼저 옷부터 차려입으세요. 운동할 기분이 아니라고요? 일단 헬스장으로 가세요. 운동을 할지 말지는 그 다음에 결정하고요. 환경을 바꿔보기 전에는 당신에게 정말로 어떤 마음이 생길지 알 수 없습니다.

☐ 당신의 부정적인 감정을 인지하고 거기에 이름표를 붙여봅니다. 반응으로 행동하기보다 의도적으로 행동할 기회를 주면 전전두피질이 감정의 변연계를 제어하도록 도와줄 수 있어요.

☐ ....

☐ 이것을 한계로 받아들입니다.

당신의 한계는 무엇인가요? 그것들을 한계로 받아들이고 나서 할 수 있는 일은 무엇인가요?

....

....

....

....

....

해결책은 단순하다

우울증은 복합적인 기분장애이지만, 때로 그 해결책은 아주 단순합니다. 당신이 즐기는 일이나 발전하고 있다는 느낌을 주는 활동만으로도 우울증을 개선할 수 있으니까요. 이런 활동들은 언뜻 단순해 보여도 그 뒤에는 다양하고 복잡한 뇌 과학 원리가 버티고 있으며, 상승 나선을 만들고 유지하는 데 매우 강력한 힘을 발휘합니다.

3 운동하기

미국국립노화연구소의 초대 연구소장 로버트 버틀러는 뇌와 신체를 노년기까지 건강하게 유지하는 방법을 알아내는 일에 연구 경력을 바쳤습니다. 그는 오랜 기간의 연구 끝에 유명한 말을 남겼지요. "만약 운동을 알약 하나에 채워넣을 수 있다면, 그것은 미국에서 가장 널리 처방되고 가장 효과 좋은 단 하나의 약물이 될 것이다."[13] 이후로 수많은 약이 개발되었지만, 그중 어느 것도 운동만큼 뇌와 우울, 불안의 신경 회로에 강력하고 섬세한 효과를 발휘하지 못했습니다.

이번 장과 다음 장은 뇌와 몸의 상관관계를 중점적으로 다룹니다. 이번 장에서는 몸을 움직이는 것이 뇌의 핵심 영역과 신경전달물질계를 표적으로 하여 기분과 불안, 스트레스, 에너지 수준에 미치는 여러 긍정적 영향에 초점을 맞춥니다. 이러한 신체 활동을 흔히 '체력 단련exercise'이라고 하는데, 이 단어만 들으면 사실 운동에서 즐거움을 싹 제거해버리는 느낌이 들기도 해요.

몸을 움직이는 것은 우울증의 진행 경로를 뒤집을 수 있는 가장 간단하고 확실한 방법입니다. 자신이 어떤 생각을 하는지, 자신에게 어떤 나쁜 습관이 있는지 늘 자각하고 살피기란 어렵지요. 하지만 신체 활동은 직관적으로 이해하기 쉽습니다(그렇다고 '실행하기'도 쉽다는 뜻은 아닙니다). 운동을 시작하기 전에, 우선 운동이 당신과 당신의 뇌에 미치는 유익한 효과부터 살펴봅시다.

운동이 뇌에 미치는 유익한 효과

인간의 뇌는 동아프리카의 탁 트인 대초원에서 진화했습니다. 그 당시 인간의 몸은 현대인에 비해 훨씬 더 활동적인 편이었죠. 초기 인류는 몸을 움직이기 위해 지금처럼 헬스장이나 스피닝 수업에 간다는 건 상상도 못 했을 거예요. 그들은 지금보다 신체 활동을 훨씬 더 많이 할 수밖에 없는 방식으로 생활했으니까요. 야생동물이 갇힌 상태에서 잘 살 수 없듯이 당신의 뇌도 당신의 엉덩이가 하루 종일 의자에만 붙어 있다면 잘 살 수 없습니다.

다수의 연구 결과 운동이 우울증 개선에 전반적으로 효과적일 뿐 아니라, 여러 특정 증상에도 도움이 된다고 밝혀졌습니다. 운동은 기분과 집중력, 에너지 수준을 개선하고, 통증과 스트레스를 줄이지요. 운동이 이처럼 다양한 효과를 내는 이유는 아주 다양한 뇌 영역과 신경전달물질계에 영향을 미치기 때문이에요.

때때로, 특히 당신의 상태가 썩 좋지 않을 때는 운동하기가 너무 싫어질 것입니다. 그럴 때마다 당신의 뇌를 생각하세요. 그리고 운동을 계속 반복하다 보면 확실히 기분이 좋아질 때가 온다는 것을 염두에 두세요. 지금 당장 운동을 어떻게 느끼든 상관없이 일단 몸을 움직이고 있다면 당신은 뇌에 중요하고 지속적인 변화를 가하고 있는 셈입니다.

운동은 내게 어떤 효과를 낼까?

신체 활동의 효과 중에 당신에게 특별히 중요한 것에 체크해보세요.

신체 활동은…

☐ **의지력을 높이고 기분을 조절합니다.**

신체 활동은 신경전달물질인 세로토닌을 증가시킵니다.[14] 세로토닌이 증가하면 기분을 조절하는 전전두피질의 기능이 강화되고 활성화됩니다.

☐ **스트레스를 줄이고 스트레스가 미치는 악영향을 감소시킵니다.**

운동하는 시간이 쌓여갈수록 스트레스 호르몬인 코르티솔이 감소합니다.[15] 흥미로운 사실은, 운동 자체도 일종의 스트레스라는 점이에요. 하지만 운동은 당신이 스스로 선택해서 하는 것이기 때문에 좋은 스트레스로 작용합니다. 게다가 운동을 하면 뇌에서 **뇌유래신경영양인자**BDNF, Brain-Derived Neurotrophic Factor라는 화학물질이 방출되는데 이것은 당신의 뇌에 주는 비료 같은 것입니다. 이것은 뉴런의 스트레스 회복력을 키워주는 한편, 해마에 새로운 뉴런이 생기도록 도와줍니다.[16]

☐ **건강한 습관을 유지하도록 해줍니다.**

당신은 자신이 충동적이고 나쁜 습관을 극복할 수 없다고 생각하나요? 운동은 습관을 통제하는 선조체 회로들을 수정함으로써 습관 문제를 해결하는 데 도움을 줍니다.[17] 이 회로에서는 신경전달물질인 도파민이 특히 큰 역할을 합니다.

☐ **즐거움을 증폭시킵니다.**

운동을 반복하면 측좌핵에서 도파민 수용체가 더 많이 만들어집니다.[18]

운동을 하면 삶이 훨씬 재미있고 즐거워지는 이유는 운동이 도파민계에 미치는 영향 덕분입니다. 운동만 즐거워지는 것이 아니라 삶의 다른 영역에서도 재미와 즐거움을 더 쉽게 느끼게 되는 것이지요.

□ **통증과 불편감을 감소시킵니다.**

통증과 고통 때문에 우울한가요? 운동이 도움이 될 수 있습니다. 이 경우에 특히 두 가지 신경화학물질이 중요한 역할을 하는데, 바로 엔도르핀[19]과 엔도카나비노이드[20]입니다. 엔도르핀은 뇌가 만들어내는 모르핀인 셈이고, 엔도카나비노이드는 뇌가 만들어내는 대마초(즉 마리화나)인 셈이지요. 이들 화학물질은 통증을 줄이고 안녕감과 기쁨을 증진시킵니다. 여기서 한 가지 중요한 사실을 알 수 있습니다. 뇌에 영향을 미치는 약물이 효과를 내는 이유는 뇌가 그 약물과 동일한 작용을 하는 화학물질을 만들어 내기 때문입니다. 하지만 외부에서 투여한 약물은 뇌의 모든 영역에 퍼지면서 의도치 않은 부작용을 일으킬 수 있는 반면, 뇌 자체가 만들어낸 화학물질은 확실한 표적을 향해 더욱 섬세한 방식으로 작용합니다.

□ **수면의 질을 높입니다.**

불면증을 비롯한 수면 문제를 겪고 있나요? 5장에서 다시 살펴보겠지만, 운동을 하면 잠자기가 훨씬 수월해집니다. 특히 초저녁에 하는 운동은 수면에 효과적이지요.[21] 운동은 수면의 질을 향상시킬 뿐 아니라 잠자는 동안 뇌의 전기 활동을 변화시켜 더욱 편안하게 쉴 수 있게 해줍니다.

운동을 했을 때 얻을 수 있는 이점을 생각하는 것만으로도 전전두피질이 측좌핵의 즐거움 처리 방식을 바꾸는 데 도움이 됩니다. 운동을 더 하면 어떤 이점을 얻을 거라고 예상하나요?

....
....
....
....
....
....
....

그냥 시작하세요

운동은 어떻게 시작하는 걸까요? 음, 그 유명한 나이키의 광고 문구에 운동의 핵심이 담겨 있습니다. 그냥 하는 것 말고, 다른 방법은 없어요.

지금부터 당신이 팔을 움직인다고 가정해봅시다. 팔을 움직이겠다고 작정하세요. 그리고 팔을 어떻게 움직일지 계획하세요. 자, 이제 팔을 움직여보세요. 어떤가요? 여기서 작정하고 계획하는 것은 실제 팔을 움직이는 데 불필요한 과정이지요. 실제로 몸을 움직이는 데에는 전전두피질과 변연계가 필요하지 않습니다. 생각이나 느낌이 당신을 움직이게 만들 수는 없습니다. 그냥 움직이면 돼요.

아무리 효과적인 운동도 실제로 하지 않으면 아무 소용이 없습니다. 아주 사소해 보이는 운동이라도 꾸준히만 하면 그 어떤 운동 계획보다 눈에 띄는 효과를 가져다줍니다. 이 점을 명심하고 이제 움직여봅시다.

여기서 잠깐 책 읽기를 멈추고, 자리에서 일어나 방 안을 걸어보세요. 팔 벌려 뛰기를 10회 하거나, 허공에 가볍게 주먹을 날리며 섀도복싱을 15초 동안 해보세요. 나는 여기서 기다리고 있을게요.

농담이 아닙니다. 당신이 몸을 움직이지 않는다면 내가 백날 떠들어봤자 당신을 도울 수 없어요. 잠깐만이라도 몸을 움직이세요. 그다음에 이 책의 남은 부분을 읽어도 늦지 않습니다. 나를 믿으세요.

몸에서, 또는 기분이나 에너지나 스트레스 수준에서 이전과 뭔가 달라진 것이 있나요? 그렇다면 그 차이를 한번 묘사해보세요.

....

....

....

....

....

....

....

....

방금 아주 간단한 운동을 했을 뿐인데도 당신은 벌써 올바른 궤도에 오르기 시작했어요. 짧은 반복 동작만으로도 세로토닌계는 수정되기 시작하지요.[22] 당신이 몸을 움직일 때마다 선조체에서는 더욱 강력한 연결들이 만들어져서 이후로 그 활동을 다시 실행하기가 점점 더 쉬워집니다. 이것을 **근육기억** muscle memory이라고도 부르는데, 실은 근육이 아니라 뇌에서 일어나는 일입니다. 근육기억을 이로운 방향으로 활용하고 싶다면, 그저 움직이기만 하면 됩니다.

그냥 움직이세요

헬스나 피트니스라는 단어를 들으면 어떤 장면이 그려지나요? 나는 후텁지근한 헬스장에서 사람들이 헤드폰을 쓰거나 모니터 속 뉴스 채널을 멍하니 응시한 채, 줄지어 늘어선 트레드밀과 사이클론, 스텝밀을 오르내리는 모습이 그려집니다. 이번 장의 제목을 '헬스와 피트니스하기'가 아니라 '운동하기'라고 붙인 데는 다 그럴 만한 이유가 있어요. 헬스와 피트니스라고 하면 의사 선생님의 처방이나 중학교 체육시간에 억지로 해야 했던 활동이 먼저 떠오르기 때문이죠.

운동과 신체 활동을 두고 당신이 하기로 되어 있는 일, 하도록 권고받은 일, 해야만 하는 일로 생각하는 것은 대체로 도움이 안 됩니다. 반드시 해야 한다는 생각을 내려놓고 나면, 당신이 하고 싶은 일이 무엇인지 더 쉽게 알아낼 수 있어. 사실 알고 보면 그 둘이 겹치는 경우도 많고요. '그건 체력 단련이야'라고 생각할 때 그 활동을 즐기기가 어렵다면 그냥 신체 활동이나 몸을 움직이는 일이라고 생각하세요.

신체 활동이 꼭 어렵거나 따분한 건 아니에요. 재미있는 일이 될 수도 있죠. 그건 당신의 몸이 즐길 수 있는 기회랍니다. 깊게 호흡할 기회이며, 고립에서 벗어나 세상 속으로 들어갈 기회이기도 하죠. 움직인다는 단순한 행동으로 엄청난 결과들을 불러올 수 있어요. 움직인다는 건 다분히 의도적인 행동이에요. 또한 신체적인 일이자 감정적인 일이며, 심지어는 영적인 일이 될 잠재력도 갖고 있죠.

2장에서 살펴본 내용을 다시 떠올려봅시다. 당신이 즐길 수 있는 활동이나 잘하는 활동, 또는 당신에게 의미 있는 활동 중에 신체 활동에 해당하는 유형이 있었나요? 아니면 지금 막 떠오르는 활동이 있나요? 있다면 아래 빈칸에 써보세요. 시도할 만한 활동을 아직 찾지 못했다면 다음에 제시하는 목록 중에서 찾아보세요.

몸을 움직입시다

1단계 여기 제안한 신체 활동 목록 중에서 흥미를 끄는 활동에 동그라미를 쳐보세요. 새롭게 떠오른 활동이 있다면 빈칸에 써보세요.

2단계 전체 목록을 한 번 훑어본 다음, 다시 한 번 자세히 살펴보면서 당신이 할 수 있는 활동에 체크 표시를 해보세요. 번거롭거나 실현 가능성이 별로 없는 것이라도 괜찮아요. 실질적인 사항은 나중에 걱정해도 되니까요.

3단계 당신이 편하게 여기는 수준을 아주 살짝 넘어서는 활동 하나를 찾아서 별표를 해보세요. 만약 소파에서 일어나기가 어렵다면 '집 안 돌아다니기' 옆에 별표를 하는 식으로요. 집 안에서 걸어 다니기 정도는 쉽게 여긴다면, 그보다 조금 더 어려운 '팔 벌려 뛰기'나 '요가' 같은 것에 별표를 하세요.

4단계 별표를 한 활동을 지금 할 수 있다면, 바로 시작해보세요. 달리기

2분이 될 수도 있고 팔 벌려 뛰기 5회나 팔굽혀펴기 1회도 괜찮아요. 아니면 별표를 한 운동을 어떻게 할지 계획을 세워보세요. 다 했으면 별표를 한 항목 옆에 체크 표시를 해보세요. 이제 끝, 축하합니다! 이따가 운동 나선을 계속 돌리는 방법도 알아보겠습니다. 그리고 기쁘게도 당신의 운동 나선은 이미 움직이기 시작했습니다.

몸을 움직이기에 좋은 신체 활동

□ 소파에서 일어나기

□ 집 안 돌아다니기

□ 동네 걸어 다니기

□ 장보기(쇼핑몰이나 슈퍼마켓 가기)

□ 집 주변 돌보기(낙엽 쓸기, 눈 치우기 등)

□ 공원 산책

□ 계단 오르내리기

□ 던지기 놀이(풋볼, 캐치볼, 프리스비)

□ 골프 연습장에서 골프 치기

□ 팔굽혀펴기, 윗몸일으키기, 런지운동

□ 플랭크/사이드플랭크

□ 제자리 뛰기(팔 벌려 뛰기 등)

□ 태극권

□ 컬링

□ 등산

□ 몸으로 하는 비디오게임(위피트)

□ 춤추기(혼자서/댄스 수업이나 클럽에 가서)

□ 농구

□ 실내 야구장에서 배팅하기

□ 볼링

□ 승마

□ 스텝밀로 운동하기

□ 사이클론으로 운동하기

□ 수영

□ 조깅

□ 자전거 타기(야외/실내/스피닝 수업)

- □ 노 젓기(강에서/운동기구로)

- □ 요가

- □ 필라테스

- □ 카포에이라

- □ 훌라후프

- □ 스케이트보드, 킥보드,
  롤러스케이트나 아이스스케이트

- □ 서핑(웹서핑 말고 진짜 파도타기)

- □ 카누/카약

- □ 패들보드 타기

- □ 섀도복싱

- □ 줄넘기

- □ 카디오 운동 배우기

- □ 카디오 킥복싱

- □ 역도

- □ 암벽등반

- □ 트라이애슬론 대비 훈련

- □ 권투/무술

- □ 크로스피트

- □ 스포츠 활동

  - □ 야구/소프트볼/발야구

  - □ 피구

  - □ 테니스나 탁구

  - □ 골프(미니골프와 디스크골프 포함)

  - □ 배구

  - □ 농구

  - □ 얼티미트프리스비

  - □ 풋볼/플래그풋볼

  - □ 라켓볼

  - □ 스쿼시

  - □ 축구

  - □ 하키

  - □ 라크로스

- □ 5킬로미터/10킬로미터 마라톤

- □ _____

- □ _____

- □ _____

종류에 상관없이 규칙적으로

자, 그만 뜸들이고 본론을 말해 달라고요? 여기까지 왔다니, 당신은 운이 좋군요. 과학자와 의사 들이 우울증 완화에 효과가 있다고 인정하는 운동법 몇 가지를 막 알려주려던 참이니까요. 그에 앞서, 여기 제안하는 운동을 우울증 개선의 요건이 아니라 참고 기준으로만 활용하겠다고 약속하세요. 지금부터 소개하는 내용을 실행하기가 버거울 수도 있는데, 그런 탓에 기가 꺾이는 느낌이 든다면 이 부분은 건너뛰어도 됩니다. 지금 당장 하지 않아도 괜찮아요.

　우울증을 개선하기 위해서는 중간 강도의 운동을 회당 45~60분씩 매주 3~5회 실시해야 합니다.[23] 이를 적어도 10주 동안 계속해야 최대치의 항우울 효과를 얻을 수 있어요.

　어떤 유형의 운동이든 상관없이 규칙적으로만 하면 효과가 있다는 사실이 여러 연구를 통해 밝혀졌습니다. 활기차게 걷기나 달리기, 자전거 타기, 스포츠 활동 등의 유산소운동이든, 역도나 필라테스, 요가 같은 근력운동이든 상관없이 말이에요. 단, 근력운동을 할 때는 상체와 하체의 균형을 맞춰야 합니다.

　이제 조깅을 하러 가거나 자전거를 타러 가거나 헬스장으로 가서 제일 좋아하는 유산소운동 기구를 골라보세요. 5분간 천천히 워밍업을 한 다음 30분간 중간 강도의 운동을 하고, 다시 5분간 속도를 늦추고 심호흡하면서 쿨링다운을 합니다. 마지막으로 5분간 스트레칭을 하며 마무리합니다(스트레칭의 효과에 대해서는 다음 장에서 설명할게요).

　음악에 맞춰 운동을 하면 힘이 덜 듭니다. 특히 긍정적인 메시지가 담긴 강한 비트의 음악이면 더욱 좋죠.[24] 당신이 운동을 정말 싫어한다면 운동하는 동안 팟캐스트를 듣거나 텔레비전을 보는 등 주의를 딴 데로 돌려보는 것도 도움이 됩니다. 어떤 프로그램이든 상관없어요. 그 순간, 당신이 움직이고만 있다면요.

당신이 운동할 때 들을 만한 노래나 팟캐스트 채널을 골라 플레이리스트를 만들어보세요.

- ....
- ....
- ....
- ....
- ....

- ....
- ....
- ....
- ....
- ....

더 다양한 유산소운동을 시도해볼 수도 있어요. 기구 없이 맨몸으로 할 수 있는 운동을 몇 가지 소개합니다.

- 무릎 굽히기(스쿼트) 10회
- 팔굽혀펴기 10회(또는 팔굽혀펴기 중 한 자세를 30초간 유지)
- 윗몸일으키기 20회
- 워킹런지 10회
- 팔 벌려 뛰기 30회

먼저 5분간의 조깅이나 빠르게 걷기로 시작해보세요. 그런 다음 방금 소개한 동작들을 차례로 해나가되, 중간에 숨이 차면 잠시 숨을 고른 다음 다시 시작하세요. 그 과정을 3세트 반복합니다.

마지막으로 쿨링다운 조깅과 스트레칭을 각각 5분씩 하고 마무리합니다. 이렇게 하는 것이 무리다 싶으면 모든 과정을 5분의 1로 줄여서(예를 들어 워밍업 조깅 1분, 스쿼트 2회, 팔굽혀펴기 2회 등) 3세트를 반복합니다. 운동을 시작한 첫 주에 이 과정을 3회 이상 해냈다면 당신의 출발은 순조로운 편입니다. 다음 주에는 조금만 더 늘려봅시다.

지금 바로 그곳에서

신체 활동 측면에서 지금 당신은 어떤 상태인가요? 하루 종일 책상 앞에 앉아 있나요? 아니면 침대에서 나오기조차 어려운가요? 유일하게 움직이는 것은 차를 타러 주차장까지 걸어갈 때뿐일지도 모르겠네요. 간혹 헬스장에 가나요? 일주일에 한 번 축구를 하고 있나요?

이와 반대로 운동을 지나치게 많이 하고 있는 분들에게 조언을 하나 하겠습니다. 한 번에 몇 시간씩 달린다든가 매일같이 강도 높은 운동을 하는 것 또한 몸에 스트레스를 줍니다. 만약 당신이 운동을 지나치게 하는 편이라면, 운동이 아닌 충분한 휴식에 집중해보는 것이 유익합니다.

운동 측면에서 지금 당신이 처한 상황이 못마땅할 수도 있지만, 다행인 점은 당신이 하고 있는 운동량이 적을수록 앞으로 운동량을 늘려가는 것만으로도 얻을 수 있는 혜택이 더 크다는 거예요. 좋든 싫든 지금 서 있는 그곳이 달라지지는 않으므로, 그대로 인정하고 당신이 할 수 있는 일을 계획하세요.

운동은 적은 양이라도 매번 거듭할 때마다 상승 나선을 만드는 데 힘을 보태줍니다. 당신이 하지 못하는 운동 또는 못 할지도 모를 운동을 걱정하지 마세요. 끝까지 해내지 못하는 거창한 계획보다는 적은 양의 운동이라도 실제로 해내는 것이 당신에게 훨씬 더 이롭습니다.

운동을 한다는 것 자체가 어렵게 느껴진다고요? 괜찮습니다. 1회에 45분씩, 주 3회 같은 기준은 생각하지 마세요. 더 작게 시작하면 됩니다.

반드시 마라톤을 할 필요는 없다

이솝우화에 나오는 거북이는 느리지만 꾸준히 달려 경주에서 토끼를 이겼습니다. 인생은 경주가 아니지만, 어쨌든 느리지만 꾸준하게 하는 것이 앞으로 나아가는 데 가장 좋은 방법이기는 해요.

운동에서 가장 어려운 단계는 시작하는 것입니다. 그러니 최대한 시작하기 쉽게 만드세요. 장해물은 다 제거하세요. 8킬로미터를 달리는 건 생각만 해도 기가 질린다면 1킬로미터만 달리세요. 아예 달리기 자체가 실행 불가능한 일로 보이나요? 그러면 동네를 걸어 다니는 것부터 시작하세요.

예전에 잠시 힘든 시기를 보낼 때 나도 이 전략을 썼어요. 그 당시 나는 매일 산책을 나갔습니다. 처음에는 한 블록이 끝나는 모퉁이까지만 갔어요. 그러다 점점 더 멀리 나갔죠. 두 블록이나 세 블록, 또는 내 두 발이 나를 데려가는 대로 어디까지고 갔습니다.

산책의 특징은 아주 쉽다는 거예요. 준비할 게 거의 없으니까요. 다른 운동을 하려면 하다못해 옷을 갈아입거나 신발을 갈아 신거나 에너지를 끌어올려야 하고, 헬스장이든 농구 코트든 어딘가로 가야 하죠. 그러나 산책을 하기 위해서는 그냥 문을 열고 나가서 계속 걷기만 하면 돼요.

몸이나 기분 상태가 저조할 때는 쉬운 것부터 시작하는 것이 더욱 중요합니다. 그런 때일수록 무리하기 쉽거든요. 그렇다고 가라앉은 상태로 내버려두라는 뜻은 아니에요. 다만 자신을 지나치게 밀어붙이지는 마세요. 상태가 안 좋을 때 무리를 하면 부정적인 감정들만 부추길 수 있습니다. 특히 고강도 운동을 하면 더 위험하죠.[25] 잠깐의 산책이나 조깅을 하러 나가보세요. 몇 주 동안 당신이 감당할 수 있는 운동량이 그게 다여도 괜찮습니다.

반드시 마라톤을 해야만 운동 효과를 실감할 수 있는 것은 아니에요. 10분 정도만 적당히 운동해도 기력과 기분이 향상되는 걸 느낄 수 있지요. 그러다 시간을 20분으로 늘리면 더욱 큰 혜택을 얻을 수 있고요.[26] 그렇다고 당장에 운동량을 엄청나게 늘릴 필요는 없습니다. 운동의 효과를 연구한 바에 따르면, 몇 주 동안 특별히 운동량을 늘리지 않고 하루에 10분씩만 꾸준히 운동해도 통증과 정신 건강이 개선된다고 합니다.[27] 그러니까 천천히 시작해보세요.

운동을 쉽게 하는 비결

스스로 의지력이 없어서 운동을 못 한다고 푸념하는 사람들이 많습니다. 괜찮아요. 좋은 습관을 지속하는 비결은 의지력이 없어도 자신에게 유익한 일을 실행할 수 있는 환경을 마련해두는 것입니다. 할 일을 일정표에 기입해두는 것을 비롯하여 2장에서 제안한 방법들을 사용해보세요. 여기에 추가로 당신이 운동을 꾸준히 할 수 있게 도와줄 몇 가지 방법을 제안합니다.

신발 끈을 묶으세요

유명한 UCLA 농구팀 코치 존 우든은 매 시즌을 시작할 때마다 선수들에게 신발 끈을 묶으라고 말한다고 합니다. 가장 사소해 보이는 일부터 주의 깊게 살피고 빈틈없이 준비하라는 뜻이겠죠. 나는 그와 비슷하지만 더 쉬운 일을 당신에게 요구할 거예요. 끈이 있는 신발조차 필요 없어요. 샌들을 신어도 되고 슬리퍼를 신어도 됩니다. 당신이 해야 할 일은 신발을 신고 문밖으로 나가는 게 다예요. 이것이 당신이 감당할 수 있는 일의 전부라고 해도 괜찮습니다. 침대에 누워 천장을 쳐다보고 있을 때보다는 집 앞에 나가서 거리를 바라보고 있을 때 세상에 다가가기가 훨씬 더 쉬워지니까요.

마라톤을 뛸 필요는 없어요. 심지어 1킬로미터까지 달릴 필요도 없습니다. 다시 말하지만 문밖으로 걸어 나가는 것이 핵심이에요. 탁 트인 길로 나가 짙은 석양을 만끽할 때와 달리 소파에 앉은 상태에서는 달리기가 영 끌리지 않기 때문이죠.

다음번에 당신이 달리기를 하러 나갈 기력을 끌어올리고자 할 때는 단번에 모든 결정을 내리지 않아도 된다는 걸 기억하세요. 운동에 필요한 것을 간단하게나마 준비하게 만들고 운동하기에 좋은 환경으로 바꾸는 것은 모두 해마와 선조체가 무의식적으로 처리하는데, 이는 운동을 더 수월하게 만들어줍니다. 신발을 신는 것부터 시작하세요. 그리고 밖으로 나가세요. 처음에는 걷다가, 조깅하듯 몇 걸음 뛰어보세요. 타이머를 1분으로 맞춰두고요. 그러고 나서 어떤 느낌이 드는지 살펴보세요. 큰 그림에 압도당해 꼼짝할 수 없다면 작은 그림에서 시작해보세요. 올바른 방향으로 한 걸음 내딛는 거예요. 다음 걸음은 그때 가서 걱정합시다.

구체적인 목표를 정하세요

언젠가 UCLA의 운동장을 돌다가 유명한 배우와 마주쳤습니다. 내가 가까스로 용기를 내어 무슨 목적으로 운동을 하고 있느냐고 물었더니 이런 답이 돌아왔어요. "그냥 삶을 위해서 하는 거예요."

'그냥 삶을 위해서' 건강해지겠다는 동기도 좋기는 하지만, 구체적인 한 가지 목표를 정하고 나면 실행 가능성이 훨씬 더 높아집니다. 구체적이고 상세한 계획은 보상 체계인 도파민 회로를 활성화하여 우리를 움직이게 하는 데 도움이 되죠. 그러니까 5킬로미터 마라톤이나 단축 코스로 진행되는 트라이애슬론 대회에 출전 등록을 해보세요. 이왕이면 풀코스를 뛰면 더 좋고요. 그냥 생각만 하지 말고, 일정표에 기록하고 신청서를 작성하고 참가비를 지불하세요. 이렇게 하면 도파민계를 더욱 깊이 활성화하여 동기를 계속 유지하는 데 도움이 된답니다.

운동을 함께할 친구를 구하거나 팀에 들어간다면 더더욱 좋아요. 그러면 운동 나선에 사교 나선과 목표 나선까지 통합되는 셈이니까요(사교 나선과 목표 나선은 각각 6장과 7장에서 살펴보세요).

그냥 열심히 하는 것만이 아니라 신청서를 내서 참가하는 것을 목표로 삼을 수 있는 운동으로는 무엇이 있을지 찾아보세요.

다른 사람과 함께 하세요

운동은 당신이 지구에서 최초로 시도하는 일이 아니기 때문에 모든 방법을 스스로 알아내려고 애쓰지 않아도 됩니다. 이미 많은 사람이 여러 가지 이유에서 운동하기를 원하고, 게다가 한데 모여서 운동을 하고 있답니다. 다른 사람들과 함께 운동하는 것은 사교 나선의 이점도 활용하게 해주지요(6장 참고). 그러니 운동 수업에 참가해보세요!

스웨덴에서 실시한 어느 연구에 따르면, 운동 수업이 심리학자나 상담사를 통한 표준적인 심리치료보다 우울증 개선에 더 효과적이라고 합니다.[28] 실험을 위해 몇백 명의 참가자들은 '현대적인 피트니스 센터'에 등록했습니다. 스웨덴의 현대적인 피트니스 센터라니, 세련된 스칸디나비아식 인테리어에 고급스러운 이케아 요가 매트를 갖춘 아주 멋진 곳이 그려지는군요.

연구자들은 해당 연구를 통해 운동 수업이 종목에 상관없이 심리치료에 효과적이라는 사실을 알아냈습니다. 어떤 사람은 가벼운 요가 수업을 받았고, 또 다른 사람은 중간 강도나 고강도의 유산소운동 수업을 받았지요. 참가자들은 회당 2시간씩 매주 3회 수업을 받았습니다. 그 결과, 표준적인 심리치료를 받은 대조군과 비교하여 운동 수업을 받은 그룹의 모든 참가자가 우울증 개선에서 더 좋은 결과를 얻었습니다. 3개월 뒤 운동 그룹의 우울증 증상은 대조군에 비해 30~40퍼센트 감소했습니다.

이 연구는 운동의 효과에 있어서 강도보다는 규칙적인 반복이 더 효과적이라는 사실을 보여줍니다. 게다가 다른 사람들과 함께하면 더 좋고요.

○ 실행에 옮기기

드디어 실행에 옮길 차례입니다. 다음 계획표의 첫째 칸에는 당신이 어떤 활동을 어떻게 실행할지 써보세요. 운동 수업 참가하기나 헬스장에서 운동하기, 산책, 등산, 아는 사람과 함께 달리기, 즉석에서 팀을 나눠 농구 경기하기 같은 것 말이에요.

지역 신문을 살펴보거나 사는 곳 주변의 YMCA 스포츠센터, 문화센터, 체육센터, 노인복지센터 등에 문의해보세요. 헬스장이나 피트니스센터를 방문해서 어떤 프로그램이 운영되는지도 알아보세요. 인터넷에 '○○ 시 축구', '○○ 동 농구' 등을 검색해보면 당신이 사는 지역에서 참여 가능한 활동을 찾을 수 있습니다.

둘째 칸에는 함께 할 사람이나 수업 등록에 필요한 연락처 정보를 기입합니다. 수업에 등록하기로 했다면 셋째 칸에 등록 날짜와 시간을 쓰세요. 함께 할 사람에게 연락을 취해야 한다면, 그 날짜와 시간도 셋째 칸에 써넣어보세요. 연락이나 등록을 마친 다음에는 마지막 칸에 활동 날짜와 시간을 써넣습니다.

활동	연락처 정보	등록 및 연락 날짜/시간	활동 날짜/시간

활동	연락처 정보	등록 및 연락 날짜/시간	활동 날짜/시간

정기적인 활동만 기록하는 일정표를 따로 만드는 것도 유용합니다(2장에 있는 활동 일정표를 사용해도 되고, 평소 쓰는 다이어리나 달력을 활용해도 좋습니다). 선조체는 자극 – 반응 방식으로 작동하기 때문에 일정표에 할 일을 표시해두면 선조체가 당신이 실제로 그 일을 실행하도록 옆구리를 찔러줄 거예요.

게임하듯 즐기세요

핏비트Fitbit* 같은 운동 모니터링 장치를 착용하여 게임하듯 운동해봅시다. 하루에 1만 보를 걸을 수 있는지 확인해보세요. 목표가 너무 과하다고요? 그럼 2천 보는 어때요? 너무 쉬운가요? 그렇다면 5천 보로 올리죠.

트레드밀에서 뛴 거리는 게임 점수로 바꿔서 생각해보세요. 지난번 기록을 깰 수 있는지 볼까요? 목표를 수치화하면 도파민계를 끌어들이는 데 도움이 되고, 게임하듯 운동하면 그냥 하는 것보다 훨씬 재미있습니다.

일단 출발하세요

1994년에 개봉한 영화 《포레스트 검프》에서 주인공 포레스트가 뜬금없이 달리기 시작해 멈추지 않고 계속 달리는 장면을 기억하나요? 운동을 항상 꼼꼼하게 계획해야 하는 것은 아닙니다. 운동을 하나의 모험으로 만들면 더 신나게 즐길 수 있고, 도파민도 더 많이 분비됩니다. 당신도 포레스트처럼 신발을 신고 일단 출발하세요. 특정한 목표도, 딱히 정한 목적지도 없이 말이죠. 그냥 문밖으로 걸어 나가서 당신이 이끌리는 대로 어디든 가보세요. 피곤해지면 쉬고, 목이 마르면 물을 마시고요. 애초에 당신의 몸은 움직이게 돼 있습니다. 이제부터 움직임을 즐겨보세요.

---

* 걸음 수, 심박 수, 수면의 질, 그 밖에 신체 활동에 수반되는 데이터를 모니터링하는 일종의 스마트워치.

무엇을 하든 아무것도 하지 않는 것보다 낫다

운동을 시작하자마자 변화를 느낄 수도 있지만, 운동이 제대로 효과를 내려면 적어도 몇 주 정도 걸립니다. 여기서 핵심은 조금씩이라도 꾸준히 지속하는 것이죠. 그것이 당신을 계속 앞으로 나아가게 해줄 거예요.

당신이 일주일 동안 마음먹고 할 수 있는 최소한의 운동량은 어느 정도인 가요? 하루에 팔굽혀펴기 한 번? 30초 동안 걷기? 지금 당신이 무엇을 얼마나 하고 있든, 거기서 한 단계만이라도 더 나아가는 것이 아무것도 하지 않는 것 보다 훨씬 낫습니다.

운동을 하고 나면 곧장 기분이 나아지지는 않더라도 당신의 뇌에 긍정적 인 효과가 전달되고 있다는 사실을 기억하세요. 천천히 시작하고, 인내심을 발휘하고, 상승 나선을 만들기 위해 일어나는 모든 신경화학적 변화들을 떠올 리세요.

지금쯤은 당신이 적어도 한 번은 심장이 마구 뛰는 것을 경험했기를, 아니 면 세상 속으로 모험을 떠나보았기를 바랍니다. 몸을 움직이는 것이 상승 나 선에 올라타기 아주 좋은 방법이기는 하지만, 유일한 방법은 아니에요. 그러 니 당신이 올림픽 출전 대비 훈련을 하거나 하루에 윗몸일으키기를 500번씩 하거나 마라톤을 뛰거나 하지 않더라도 전혀 걱정하지 마세요. 상승 나선을 만들 뿐 아니라 운동까지 도와줄 비법이 앞으로도 많이 남아 있으니까요.

게다가 뇌와 몸의 관계는 운동에서 끝나지 않습니다. 몸속에서 일어나는 더 미묘한 움직임들도 뇌의 활동과 화학적 상태를 조절하지요. 이제 그 이야 기를 해봅시다.

4 호흡하고 마음의 긴장 풀기

당신의 뇌는 몸에 의지하고, 몸에서 일어나는 일은 뇌에 영향을 미칩니다. 앞서 3장에서는 운동의 효과를 이야기했는데, 몸의 움직임을 통해 뇌의 활동과 화학적 상태를 변화시키는 방식은 운동 말고도 다양합니다. 몸과 뇌는 마이크와 스피커처럼 하나의 피드백 회로 안에 존재하며 둘 중 하나에서 일어난 일은 다른 하나에도 영향을 미치지요.

　당신이 의식하지 않아도, 당신의 뇌는 심박 수, 호흡, 근육 긴장 등 당신의 몸과 그 생리작용에 일어나는 미묘한 신호들을 항상 의식하고 있습니다. 당신의 생리작용에 작은 변화를 일으키는 것은 당신의 뇌로 보내는 신호들을 바꾸는 일이며, 따라서 불안과 우울에도 큰 영향을 미칠 수 있는 일이지요. 이번 장에서는 호흡과 스트레칭, 얼굴 표정, 자세 등을 통해 뇌로 보내는 신호들을 바꾸고, 그럼으로써 기분과 스트레스를 극적으로 개선하는 방법을 설명할 것입니다. 그에 앞서 당신도 미처 몰랐던 생리학의 핵심 요소를 소개할까 합니다.

심장의 박자가 말해주는 것

우리가 살아 있는 한 심장은 쉬지 않고 뜁니다. 그러나 당신이 가만히 앉아 있을 때조차 꾸준히 동일한 박자로 뛰지는 않습니다. 심장은 표현이 풍부한 교향곡의 지휘자처럼 속도를 높였다가 다시 천천히 속도를 줄이기도 하는데, 이를 **심박변이도**heart rate variability라고 합니다. 그런데 우울증 상태에서는 심장이 마치 메트로놈처럼 규칙적으로 뛰는 경향이 있어요. 달리 말해 우울증에 걸린 사람은 심박변이도가 떨어집니다.[29] 심장이 일정한 속도로 뛰는 것은 스트레스가 너무 심한 상태라는 신호이기도 해요. 교감신경계가 만성적인 **투쟁-도피 모드**로 활성화되어 있다는 뜻이니까요.

이와 반대로 심박변이도가 높은 것은 몸의 **휴식-소화 모드**(부교감신경계)가 활성화되어 있다는 신호예요. 이번 장에서 제안하는 여러 방법은 휴식-소화 모드 활성화를 돕습니다. 운동을 꾸준히 할수록 심박변이도는 매우 높아지며, 호흡을 제대로 하는 것만으로도 심박변이도를 효과적으로 높일 수 있습니다. 심박변이도가 개선되면 우울증도 개선됩니다.

호흡의 힘

장담하건대, 당신은 이 책을 읽는 내내 숨을 쉬고 있었을 것입니다. 숨을 들이쉬고 내쉬고 다시 들이쉬고를 반복했겠죠. 이것이 말 그대로 목숨을 유지해주는데도, 방금 전까지 당신은 호흡을 전혀 의식하지 않았을 거예요. 뇌 스스로 알아서 당신의 생명을 유지해주는 것에 감사해야 한다는 말을 하려고 이 얘기를 꺼낸 건 아닙니다. 물론 감사할 일이지만 그 점에 대해서는 10장에서 따로 다룰 거예요. 새삼 호흡 얘기를 꺼낸 이유는 당신이 숨 쉬는 방식을 아주 조금만 바꿔도 뇌의 감정 회로에 지대한 영향을 미칠 수 있기 때문이에요. 호흡은 당신의 생명을 유지할 뿐만 아니라 기분도 향상시킬 수 있습니다.

뇌에는 호흡을 조절하는 여러 영역이 존재합니다. 일차적으로는 두개골 맨 아래쪽 깊숙한 곳에 있는 뇌간이 당신이 살아 있는 동안 쉬지 않고 숨을 들이쉬고 내쉬게 만듭니다. 잠자는 동안에도, 딴 데 정신이 팔려 있는 동안에도, 당신이 말하고 행동하는 모든 순간에도 말이지요. 호흡은 심장박동이나 소화처럼 자율적으로 이뤄지지만, 신체의 다른 자율신경기능과 달리 의식적으로 통제할 수도 있답니다. 같이 한번 해볼까요?

당신은 숨을 깊이 들이쉴 수 있어요.

숨을 내쉬기 전에 잠시 멈출 수도 있어요.

숨을 얕고 빠르게 쉴 수도 있고 심지어 숨을 멈출 수도 있죠.

몸에서 자율적으로 일어나는 작용은 대개 스스로 조절할 수 없어요. 당신은 심장이 더 빠르게, 또는 더 천천히 뛰게 할 수 있나요? 소화 과정을 잠시 멈출 수 있나요? 그런데 호흡은 어느 정도 자발적으로 통제 가능하고, 바로 그렇기 때문에 당신의 생리작용을 바꿀 무척 효과적이고도 간단한 방법이 되는 것이죠.

호흡은 **미주신경**vagus nerve이라는 특수한 신경의 신호를 변화시킴으로써 뇌에 영향을 미칩니다. 뇌간에서 시작되는 미주신경은 내장기관과 뇌 사이에 오가는 정보를 양쪽으로 전달하지요. 호흡 패턴을 바꾸면 뇌에 전달되는 정보 또한 바뀌기 때문에, 뇌의 다양한 영역뿐 아니라 여러 신체 기능에도 영향을 미칠 수 있습니다.

코로 숨 들이쉬기

코로 숨을 들이쉬면 입으로 들이쉴 때보다 더 많은 산화질소가 체내에 생성됩니다.[30] 산화질소는 혈관을 확장시켜 혈류의 공급을 원활하게 함으로써 혈압을 조절해줍니다. 코로 깊게 숨을 들이쉬어 혈압이 내려가고 마음이 느긋해지는 것을 느껴보세요. 그 느낌을 글로 써보세요.

....

....

....

....

....

....

....

부드럽고 느리게

이제 느리고 고르게 호흡하는 것부터 시작해봅시다. 이러한 호흡은 투쟁-도피 모드(교감신경의 활동)를 휴식-소화 모드(부교감신경의 활동)로 바꾸어주지요. 그뿐 아니라 불안을 감소시키고,[31] 스트레스 호르몬인 코르티솔 분비를 줄이고, 부정적인 감정들을 약화하는 것으로 밝혀졌습니다.[32]

호흡 효과를 극대화하려면 날숨과 들숨 사이에 1~4초 정도 숨을 멈추는 것이 좋습니다. 잠깐씩 숨을 멈추는 것은 그동안 의식하지 못한 채 습관적으로 하던 호흡을 의도적인 호흡으로 바꿔주고, 당연한 것으로 받아들였던 호흡

의 소중함도 생각해보게 합니다. 게다가 통증감각을 줄이고 심박변이도를 높이는 데도 효과적입니다.[33]

자, 준비됐나요?

느리고 고르게 호흡하는 법

1. 먼저 바르게 앉거나 섭니다. 바닥에 일자로 누워도 좋습니다. 호흡 자세는 이따 더 자세히 다루겠지만, 일단 깊은 호흡을 방해하는 구부정한 자세부터 바로잡아보세요.

2. 숨을 내쉽니다.

3. 잠시 숨을 멈춥니다. 길게는 말고, 자동으로 다음 숨으로 넘어가지 않도록 1~2초만 멈추세요.

4. (감기에 걸리지 않았다면) 코로 숨을 들이쉽니다. 의식하면서 호흡하세요.

5. 할 수 있는 한 끝까지 들이쉬고서 1초간 호흡을 멈춥니다. 들이마신 숨을 음미하고 다시 의도적으로 숨을 내쉬기 위한 준비 시간으로 1초면 충분합니다.

6. 코 또는 입으로 다시 숨을 내쉽니다. 당신에게 편한 쪽으로 내쉬세요.

7. 끝까지 내쉬고서 다시 한 번 멈췄다가 다음 호흡을 이어갑니다.

8. 가슴과 배 사이에 가로놓인 횡격막을 활용한 배호흡을 합니다. 횡격막은 공기를 폐로 불어넣는 데 가장 효과적이지요. 가슴호흡으로도 긴장 이완이 가능하지만 배호흡보다는 효과가 떨어집니다. 횡격막으로 호흡하면 배는 부풀지만 가슴은 그리 많이 부풀지 않습니다. 그러니 깊이 호흡할 때

저절로 어깨가 올라가거나 긴장되지 않는지 살펴보고, 어깨의 긴장을 푸세요.

9. 이제 속도를 늦추고 좀 더 부드럽게 호흡합니다. 숨을 들이쉬면서 천천히 다섯까지 세고 호흡을 잠깐 멈췄다가 다시 천천히 다섯을 세면서 숨을 내쉽니다. 이것을 반복하면 1분에 4~5회 정도 호흡하게 되는데, 이런 속도의 호흡은 뇌를 진정시켜 투쟁-도피 모드를 휴식-소화 모드로 바꿔줍니다.

10. 호흡하는 동안 몸의 감각에 집중합니다. 들숨에서 몸이 쭉 펴지고 날숨에서 근육이 이완되는 것을 느껴보세요.

의도적 호흡을 꾸준히 실행하는 것은 스트레스를 줄이고 상승 나선으로 올라타는 데 매우 효과적인 방법입니다. 실행 방법은 단순합니다. 앞서 소개한 10단계를 밟으며 호흡에 집중하는 것입니다. 일단 호흡의 리듬에 익숙해지면 매번 숫자를 세지 않아도 되지만, 숫자를 세는 편이 여러모로 유익하기는 합니다. 특히 호흡할 때 의식이 흐트러지지 않도록 중심을 잡아줍니다.

타이머를 3분으로 맞추고 숨소리, 동작, 몸의 감각까지 온전히 집중한 채 호흡을 시작하세요. 3분이 너무 부담스러우면 첫날에는 30초(3회 호흡)로 시작하고 둘째 날에는 1분으로 늘리는 식으로, 서서히 3분까지 늘려보세요.

호흡을 지속적으로 단련하기 위해서 첫 주는 호흡 일지를 작성해보는 것도 도움이 됩니다. 호흡 지속 시간을 일지에 기록하고 호흡 후의 기분을 10점 만점 기준으로 점수를 매겨봅니다.

호흡 일지 쓰기

	호흡 시간	호흡 후 기분 (1＝끔찍해 … 10＝끝내줘)
1일 차		
2일 차		
3일 차		
4일 차		
5일 차		
6일 차		
7일 차		

에너지 끌어올리기

스스로 가라앉아 있고 굼뜨다고 생각하나요? 우리 몸을 움직이는 데도 요령이 필요합니다. 바로 뇌를 휴식 모드(부교감신경의 활동)에서 활동 모드(교감신경의 활동)로 바꾸는 거예요. 근육을 긴장시켜보세요. 일어나보세요. 통통 뛰어보세요. 껑충껑충 뛰어보세요. 아무래도 상관없다는 듯이 두 손을 허공에 내뻗어보세요. 빠르고 거세게 다섯 번 호흡해보세요. 이런 행동은 생리적인 스트레스 반응을 흉내 내는 것으로, 뇌에 에너지를 폭포처럼 쏟아내라고 신호를 보내는 동작이에요. 어때요, 에너지가 솟아나는 게 느껴지나요?

....

....

....

....

....

....

....

스트레스 상황에서 호흡하기

깊고 느린 호흡을 규칙적으로 단련하면 그것이 스트레스 상황에서 의지할 수 있는 습관으로 선조체에 새겨집니다. 스트레스가 심하거나 불안하거나 압도당하는 느낌이 든다면 연습한 대로 천천히 깊게 호흡해보세요.

그렇지만 공황 상태나 스트레스를 느끼는 상황에서는 호흡을 조절하기가 무척 어렵지요. 때로는 호흡을 조절하려는 노력 자체가 스트레스를 더 악화시키기도 하고요. 그러니 호흡을 너무 조절하려고만 애쓰지 말고 몇 가지 작은 부분만 조정해봅시다.

불안하거나 스트레스를 느낀다면 날숨의 길이를 늘이는 것에만 초점을 맞춥니다. 숨을 내쉴 때 "쉬—" 하는 소리를 내거나, 촛불을 불어 끌 때처럼 입술을 오므리는 것도 도움이 됩니다. 이렇게 하면 어쩔 수 없이 호흡 속도를 줄이게 되지요. **우짜이**ujjayi라는 요가 호흡법도 한번 시도해보세요. 목구멍 뒤쪽을 수축시킨 채 코로 숨을 내쉬는 호흡법입니다(콧노래 부르는 것과 비슷하지만 콧노래처럼 울리는 소리가 아니라 해변에 밀려오는 파도처럼 부드러운 소리를 냅니다). 호흡할 때 소리를 내면 공기가 나가는 속도를 떨어뜨리기 때문에 호흡의 길이를 늘이는 데 도움이 되죠.

스트레스를 받는 상황에서 몸의 생리작용에 변화를 줄 수 있는 방법이 하나 더 있어요. 바로 얼굴에 찬물 뿌리기입니다. 이것은 미주신경의 반사 반응을 촉발하여 심박 속도를 떨어뜨립니다.

자세를 바로잡아 기분을 바로잡기

당신이 서 있거나 앉아 있는 자세는 뇌 활동을 변화시켜서 기분과 에너지와 자신감에도 영향을 미칩니다. 우울증이 있는 사람은 구부정하거나 웅크린 자세를 잘 취하는 편인데 자세를 바로잡으면 기분과 에너지 수준도 향상됩니다.[34] 이른바 '파워 포즈'에 대한 몇몇 연구는 오해를 불러오거나 사실을 부풀리기도 했지만, 그보다 신중하게 접근한 여러 연구를 통해 자세가 기분과 마음가짐에 미묘한 효과를 낼 수 있음이 밝혀졌습니다. 이런 미묘한 효과들은 바른 방향을 향한 작은 변화들을 만들어주기 때문에 상승 나선으로 올라타기에 아주 좋은 방법이랍니다.

당신의 자세는 당신이 세상을 느끼는 방식에 영향을 줍니다. 한 연구에 따르면, 우울증에 걸린 사람이 구부정한 자세로 앉아 있을 때 그들의 뇌는 바른 자세로 앉아 있을 때보다 부정적 정보 쪽으로 훨씬 강하게 치우친다고 해요.[35] 또한 자세가 구부정하면 뇌가 행복한 사건을 기억해내기가 더 힘들어진다는 것을 밝힌 연구들도 있습니다.[36] 등을 곧게 펴고 바르게 앉았더니 부정적 편향이 사라졌고요.

얼굴 표정과 마찬가지로 자세를 바꾼다고 해서 기분이 극적으로 달라지지는 않지만, 자세가 긍정적으로든 부정적으로든 현재의 기분을 더욱 강화할 수는 있습니다. 예를 들어 기분이 축 처져 있을 때 웅크리거나 구부정한 자세로 있으면 더 악화되는 식이죠. 반대로 기분이 좋거나 뭔가 좋은 일을 하고 났을 때 자신감 넘치고 당당한 자세로 있다면 좋은 감정을 배가할 수 있어요. 자세가 테스토스테론 수준에 미묘한 변화를 일으키거나[37] 심지어 그 활동에서 느끼는 즐거움을 증폭하기[38] 때문입니다.

엄청나게 멋진 자세를 취할 필요는 없어요. 그저 나쁜 자세를 고치려고 노력해보세요. 똑바로 앉아야 한다던 어머니 말씀을 되새기면서 이제 그만 구부정한 몸을 쫙 폅시다. 계속 침대나 소파에 늘어져 있었다면, 그냥 일어서는 것만으로도 뇌의 전기적 활동에 변화를 줄 수 있어요.[39] 이 단순한 변화들을 활용하여 기분이 더 나아지는 길 위에 올라서보세요.

바르게 앉는 연습

당신이 책상 앞에서 일하는 직업을 갖고 있다면 아마 하루 대부분을 꼼짝없이 의자에 앉아 있을 것이고, 이는 바르게 앉는 자세를 연습할 아주 좋은 기회입니다. 매시 정각이 되면 당신이 어떤 자세로 앉아 있는지 확인하고 다음 단계를 따라 해보세요.

1. 엉덩이를 의자 앞쪽으로 빼서 앉고 발은 바닥에 평평하게 놓으세요.

2. 등을 펴고 똑바로 앉습니다.

3. 숨을 들이쉬면서 어깨를 으쓱 올리고, 숨을 내쉬면서 다시 어깨를 내려놓으며 긴장을 풀어줍니다. 견갑골을 살짝 조여 가슴이 열리게 합니다. 머리가 앞쪽으로 나와 있다면 다시 뒤로 당겨 척추와 수직으로 놓이게 바로잡으세요.

4. 지금쯤 당신은 자세에 신경 쓰느라 호흡도 흐트러지고 온몸이 긴장한 상태로 앉아 있을지도 모릅니다. 다시 호흡하며 긴장을 푸세요. 자세를 억지로 만들기보다는 자연스럽게 바로잡으려고 노력해보세요.

앉는 자세를 바꿔보니 기분이 어떤가요? 더 집중이 잘되고 에너지가 차오르는 느낌이 드나요?

....

....

....

....

....

....

....

마음은 얼굴의 거울

히에로니무스가 "얼굴은 마음의 거울"이라고 했던가요. 하지만 그도 몰랐던 것이 있었으니, 바로 '마음은 얼굴의 거울'이기도 하다는 사실이지요. 기분이 표정에 영향을 미칠 뿐 아니라, 표정도 기분에 영향을 미친다는 뜻이에요. 실제로 얼굴에 있는 특정 근육들을 수축하거나 이완하는 것만으로도 기분을 바꿀 수 있습니다.

미소를 짓는다고 해서 부정적인 감정을 모조리 날려버릴 수는 없지만, 얼굴 표정으로 지금 느끼는 감정의 강도를 키우거나 줄일 수 있습니다.[40] 그러니 기분이 평소보다 좀 더 좋아졌을 때는 미소를 지어서 그 감정을 증폭시켜보세요. 누군가에게 고마움을 느낀다면 그에게 미소 지은 얼굴을 보여주세요. 친구든 슈퍼마켓 계산원이든 길에서 만난 누군가에게든 말이죠. 혼자 있을 때 기분이 좋다면 그저 자신을 위하는 마음으로 미소를 지어보세요. 그렇다고 억지로 행복한 척해야 하는 건 아니에요. 그러면 오히려 역효과가 날 수 있죠.

기분이 울적하거나 짜증이 날 때 부정적인 표정을 지으면 그 감정들이 더 심화됩니다. 표정과 관련해서 부정적인 감정을 해결하는 방법은 따로 있어요.

찡그리면 분노의 감정이 증가한다

카뮈의 소설 《이방인》을 보면, 어느 날 주인공이 해변에서 밝은 햇빛에 눈을 찡그린 채 설명할 수 없는 분노에 사로잡힙니다. 그는 계속 그 분노를 곱씹죠. 소설을 읽을 때는 그 장면이 이해가 안 됐는데, 뇌 과학이 그 답을 찾아주었어요. 한 연구에서 밝은 햇빛 아래 눈을 찡그리면 분노와 적의의 감정이 증가한다고 밝혀진 것이죠. 이때 햇빛을 피해 얼굴을 돌리거나 선글라스

를 쓰는 것으로 부정적인 감정을 누그러뜨릴 수 있습니다.[41]

분노나 적의가 당신에게 크게 문제되지는 않더라도, 선글라스를 쓰거나 그늘을 찾는 것은 어쨌든 당신에게 이롭습니다. 간단하고 사소한 변화를 주는 것만으로 당신의 뇌 회로를 조금씩 바른 방향으로 이끌어갈 수 있으니까요.

얼굴 근육이 긴장되어 있을 때는 보통 감정적으로도 긴장을 느끼기 쉽습니다. 혹시 지금 눈썹에 힘을 주거나 얼굴을 찡그리거나 턱을 앙다물고 있나요? 심호흡을 하면서 습관적으로 바짝 조였던 얼굴의 긴장을 풀어보세요.

근육의 긴장을 풀기

얼굴 근육만 감정에 영향을 미치는 것은 아니에요. 몸 근육도 팽팽하게 긴장되어 있으면 기분과 우울증에 부정적인 영향을 미칩니다. 우선 근육이 긴장되어 있으면 통증과 불편감이 더 심해지죠. 운동하기도 더 어려워지고요. 때로는 가만히 앉아 있는데도 불편한 느낌이 들기도 합니다. 또한 긴장한 근육은 스트레스와 불안도 증가시킵니다. 당신이 긴장하고 스트레스를 받고 있다는 신호를 뇌에 보내기 때문이지요. 이 과정은 거꾸로도 일어납니다. 스트레스를 받으면 근육이 더 긴장하게 되죠. 정신적 긴장을 푸는 것이 근육의 긴장을 푸는 데 도움이 되지만, 스트레스는 피드백 회로 안에서 움직이기 때문에 대개는 근육의 긴장을 먼저 푸는 것으로 시작하는 편이 더 쉽습니다.

스트레칭

스트레칭을 하면 기분이 좋아집니다. 통증을 완화하는 엔도르핀까지 분비시키죠. 앞 장에서 다뤘던 운동법이 어렵다면, 우선 스트레칭부터 시작해보세요.

스트레칭을 할 때는 아프기 직전의 자세로 강도를 맞추는 것이 중요합니다. 어떤 동작을 할 때 아프다면 그건 당신이 하기에 무리라는 뜻이에요. 그렇다고 스트레칭을 편하게 하라는 뜻은 아닙니다. 스트레칭을 하면 어느 정도 불편한 것이 당연합니다. 근육이 팽팽하게 당겨지니까요. 스트레칭으로 근육을 늘일 때는 무리해서 강도를 높이기보다 호흡과 이완에 초점을 맞추세요. 아프거나 심하게 불편한 느낌이 드는지 집중해보세요. 이것은 8장에서 다룰 마음챙김의 한 요소이기도 하지요. 긴장을 풀고 느긋하게 스트레칭하세요. 너무 불편해서 오히려 긴장이 풀리지 않는다면 좀 더 쉬운 동작으로 바꿔서 하세요.

점진적 근이완법

뇌 과학 연구의 상당 부분은 최근에 이루어졌지만, 긴장 이완의 효과에 대한 연구만큼은 100년도 더 된 역사를 자랑합니다. 1925년에 에드먼드 제이컵슨이라는 미국의 연구자가 **점진적 근이완법**PMR, Progressive Muscle Relaxation을 고안했지요.[42]

근육이 팽팽히 긴장되었다고 느낀 적이 있나요? 흥미롭게도 근육은 저절로 당겨지지 않습니다. 당신의 근육이 긴장한 이유는 그저 당신의 뇌가 수축하라는 신호를 보냈기 때문이에요. 그러나 뇌는 우리가 의식적으로 인지하지 못하는 많은 일들을 수행하므로, 뇌가 그런 신호를 보내도 당신은 아마 알아차리지 못할 겁니다.

그렇다면 무의식적으로 일어나는 근육 수축을 어떻게 하면 멈출 수 있을까요? 우선은 근육을 의도적으로 수축시킨 다음 다시 이완시키는 방법을 써볼 수 있습니다. 이것이 바로 점진적 근이완법의 핵심입니다.

긴장을 이완하는 법을 훈련하면 전반적으로 불안과 우울을 개선하는 데 도움이 되고,[43] 수술 후 회복기처럼 신체적으로 힘든 상황을 이겨내는 데도 유용합니다.[44] 긴장 이완은 몸과 뇌 모두에 영향을 미치는데, 뇌에서는 통증과 신체적 불편감을 담당하는 섬엽과 전방대상피질의 활동을 감소시킵니다.[45] 이것을 꾸준히 훈련하면 그 결과는 이후 수개월간 지속될 수 있습니다.

점진적 근이완법 훈련

조용히 누울 만한 소파를 찾거나 요가 매트를 준비합니다. 시작하기 전에 심호흡을 몇 번 하면서 당신을 괴롭히는 생각을 내려놓습니다. 걱정은 잠시 옆으로 치워두세요. 훈련이 다 끝나고 난 뒤에도 걱정이 까먹고 안 돌아오면 더 좋겠죠.

점진적 근이완법은 머리부터 발끝까지 몸 전체 근육의 수축과 이완을 반복하는 것입니다. 긴장시킨 근육을 이완하겠다고 따로 뭔가 해야 할 필요는 없어요. 근육을 수축시키는 것을 멈추면 저절로 이완이 됩니다. 근육을 조이면서 숨을 들이쉬었다가 잠시 호흡과 긴장을 그대로 멈춘 다음 다시 긴장을 놓아 보내면 되는 겁니다. 자, 이제 기본을 알았으니 시작해볼까요.

먼저 자리에 눕습니다. 턱을 포함한 얼굴 근육에서부터 시작합니다. 숨을 들이쉬면서 얼굴 근육을 팽팽히 조입니다. 그리고 잠시 멈추세요. 다시 숨을 내쉬면서 근육을 풀어줍니다. 이 과정을 두 번 더 반복하세요.

어깨와 목을 조입니다.

그다음에는 주먹을 꽉 쥐고 팔을 조이세요.

복부와 몸통을 조였다가 풀어줍니다.

엉덩이를 조였다가 풀어줍니다.

발과 다리를 조였다가 풀어줍니다.

이 과정이 끝나면 누운 채로 몇 분간 자연스럽게 호흡합니다. 스펀지를 쥐어 짜듯 몸에 남은 긴장을 모조리 밖으로 빼낸 다음, 기분이 어떤지 느껴보세요.

긴장이 풀리는 이미지를 머릿속에 그려보면 좀 더 쉽게 긴장을 풀 수 있습니다. 당신의 팔다리에서 긴장이 풀리는 모습을 상상하면 실제로 근육을 제어하는 뉴런들의 반응성이 떨어집니다. 뇌에서 몸으로 내려오는 하향식 진정 효과인 셈이지요.[46] 긴장이 없는 느긋한 장소에 있는 자신의 모습을 머릿속에 그려보면서 그 평화로운 세계의 느낌과 소리, 광경, 냄새에 온전히 빠져볼 수도 있어요. 이러한 시각화 전략은 혈압을 낮추는 데도 효과적입니다.[47]

스트레칭이나 점진적 근이완법을 실행하는 동안 관련된 이미지를 함께 떠올리는 것도 시도해보세요. 당신의 근육이 긴장을 놓아 보내는 느낌을 상상하는 겁니다. 따뜻한 해변에서 파도 소리를 듣고 있거나, 숲속 오두막집에서 포근한 담요로 몸을 감싸고 장작불이 타오르는 벽난로 앞에 앉아 지붕을 두드리는 빗소리를 듣는 당신의 모습을 상상해보세요.

요가가 뇌에 미치는 영향

요가는 이번 장에서 다루고 있는 호흡과 신체 나선뿐만 아니라 운동 나선이나 마음챙김 나선에서 함께 소개해도 될 만큼 여러모로 유익한 활동입니다. 요가 하나에 체력 강화와 스트레칭, 호흡과 마음챙김의 효과가 모두 담겨 있기 때문이지요. 이렇듯 다양한 측면에서 상승 나선을 만들 수 있다는 점이 바로 요가의 강점이기도 합니다.

　　요가를 하면 우울증과 불안증 개선에 도움이 된다는 사실을 수많은 과학 연구가 입증했습니다.[48] 요가가 뇌에 미치는 영향은 아주 광범위합니다. 예컨대 요가를 하면 불안을 가라앉히는 신경전달물질(가바)이 증가하는데, 이는 발륨Valium이나 재낙스Xanax 같은 항불안 약물이 표적으로 삼는 것과 동일한 효과를 냅니다.[49] 요가를 자주 하면 해마의 크기가 커진다는 사실도 밝혀졌는데, 이는 뇌가 건강하다는 것을 보여주는 신호지요.[50] 또한 요가는 체내 감각을 책임지는 뇌 영역(섬엽)의 크기도 키워줌으로써 통증에 대한 내성을 향상시킵니다.[51]

요가는 과학이다

　　요가 수행자들은 이미 수십 년 전부터 요가가 정신에 미치는 이점을 알리는 데 목소리를 높여왔지만, 현대 과학은 뒤늦게야 그들의 말을 알아듣기 시작했어요. 이제 요가는 철저하게 과학적인 방식으로 연구되고 있습니다.

　　한 연구에서는 기분을 향상시키는 데 효과적인 요가 자세들을 알아냈습니다. 바로 등을 뒤로 굽히는 후굴 자세와 가슴 열기 자세입니다.[52] 실제로 전통적인 우울증 치료에 요가를 더하면 눈에 띄는 효과를 얻을 수 있습니다.[53]

속성으로 배우는 가슴 열기 자세

가슴 열기 자세가 기분을 어떻게 개선하는지 그 효과를 확인하려면 속성으로 다음 동작을 따라 해보세요. 앉아서 해도 좋고 서서 해도 좋습니다.

턱을 들고 위를 올려다봅니다.
마치 하늘을 감싸 안듯이 손바닥을 위로 향한 채 두 팔을 천천히 넓게 벌립니다.
깊게 숨을 들이쉬고 내쉽니다.

요가는 장기적으로 했을 때 효과가 크지만, 단시간에 기분을 끌어올리기에도 아주 좋습니다. 요가 세션을 단 한 번만 완수해도 즉각적으로 투쟁-도피 반응이 줄어들고, 면역기능이 개선되며, 스트레스 호르몬이 감소하고, 활력을 증진시키는 테스토스테론 수준이 높아집니다.[54]

요가를 가장 쉽게 배우는 방법은 요가 초급반에 등록하는 거예요. 어떤 종류의 요가를 하는가보다는 그냥 요가를 한다는 사실 자체가 더 중요하죠. 요가 수업에 참가하는 것이 혼자서 요가를 하는 것보다 훨씬 더 효과적이에요. 사람들과 함께 하는 것, 환경에 변화를 주는 것 등 상승 나선에 올라탈 요소들이 더 많이 포함되기 때문이죠. 그렇지만 요가는 혼자서 하더라도 건강에 이롭습니다. 당신이 손쉽게 시도해볼 만한 요가 자세 몇 가지를 소개합니다. 유튜브에도 따라 할 수 있는 요가 영상이 많이 올라와 있으니 참고해보세요.

요가 자세와 동작

요가 수행을 제대로 하려면 보통 한 번에 한 시간 이상 걸리지만,

그보다 짧게 해도 효과는 있습니다. 무엇보다 규칙적으로 하는 것이 중요해요. 나는 매일 아침 2분 정도 요가를 하는데, 정신 집중과 마음의 안정과 생산성 향상에 정말 도움이 됩니다.

요가를 할 때 한 가지 자세를 취하면 호흡을 한 번 내지 두 번 하는 동안 같은 자세를 유지합니다. 앞 장에서 훈련한 호흡법을 활용해 느리고 부드럽게 호흡하세요. 호흡은 요가를 통해 우울 증상을 감소시키는 데 있어서 핵심적인 요소입니다. 매 호흡을 의식하면서, 그 사이사이에 잠시 멈추세요. 앞에서 설명한 우짜이 호흡을 시도해도 좋습니다.

◦ 코브라 자세

엎드려 누운 상태에서 얼굴을 아래로 하고 발등으로 바닥을 눌러 줍니다. 손바닥으로 가슴 옆 바닥을 짚습니다. 팔꿈치를 옆구리에 가까이 붙이고, 견갑골이 서로 가까워지도록 어깨 주변 근육을 조여 줍니다. 팔을 펴 밀어 올려 등과 가슴을 뒤로 둥그렇게 젖히며, 턱을 들고 정면 1미터 앞을 바라봅니다. 두 번 호흡한 다음 천천히 몸을 내려놓습니다.

◦ 고양이 자세/소 자세

손과 무릎으로 바닥을 짚고 엎드린 상태에서 양손과 무릎을 어깨너비로 벌립니다. 숨을 내쉬면서 턱을 가슴 쪽으로 당기고 등을 천장 쪽으로 둥그렇게 말아 올립니다(고양이 자세). 숨을 들이쉬면서 턱을 들고 등을 아래로 둥글게 내리면서 위를 쳐다봅니다(소 자세). 두 자세를 천천히 5회 반복합니다.

・ 두 팔 든 산 자세

똑바로 서서 두 팔을 옆구리에 붙입니다. 숨을 깊이 들이쉬면서 두 손바닥을 맞대고 팔을 앞으로 뻗어 올리다가 하늘을 향해 멈춥니다. 이 동작을 하는 동안 턱을 살짝 들어 위를 올려다보고 어깨의 긴장을 풉니다.

세 가지 요가 자세를 하면서 느낀 점을 적어보세요.

....

....

....

....

....

....

....

음악은 야수처럼 날뛰는 변연계를 길들인다

음악은 야수도 길들인다고 했던가요. 그뿐만 아니라 음악은 야수처럼 날뛰는 변연계도 길들일 수 있습니다. 마음을 차분하게 하는 음악은 스트레스 호르몬을 줄이고, 다른 사람들과 연결되었다고 느끼게 해주는 화학물질인 옥시토신 분비를 증가시키지요.[55] 스트레스가 심한 상황에 처했을 때 차분한 음악을 들으면 심박 수와 혈압이 내려갑니다.[56] 당연한 일이지만 음악이 주는 스트레스 감소 효과는 우울증 치료에도 유익하답니다.

그런가 하면 음악은 흥을 돋우거나 자극을 줄 수도 있는데 우울증에서는 이런 점도 똑같이 중요합니다. 어떤 노래가 점점 절정으로 치달으면서 심장 박동 수와 혈압을 높일 수도 있어요.[57] 음악은 엔도르핀을 분비시키고 측좌핵의 활동을 증가시키는데, 이는 통증을 줄이고 척추에 짜릿한 전율을 전달합니다.[58] 불안을 감소시키고 심박변이도를 높이기도 하지요.[59]

당신의 삶에 음악을 더하는 방법을 몇 가지 소개합니다.

- 좋아하는 악기를 연주하거나 배우고 싶었던 악기 연주 레슨 받기
- 샤워하면서 노래 부르기
- 차 안에서 노래 부르기
- 라디오를 들으며 손으로 박자 맞추기
- 음악 밴드 결성하기
- 교회에서 노래하기
- 연주회에 가거나 노래 모임 참가하기
- 요리나 청소 등 집안일을 할 때나 집에서 그냥 시간을 보낼 때 음악을 더 자주 틀어 놓기(집에 성능 좋은 스피커를 갖추면 더 좋겠죠.)

기분을 좋게 만들어주는 음악을 삶에 더 많이 끌어들이세요. 마음을 가라앉히는 차분한 노래와 기운 넘치게 만들어주는 신나는 노래를 모아 당신만의 플레이리스트를 만들어보세요.

차분한 노래	신나는 노래

체온을 높이는 몇 가지 방법

사람은 온혈동물입니다. 이는 바깥 온도에 관계없이 스스로 체온을 일정하게 조절할 수 있다는 말인데, 그렇다고 해서 우리의 체온조절이 꼭 이상적인 방식으로만 이루어지는 것은 아닙니다. 실은 체온을 조금만 높여도 우울증 증상이 며칠간 개선된다고 합니다.[60] 체온을 높이면 세로토닌을 생산하는 뇌간 영역이 자극되는데, 그 효과는 뇌 전체에 걸쳐 골고루 영향을 미칩니다.

체온을 높이는 몇 가지 방법을 소개합니다.

- □ 사우나 가기
- □ 따뜻한 물로 샤워 또는 목욕하기
- □ 운동하기
- □ 커피, 차, 코코아 등 따뜻한 음료 마시기
- □ 난롯가에 앉아 있기
- □ 따뜻한 옷 입기
- □ 담요로 몸 감싸기

몸을 통제할 수 있다는 것

당신은 생리적으로 자기 몸을 완전히 통제할 수는 없지만, 어느 정도는 통제할 힘을 가지고 있습니다. 그리고 대개 그 통제력은 상승 나선을 만들어내기에 충분하지요. 당신의 몸이 긍정적으로든 부정적으로든 감정에 어떻게 영향

을 미치는지 잘 살펴보세요. 당신이 몸을 잘 돌보면, 몸은 당신의 뇌를 잘 돌봐
줄 것입니다.

5 잘 자기

소설가 어니스트 헤밍웨이는 이렇게 말했습니다. "나는 잠을 사랑합니다. 깨어 있을 때는 인생이 산산조각 날 것만 같은 기분이 들거든요." 어쩌면 당신도 이 말에 공감할지 모르겠네요. 하지만 잠이 그저 잠시 의식 활동을 내려놓을 기회만을 제공하는 것은 아닙니다. 잠을 통해 우리는 뇌를 재충전하고 에너지를 회복하며 기분을 개선하고 스트레스와 고통을 덜어내지요.

불면증이든 과수면증이든, **수면에 곤란을 겪는 것**은 우울증의 흔한 증상입니다. 잠들기 어려운 것은 안타까운 하강 나선인데, 수면의 질이 떨어지면 나쁜 수면 습관이 생기고, 그러면 수면의 질이 더욱 나빠지면서 기분과 불안에도 악영향을 미치기 때문이지요. 실제로 수면장애를 해결하지 않으면 우울증이 생길 위험도 높아집니다.[61]

잠은 우리 인생의 3분의 1을 차지하는 데다 우울증과 관련된 신경 회로들에 영향을 미치기 때문에 수면의 질을 높이는 것은 상승 나선을 작동시키거나 강화하는 데 아주 효과적입니다. 이번 장에서는 잠이 뇌에 어떤 영향을 미치는지 살펴보고, 수면의 질을 높일 수 있는 간단한 요령을 소개합니다.

잠의 뇌 과학

구체적인 방법을 제안하기에 앞서 수면의 뇌 과학을 설명하겠습니다. 그런 다음에 잠이 뇌와 우울증에 미치는 영향을 짚어보며, 당신이 수면 나선의 이점을 이해할 수 있도록 안내할게요.

수면 구조

잠은 단순히 뇌를 꺼두는 시간이 아닙니다. 당신이 의식하지 못할 뿐, 잠든 사이에도 아주 많은 일이 벌어지지요. 당신의 뇌는 (1~4단계를 거쳐 렘수면 상태에 이르는) 수면의 여러 단계를 약 90분 주기로 반복합니다. 밤새 뇌가 섬세하게 균형을 유지하는 동안 각 단계에서 소요되는 시간의 상대적인 길이가 교대로 바뀝니다. 이것을 **수면 구조**sleep architecture라고 하지요.

한밤중에 잠에서 깨면 수면 구조에 혼란이 생깁니다. 수면의 총량보다 중요한 것은 지속적인 수면의 총량이기 때문이지요. 중간중간 깨면서 8시간을 자는 것보다는 중간에 깨지 않고 6시간을 쭉 자는 것이 피로 회복에 더욱 효과적입니다.

뇌에 내장된 시계

잠자는 동안의 뇌 활동이 중요하기는 하지만, 그것은 일부에 불과합니다. 사실 뇌 속에서는 하루 24시간 내내 핵심적인 신경 시스템이 활동하는데, 그 시스템은 구체적으로 말하자면 뇌 속의 생체 시계입니다. 뇌 시계는 수면 상태와 각성 상태 모두에 중요하게 작용하며, 하루 주기 안에서 호르몬의 변동을 통제하지요. 아주 많은 기능을 하는 이 뇌 시계를 당신의 **일주기 리**

듬circadian rhythms이라고 합니다.

　　일주기 리듬에 따라 아침에는 당신이 하루를 맞이할 수 있도록 스트레스 호르몬인 코르티솔이 분비되고(이건 좋은 일이에요) 밤에는 당신의 뇌가 잠잘 준비를 하도록 멜라토닌이 분비됩니다. 일주기 리듬을 주로 조절하는 것은 시상 하부입니다. 따라서 일주기 리듬은 변연계, 즉 당신의 감정과 긴밀히 연결되어 있습니다. 이번 장의 뒷부분에서는 일주기 리듬을 최대한 활용해서 질 좋은 수면을 유지하는 방법을 소개하겠습니다.

잠이 뇌에 미치는 효과

　　잘 조절된 일주기 리듬과 질 좋은 수면을 통해 뇌가 얻는 이점 몇 가지를 소개합니다. 이 중에서 당신이 특히 중요하게 여기는 항목에 체크해보세요.

□　**잠을 잘 자면 기분이 좋아집니다.**

　　충분히 짐작했겠지만 수면의 질을 높이면 기분도 좋아집니다. 우선 불면증은 전두엽의 기능을 교란하는데, 전두엽은 감정적인 변연계를 조절하는 데 아주 중요하기 때문이죠. 다행히 이번 장에서 제안하는 방법들을 활용하면 전전두피질의 기능을 온전히 회복할 수 있습니다.[62] 또한 수면은 전전두피질과 변연계의 의사소통과도 연관돼 있습니다.[63] 마지막으로 질 좋은 수면은 세로토닌계 조절에도 중요하게 작용합니다. 실제로 질 나쁜 수면은 세로토닌 수용체들의 민감도를 떨어뜨립니다.[64]

□ 잠을 잘 자면 스트레스가 줄어듭니다.

수면을 개선하면 스트레스 호르몬이 감소합니다.[65] 또한 스트레스에 적절
하게 반응하게 하는 신경전달물질인 노르에피네프린이 증가하지요.[66]

□ 잠을 잘 자면 건강한 습관을 유지하는 데 도움이 됩니다.

질 좋은 수면은 뇌의 보상 회로에 영향을 미칩니다. 수면에 방해를 받으면
뇌는 장기적 보상보다는 단기적 보상에 반응하는 쪽으로 편향됩니다. 예를
들어 잠을 충분히 자면 건강에 해로운 음식에 끌리게 만드는 안와전두피질
과 섬엽의 반응이 줄어듭니다.[67] 그러므로 수면의 질이 좋아지면 건강에 이
로운 선택을 내리기가 더 쉽고, 이는 장기적으로 신체에 유익한 결과를 가
져오지요.

□ 잠을 잘 자면 통증과 불편감이 줄어듭니다.

질 좋은 수면은 통증을 완화하는 엔도르핀 분비를 촉진합니다.[68] 그러니
잠만 잘 자도 통증과 불편감이 줄어들지요. 하지만 안타깝게도 통증이 있
으면 잠자기 힘들고, 잠을 못 자면 통증을 완화하기 어려워집니다. 이것이
반복되면 만성 통증으로 이어지죠. 통증을 직접 통제하기란 쉽지 않지만,
이 책에서 제안하는 방법들을 잘 활용하면 간접적으로나마 통증을 완화
할 수 있습니다.

□ 잠을 잘 자면 사고가 명료해집니다.

수면의 질을 개선하면 사고의 질도 개선됩니다. 여기에는 몇 가지 이유가
있어요. 첫째, 질 좋은 수면은 사고를 담당하는 전전두피질의 기능을 개선

합니다.[69] 둘째, 수면은 하루 종일 뇌가 활동하느라 축적된 대사산물을 없애는 데 필수적입니다.[70] 이 화학적 노폐물을 제거하지 않으면 신경 처리 활동을 방해할 수 있어요.

수면의 효과가 당신에게 중요한 이유는 무엇인가요?

....

....

....

....

....

이번 장에서 제안하는 방법들을 활용하면 당신도 수면의 긍정적인 효과를 누리게 될 거예요.

단잠을 방해하는 것

당신이 낮에 하는 일과 잠들기 전에 반복적으로 하는 일은 모두 수면의 질에 영향을 미칩니다. 수면에 영향을 주는 매일의 일과와 습관을 하나로 묶어 **수면 위생**이라고 합니다.

올바른 구강 위생이 치아를 튼튼하고 깨끗하게 유지해주는 것처럼 올바른 수면 위생은 수면의 질을 향상시킬 뿐 아니라 깨어서 활동하는 낮 동안의 에너지 수준과 각성 상태를 개선할 수 있지요. 바람직한 수면 위생의 구성 요소들을 설명하기에 앞서, 우선 당신의 현재 상태를 점검해봅시다.

수면 위생 점검

당신이 잠들기 전에 반복적으로 행하는 일과는 무엇입니까? 잠들기 한 시간 전에 대체로 무슨 일을 하는지 적어보세요.

....

....

....

....

....

....

....

다음 중 당신이 잠들기 전, 최소한 일주일에 두 번 이상 하는 일에 모두 체크해보세요.

- □ 침대에서 전화, 태블릿PC 또는 노트북을 사용한다.
- □ 아주 늦게 잠자리에 든다.
- □ 취침 시간이 일정하지 않다.
- □ 기상 시간이 일정하지 않다.
- □ 주말에는 밤늦게까지 자지 않는다.

□   야간 근무를 한다.

□   잠들 때 방해를 받는다.

□   온종일 운동을 전혀 하지 않는다.

□   낮에 별로 햇볕을 쬐지 못한다.

□   커피, 차, 탄산음료, 초콜릿 등 카페인이 든 음식이나 음료를 섭취한다.

□   밤에 술을 마신다.

□   오후 4시 이후에 카페인을 섭취한다.

□   담배를 피운다.

□   시끄러운 환경에서 잠을 잔다.

□   (창으로 들어오거나 전자기기에서 나오는) 빛이 많은 방에서 잠을 잔다.

□   취침 직전에 (업무 등의) 스트레스 받는 활동을 한다.

□   취침 전 2시간 이내에 (운동 등의) 신체 활동을 한다.

이 중 어느 것이든 당신이 지속적으로 하는 일이 있다면 수면의 질에 나쁜 영향을 끼칩니다. 질 낮은 수면이 당신의 우울증을 악화시키고 있을지도 모릅니다. 그러니 수면 위생을 개선하는 것은 우울증 개선에 좋은 출발점이 되겠죠.

올바른 수면 위생 실천하기

지금부터 올바른 수면 위생 실천법을 소개합니다. 당신이 이미 실천하고 있는 일에는 체크 표시를, 아직 당신의 일과에 포함되지 않은 일에는 동그라미 표시를 하세요.

□ **취침 시간이 규칙적이다.**

뇌는 일주기 리듬에 따라 잠잘 준비를 하기 위해 신경전달물질인 멜라토닌을 분비합니다. 안타깝게도 당신의 뇌에 잠잘 시간이 되었다고 그냥 말로 알려줄 수는 없어요. 그저 매일 밤 같은 시간에 잠자리에 듦으로써 일정한 시간이 되면 뇌 스스로 잠들 준비를 하도록 훈련하는 방법밖에 없습니다. 취침 시간이 조금 달라지거나 간혹 늦게까지 깨어 있는 것은 괜찮지만, 어쨌든 당신이 취침 시간이라고 생각하는 기준이 분명히 있어야 합니다. 그러면 더 쉽게 잠들 수 있고, 수면의 질도 더욱 높아질 거예요.

□ **낮에는 얼마간 햇볕을 쬔다.**

당신의 일주기 리듬은 매일 아침 밝은 빛에 의해 재설정됩니다. 그러니 만약 하루 종일 조명이 어두운 사무실에 있다면 당신의 생체 시계가 어긋나버릴 수 있어요. 아침마다 몇 분이라도 햇볕을 쬐며 걸어보세요. 낮에는 조명을 환하게 유지하거나, 빛이 드는 창 가까이 앉거나, 잠시 일을 멈추고 산책을 나가보세요. 밤에 푹 자게 도와주는 멜라토닌 분비가 촉진됩니다.

□ **밤에는 조명을 어둡게 한다.**

밤에 밝은 빛에 노출되면 멜라토닌이 잘 분비되지 않습니다. 그렇다고 해가 진 뒤로 어둠 속에서만 지낼 필요는 없지만, 생활에 꼭 필요하지 않은 불은 가급적 끄거나 조도를 낮추세요. 취침 시간에 가까워졌을 때는 더욱 그러는 편이 좋습니다. 블루라이트는 특히나 잠을 크게 방해하므로, 밤에는 휴대폰이나 태블릿PC를 야간 모드로 사용하세요. 불을 다 껐을 때는 전자기기에서 나오는 LED 불빛이 아무리 작아도 상당히 밝게 느껴지기 때문에 반드시 가려두세요.

□ **다음 날 개운하게 일어나기에 충분할 정도로만 잔다.**

일반적으로 나이가 들수록 필요한 수면의 양은 줄어듭니다. 20대 초반에 8시간 반 정도 자는 것이 좋다면, 60세 무렵에는 그보다 한 시간 정도 적어지죠. 그러나 이것은 어디까지나 평균치일 뿐입니다. 당신은 그보다 더 많이 자야 하거나 좀 덜 자도 괜찮을지 모릅니다. 충분한 시간을 자지 못해서 걱정이라면, 잠은 양보다는 질이 더 중요하다는 점을 기억하세요. 그리고 필요한 시간보다 많이 잔다고 해서 꼭 당신에게 이로운 것도 아니에요. 사실 너무 많이 자는 것보다 오히려 살짝 적게 자는 편이 건강에는 더 이롭습니다.[71] 잠은 비축할 수 있는 것이 아니니 나중을 위해 더 자두려고 하지 마세요. 그러면 다음 날의 수면만 더 엉망이 될 뿐입니다.

□ **침실 분위기를 편안하게 만든다.**

잠을 자려면 교감신경계가 진정해야 하는데, 불편한 상태에서는 그러기가 어렵습니다. 그러니 침실 분위기를 차분하게 만드세요. 텔레비전이나 컴퓨터 등 신경을 자극하거나 스트레스를 주는 물건은 침실 밖으로 내보내거나 가려두세요. 온천 휴양지를 떠올려보면 침실을 편안하게 만들기가 쉬울 거예요. 뇌 속의 해마와 선조체는 둘 다 차분한 환경에 처해 있다는 신호를 받으면 수면 및 긴장 이완과 관련된 연상을 촉발합니다. 방 안이 너무 덥거나 너무 환하거나 너무 시끄럽다면 그 상황을 개선할 조치를 취하세요. 백색소음 기기를 이용해 분위기를 차분하게 진정시키는 식으로요.

침실을 당장 바꿀 수 없다면, 그 상태를 있는 그대로 받아들이는 것도 도움이 됩니다. '받아들임'에 대해서는 8장에서 더 자세히 다루겠습니다.

□ **침실은 수면과 섹스만을 위한 공간으로 한정한다.**

침실에서는 업무를 보거나 세금을 계산하는 등, 스트레스를 받거나 집중해서 사고해야 하는 활동은 하지 마세요. 사고 활동이라도 독서처럼 휴식과 안정을 주는 것은 괜찮습니다(단, 불면증이 아주 심한 경우라면 침실에서는 책도 읽지 않는 편이 좋습니다). 그러면 뇌는 침대를 잠하고만 연관 짓게 되고, 결국 당신은 침대에 누워만 있어도 자연히 졸음을 느끼게 될 거예요.

□ **낮잠을 자지 않는다.**

낮잠을 자면 밤에 자야 할 시간에 잠들기가 더 어려워집니다. 물론 낮에 짧게 한숨 자고 나면 컨디션이 회복되기도 하지만, 낮잠 자체는 밤에 잠드는 일에도, 다음 날 컨디션에도 도움이 안 됩니다. 낮잠을 가끔 자는 것은 괜찮지만 규칙적인 일과로 만들지는 마세요.

□ **잠자기 전 준비 단계로 반복적 일과를 만든다.**

취침을 위해 어떤 활동을 규칙적으로 반복하면 정신없이 바쁜 하루 일로부터 당신을 분리해낼 수 있습니다. 그 활동이 당신의 뇌를 잠잘 수 있는 상태로 만들어주는 것이죠. 만약 하루 종일 이리저리 뛰어다니며 정신없이 지내다가 일을 마치고 돌아오자마자 곧바로 침대에 드러눕는다면 잠들기가 쉽지 않을 것입니다. 당신의 뇌가 하루를 천천히 마무리하는 데 필요한 과정을 거치지 않았기 때문이지요. 양치질, 세수, 화장실 가기, 잠깐의 독서 같은 것들이 취침 준비용 일과로 적당합니다. 허브 차를 한 잔 마시거나 아이를 재우면서 책을 읽어주거나 감사 일기를 쓰는 것도 좋고요. 어쨌든 잠자기 전에는 즐겁고, 스트레스를 주지 않는 일을 반복하는 습관을 들이세요.

□ **카페인, 알코올, 니코틴을 피한다.**

카페인과 니코틴 둘 다 잠들기를 어렵게 만드는 자극제입니다. 어찌어찌 잠이 든다 해도 그것들이 수면 구조를 교란시키기 때문에 충분히 휴식을 취할 수 없죠. 다른 사람에 비해 유난히 카페인에 민감한 사람이라면 늦은 오후에 섭취한 카페인이 문제가 되기도 합니다. 한편, 술을 마시면 좀 더 쉽게 잠들 수는 있지만 잠이 더 일찍 깰 가능성도 커져서, 음주가 습관이 되면 수면 구조가 교란되고 맙니다.[72] 당장에는 쉽게 잠드는 데 도움이 되기도 하기 때문에 커피나 담배, 술을 찾는 게 이해는 되지만, 안타깝게도 장기적으로는 부정적인 결과들을 불러옵니다. 이 책에서 제안하는 방법들을 잘 활용하면 카페인과 니코틴, 알코올에 대한 의존도를 줄여나갈 수 있을 것입니다.

□ **먹고 마시는 것을 세심히 조절한다.**

소화불량은 수면을 방해하니 잠자리에 들기 직전에 과식하지 마세요. 하지만 배가 고파서 잠들기가 어려울 정도라면 가벼운 간식 정도는 먹어도 괜찮습니다. 음료도 마찬가지예요. 잠자다가 소변이 마려워 깨면 수면 구조가 흐트러지니 저녁에는 물이나 음료를 너무 많이 마시지 않도록 합니다.

▫ 운동을 한다.

신체 활동을 생활의 규칙적인 일부로 만드세요(3장 참고). 운동은 일주기 리듬과 수면 시간을 동기화하는 효과가 있고 스트레스를 줄여 수면의 질을 개선합니다. 밤늦게 하는 운동은 멜라토닌 분비를 지연시켜 잠들기 어렵게 만들 수 있지만, 잠자기 몇 시간 전 초저녁에 하는 운동은 수면의 질을 높이는 데 최상의 효과를 냅니다.

질 좋은 수면을 위한 준비

현재 당신의 수면 위생이 낮 동안의 각성 상태와 수면의 질을 어떻게 방해하고 있나요?

....

....

....

....

....

....

수면 위생 개선을 위해 당장 실천할 수 있는 활동은 무엇인가요? 수면 위생 개선에 필요한 활동을 실천에 옮기기 어렵게 만드는 요소는 무엇인가요?

....

....

....

....

....

....

위와 같은 방해 요소가 잠재해 있음에도 불구하고 어떻게 하면 당신의 수
면 위생을 개선할 수 있을까요?

....

....

....

....

....

....

글쓰기의 힘

언어는 인간의 뇌에 강력한 힘을 발휘합니다. 그렇기 때문에 글을 쓴다는 단
순한 행위만으로도 수면의 질과 우울증 관련 증상들을 개선할 수 있습니다.

감정을 살펴보게 하는 표현적 글쓰기

표현적 글쓰기는 마음 깊이 자리한 트라우마나 불안, 부정적 사건
에 대한 생각과 감정을 살펴보는 일에 집중합니다. 이런 유형의 글쓰기는 수

면의 질을 개선하는 것 이상의 효과를 발휘하지요. 깊은 감정들에 언어를 붙임으로써 전전두피질이 편도체를 더욱 강하게 조절하도록 도와줍니다.[73] 이는 당신의 생각과 감정을 통합할 뿐 아니라 부정적인 감정의 강도도 줄여줄 수 있어요.

힘겨운 사건에 관해 글쓰기

과거에 힘들었던 일이나 계속해서 머릿속을 맴돌며 부정적인 생각과 감정을 일으키는 사건에 관해 써보세요. 타이머를 15분에 맞춰놓고 그 일에 관해 가장 깊숙이 묻어둔 생각과 감정을 글로 쓰는 거예요. 마주하기 힘들다고 피하려고만 하지 마세요. 가장 힘든 일을 써볼수록 글쓰기의 효과를 가장 많이 누릴 수 있으니까요. 문법이나 맞춤법은 신경 쓰지 말고, 글을 잘 써야 한다는 생각도 버리세요. 심지어 말이 안 돼도 괜찮아요. 우선은 그냥 계속 쓰세요.

15분이 다 되도록 뭘 써야 할지 모르겠다면, 그냥 쓸 만한 게 하나도 생각나지 않는다고 쓰세요. 그렇게라도 쓰다 보면 어떤 생각이 떠오를지도 몰라요. 떠오르는 사건이 있기는 하지만 그것에 대한 당신의 감정을 제대로 파악하기 어렵다면 감정을 제대로 묘사할 수 없다는 바로 그 사실에 관해 써도 좋습니다.

그냥 계속 쓰는 데 집중하세요. 당신이 당장 써볼 수 있게 아래에 빈칸을 만들어두었지만, 꼭 여기에 쓰지 않아도 좋아요. 일기장에 적어도 좋고 컴퓨터로 써도 상관없습니다.

....

....

....

....

....

....

글을 다 쓰고 나면 다른 사람에게 보여줄 필요도 없고 심지어 다시 읽지 않아도 괜찮습니다. 불쾌한 생각이나 감정을 무시하고 덮어버리기는 쉬워요. 하지만 힘들더라도 글로 적어보면 자기 마음속에 어떤 것들이 떠다니고 있는지 살펴볼 기회가 되지요.

이 과정을 사흘 동안 반복하세요. 당신의 마음을 내내 무겁게 짓누르는 사건이 있다면 그 한 가지에 대해 계속 쓰되, 전날 글을 쓰면서 얻은 생각과 통찰을 덧붙여가며 발전시켜보세요.

걱정을 글로 옮기기

걱정은 전전두피질을 활성화시키며 흔히 변연계와 스트레스 반응도 끌어들이는데, 이 모든 것이 잠들기를 어렵게 만듭니다. 때로 당신의 걱정은 비합리적이거나 과장되었을 수도 있지만(이 주제에 관해서는 이번 장의 뒷부분에서 좀 더 자세히 다룰게요), 내일 해야 할 일을 미리 생각해보는 것처럼 전적으로 합리적인 걱정도 존재합니다. 실제로 해야 할 일 목록을 미리 적어두는 사람이 더 빨리 잠든다는 것을 밝혀낸 연구도 있습니다.[74] 바로 이런 점에서 다음의 간단한 글쓰기 연습이 도움이 되죠.

할 일 목록 만들기

매일 잠들기 전, 당신이 걱정하고 있는 일을 모두 할 일 목록으로 만드세요. 그러고 나면 다음 날 그 일들을 잊지 않고 처리할 거라고 믿고 안심할 수 있죠.

- ☐ ....
- ☐ ....
- ☐ ....
- ☐ ....
- ☐ ....

침대 옆에 메모지와 펜을 두는 것도 좋아요. 무엇이든 잊어버리고 싶지 않은 것이 떠오를 때 바로 적어두면, 다음 날 빼놓지 않고 챙길 수 있으니까요.

감사 표현하기

잠들기 전에 잠깐 짬을 내어 그날그날 고마웠던 것들을 적으면 수면의 질이 높아집니다. 지난 하루를 돌아보며 (새 직장이나 맛있는 점심 같은) 감사한 일이나 고마운 사람의 목록을 만들어보세요.

1.
2.
3.
4.
5.

수면 일기 작성하기

수면 일기를 쓰면 수면의 질이 얼마나 나쁜지 제대로 파악할 수 있습니다. 실제로 수면 전문가들이 한목소리로 강조하는 것이 바로 수면 일기 쓰기예요. 일주일 단위로 수면 일기를 쓰면 현재 자신의 수면 상태가 어떤지 파악할 수 있고, 그것을 통해 스스로 수면 패턴을 인식하여 문제를 해결할 방법도 찾을 수 있습니다. 만약 당신이 수면 전문가를 찾아가게 되었을 때 그간 써온 수면 일기를 가져가면 진단과 치료에도 도움이 됩니다.*

○   수면 일기 쓰기

먼저 날짜와 요일을 적습니다. 아침에 일어나면 간밤에 몇 시에 잠자리에 들었고 일어난 시간은 몇 시인지, 일어났을 때 기분은 어땠는지, 몇 시간 동안 잤는지, 자다가 중간에 깨거나 수면을 취하기 곤란했는지 등을 기록합니다. 밤에 잠자기 전에는 그날 운동을 했는지, 카페인이나 알코올을 섭취하거나 약을 복용했는지, 했다면 언제 했으며 양은 얼마나 되는지 적습니다. 취침 전 일과, 즉 샤워, 양치질, TV 시청 등 잠자리에 들기 전 한 시간 동안 한 일도 적으세요.

*   수면 일기 양식은 QR 코드를 스캔해 내려받을 수 있습니다.

	아침에 작성할 것		
날짜/요일	취침 시간	기상 시간	수면 시간
1일 차/_____요일			
2일 차/_____요일			
3일 차/_____요일			
4일 차/_____요일			
5일 차/_____요일			
6일 차/_____요일			
7일 차/_____요일			

아침에 작성할 것		밤에 작성할 것	
기상 후 기분 상태	취침 도중 겪은 곤란	운동 및 카페인, 알코올, 약물 섭취 여부	취침 전 일과

노력하지 않으면서 더 쉽게 잠드는 법

좋은 수면 위생은 누구에게나 유익하지만, 당신이 아주 심한 불면증을 앓고 있다면 좀 더 전문적인 요법을 시도해보는 것이 좋습니다. 불면증 인지행동치료법은 우울증 때문에 생긴 수면 문제 해결에 대단히 큰 도움이 됩니다.[75] 이 치료법이 사용하는 몇 가지 전략(예컨대 인지전략의 상당수)은 언제나 도움이 되지만, 행동전략 중 일부는 수면을 제 궤도로 되돌리기 위해 단기적으로만 사용합니다.

불면증의 문제는 잠이 부족한 데서만 비롯되지 않습니다. 잠에 대한 불확실성과 통제할 수 없다는 무력감 때문에 일어나는 불안감도 문제죠. 그러니 불면증 때문에 당신의 상태가 정말 나빠졌다면, 뇌의 잠드는 능력을 개선하는 것을 최우선 목표로 삼아야 합니다.

잠드는 것은 노력만 한다고 되는 일이 아닙니다. 늪에 빠졌을 때처럼, 빠져나오려고 안간힘을 쓸수록 상황은 오히려 더 악화되니, 전형적인 하강 나선이지요. 그러니 지금부터는 노력하지 않으면서 더 쉽게 잠드는 방법을 알아볼 거예요.

여기 소개하는 요법들은 불면증 인지행동치료에서 빙산의 일각에 지나지 않아요. 어떤 것은 혼자서도 쉽게 실행에 옮길 수 있지만 어떤 방법은 꽤 어려울지도 모릅니다. 모든 것을 꼭 혼자서 해낼 필요는 없습니다. 불면증 인지행동치료에 관한 자료를 찾아서 참고해도 되고, 정신 건강 전문가에게 치료법을 안내받을 수도 있습니다.

매일 일정한 시간에 일어나기

흔히 불면증에 걸린 사람들은 일단 잠들면 가능한 한 늦게까지 일어나지 않으려고 합니다. 잘 수 있을 때 최대한 많이 자두는 게 좋다고 생각하는 것이죠. 어쩐지 이치에 맞는 것도 같지만, 불면증을 극복할 때 우선적으로 해야 하는 일과는 거리가 멉니다. 불면증을 극복하기 위해서는 잠을 충분히 자는 것보다 잠드는 법과 잠든 상태를 유지하는 법을 재학습하는 일이 중요하기 때문이죠. 안타깝게도 늦잠은 그 일을 방해합니다. 당신이 만약 불면증과는 반대로 내내 잠만 자서 문제가 된다면(다시 말해, **과수면**을 겪고 있다면), 매일 일정한 시간에 일어나는 습관을 들이는 것이 더더욱 중요합니다.

늦잠이 문제가 되는 이유는 일주기 리듬을 교란하기 때문이에요. 게다가 늦잠을 자면 정작 잠잘 시간이 돼도 졸리지 않을 가능성이 커지죠. 그러니 일정한 시간에 잠들기 위해서는 일어나는 시간도 일정하게 해야 합니다.

스스로 적당한 기상 시간을 정하고, 매일 같은 시각에 알람 시계가 울리도록 설정하세요. 일관된 기상 시간은 직장이 없거나, 아침에 출근해서 저녁에 퇴근하는 전통적인 업무 일과를 벗어난 직업에 종사하는 경우 수면 구조를 개선하는 데 특히 도움이 됩니다.

다음 빈칸에 당신이 원하는 기상 시간을 적으세요. 그리고 매일 정해진 시간에 일어나야 한다는 사실에 대해 느끼는 불평불만을 모두 쓰세요. 그러면 알람이 울릴 때 그런 불평을 하나하나 곱씹고 있을 시간이 절약됩니다.

....

....

....

알람이 울리면 다시 알림 버튼을 누르지 말고 그냥 일어나세요. 의지만으로는 당신을 침대 밖으로 나오게 할 도리가 없습니다. 그냥 일어나야 하는 거예요. 대부분의 문제는 그저 자기 자신에게 솔직한 약속을 하고 그 약속을 지키기만 해도 회복되기 시작합니다.

침대에서 보내는 시간 제한하기

잠들기 어렵거나 잠든 상태를 유지하기 어려운 상황은 어떻게 피할 수 있을까요? 바로 스스로 졸리게 만드는 거예요. 어떻게 하면 그렇게 만들 수 있을까요? 간단해요. 잠을 적게 자는 거죠. 이 말이 직관에 어긋나게 들릴지도 모르지만, 수면 구조를 염두에 두고 의도적으로 잠을 줄이면 뇌가 더 빨리 잠들고, 잠든 상태를 지속하도록 재훈련할 수 있답니다. 말이 쉽지, 이 방법은 처음 며칠, 길게는 몇 주까지도 컨디션을 더 악화시킬 수 있어서 실천하기 꽤 어렵습니다. 그러니까 불면증이 아주 심각한 경우에만 쓰세요. 또 양극성 기분장애나 수면무호흡증후군, 발작장애가 있는 사람은 이 방법을 절대 시도해서는 안 됩니다. 실제로 이것은 복잡한 치료법이라서 전문가의 안내를 받는 것이 가장 좋지만, 여기서는 좀 더 단순화해서 소개해볼게요.

이 방법을 실행하려면 당신의 주 단위 수면 일기를 참고로 평균 수면 시간을 계산해야 합니다. 그 시간에 1.1을 곱해서 나온 시간이 당신이 침대에 머물러야 할 시간의 새로운 목표치예요.

당신이 보통 밤 11시에 잠자리에 들어서 아침 7시에 일어나려고 노력하는데 실상은 평균적으로 5시간 30분밖에 못 잔다고 가정해봅시다. 그러면 5.5시간에 1.1을 곱한 값(5.5×1.1＝6.05)이 침대에 머물러야 할 새로운 목표 수면 시간이 됩니다. 이것을 대략 6시간으로 잡고, 기상 시간은 원래대로 아침 7시로 정해둔 상태에서 6시간만큼 역산하면 권장 취침 시간은 새벽 1시가 되죠. 그러니까 이제부터는 밤 11시에 자려고 애쓰다가 몇 시간이나 뒤척이거나 한밤중에 깨는 대신, 새벽 1시가 될 때까지 기다렸다가 침대로 들어가는 거예요. 그렇게 나흘이 지난 뒤, 전보다 빨리 잠들고 대체로 중간에 깨지 않게 되었다면 취침 시간을 15분 앞당겨 같은 과정을 반복합니다. 그렇게 나흘마다 시간을 조정해나가세요. 이때 수면 일기를 계속 쓰면 경과를 추적하는 데 도움이 됩니다. 단, 당신의 목표 수면 시간이 6시간 이하라면 전문가의 지도를 받아 실행해야 합니다.

이 과정은 분명히 아주 피곤할 거예요. 하지만 훈련이 끝나면 결국에는 뇌가 더 빨리 잠들고 도중에 깨지 않게 되어 밤새 푹 잘 자는 상태에 도달할 수 있습니다.

자극 통제하기

자극 통제의 목표는 고전적 조건화의 이점을 활용하는 것입니다. 고전적 조건화란 요컨대 행동을 촉발하는 신호를 사용하는 것을 말해요. 불면증의 경우에 신호는 당신의 침대이고 행동은 잠드는 것이죠.

이상적인 상황은 당신이 침대에 누우면 잠시 후 바로 잠드는 거예요. 사실 밤에 침실에 들어가면 바로 침대에 눕고 뒤따라 금세 잠들어야 하죠. 각 단계가 뇌에게 다음 단계를 준비시킨다고 볼 수 있어요.

그러나 불면증을 겪고 있다면, 밤에 침실에 들어갔을 때 불안과 걱정이 따라올 거예요. 침대에 누울 때도 마찬가지고요. 이 연상 관계를 끊기 위해, 잠이 오지 않을 때는 침실 또는 침대를 벗어나야 합니다.

정말 심하게 졸릴 때까지 기다렸다가 침실로 들어가 침대에 누워보세요. 그리고 나서 적당한 시간이 흘렀는데도 잠이 들지 않는다면 일어나 침실 밖으로 나와서 다시 졸음이 쏟아질 때까지 뭔가 긴장을 풀어주는 일을 하세요. 자연스럽게 잠이 들 때까지 이 과정을 반복합니다.

잠에 관한 무익한 생각 가려내기

잠자리에 들 준비를 하는 동안이나 이미 이불을 덮고 누워 있을 때, 편안한 잠을 방해할 것이 뻔한 생각들이 떠오를 수도 있어요. 이런 생각들은 비현실적 기대, 선택적 주의, 흑백사고, 재앙화 사고, **마땅히 그래야 한다**는 생각 등의 유형으로 나뉩니다. 다른 경우와 마찬가지로 이런 생각들은 일단 식별한 다음, 더 현실적이거나 도움이 되는 생각으로 재구성함으로써 대응할 수 있습니다.

비현실적 기대

비현실적 기대는 모든 것을 필요 이상으로 높거나 불가능한 수준과 비교하는 생각을 가리킵니다. 예를 들면 '나는 하루에 8시간은 자야 해. 안 그러면 나는 무너질 거야' 하는 식으로요.

관점 바꾸기: 사실 하루쯤 잘 자지 못 한다고 해서 생각만큼 큰일이 일어나지는 않아요. 느낌으로는 한 시간쯤 뒤척인 것 같은데 실제로는 눕자마자

금방 잠이 들었다가 다시 깼다는 사실을 깨닫지 못하는 경우도 많습니다. 그러니 자신에게 이렇게 말해보세요. '하룻밤 제대로 못 잔다고 큰일 나지 않아', '아까 잠들었다가 조금 전에 깬 건데 내가 기억을 못 했을 수도 있어', '이렇게 누워만 있어도 어느 정도 피로가 풀리네'라고요. 관점을 바꾸면 불안도 줄어 다시 잠드는 데 도움이 됩니다.

선택적 주의

선택적 주의란 어떤 상황의 부정적인 측면에만 유독 주의를 기울이고, 사실을 왜곡하거나 부정적 정보를 과장하는 거예요. '나는 한 번도 잠을 푹 자본 적이 없어'와 같은 생각이 대표적인 예입니다.

관점 바꾸기: 어떤 일에 대해 **항상, 한 번도, 절대로** 같은 말을 넣어 생각하지는 않는지 자문해보세요. 그리고 그 생각에 반대되는 예나 긍정적인 정보를 찾아보세요. 부정적인 생각을 재구성해서 현실을 더 정확하게 반영하는 생각으로 바꿀 수 있답니다. '나는 한 번도 잠을 푹 자본 적이 없어'를 '나는 가끔 잠을 못 잘 때가 있어'로 바꿔 생각해보면 불안을 일으키거나 잠을 방해할 가능성이 더 적지요.

흑백사고

흑백사고는 모든 걸 좋은 것 아니면 나쁜 것 두 가지 범주로만 나누는 것을 말해요. 이렇게 하면 스트레스가 늘고 자기효능감은 떨어지지요. 취침 시간에 흔히 하는 흑백사고의 예를 들어볼까요. '밤에 푹 잘 자면 모든 게 잘될 거야. 하지만 잘 못 자면 모든 일이 엉망진창이 돼버리겠지.'

관점 바꾸기: 인생의 거의 모든 일이 그러하듯 잠도 좋거나 나쁜 두 가지

범주로 무 자르듯 깔끔하게 나눌 수 없습니다. 정도의 차이만 있을 뿐이죠. '하룻밤 잘 못 자면 피곤하기는 하겠지만 내 삶에 그렇게 큰 영향을 미치지는 않을 거야. 뭐, 하룻밤 잘 잔다고 내 문제가 다 풀리는 것도 아니고.' 대개 매사에는 좋은 면과 나쁜 면이 다 있죠. 그 둘 사이에 미묘한 차이들이 놓일 자리도 좀 남겨두세요.

재앙화

재앙화catastrophizing란 최악의 시나리오가 일어날 거라고 가정하는 것을 말해요. '잠을 못 자면 일에 집중하지 못할 테고, 그러면 나는 회사에서 잘리고 말 거야.'

관점 바꾸기: 최악의 시나리오대로 될 가능성은 아주 적고, 일이 잘 풀릴 가능성이 더 많다는 걸 인지하세요. 이렇게요. '최악의 상황을 걱정하느라 잠을 설친 날이 그동안 수없이 많았지. 지금 생각해보니 그런 일이 일어날 가능성은 아주 적은데 말이야.'

마땅히 그래야 한다는 생각

어떠한 것이 마땅히 그래야 한다거나, 절대로 그래서는 안 된다는 데 집중하는 것 또한 백해무익한 생각입니다. '난 이 책에서 제안한 방법을 다 써봤어. 그러면 지금쯤 당연히 잠들어 있어야 하는 거 아니야?'

관점 바꾸기: '마땅히 그래야 해', '절대 그래서는 안 돼', '반드시 해야만 해' 같은 표현 대신, 그 상황에 대한 감정을 구체적으로 생각해보세요. '지금쯤 당연히 잠들어 있어야 하는 거 아니야?' 대신 '밤에 푹 잘 자고 싶어' 또는 '아직도 잠들지 못해서 속상해' 등으로 바꿔서 생각해보는 거예요.

무익한 생각의 관점 바꾸기

당신이 하는 생각 중에 잠에 관한 불안을 키우거나 수면장애에 원인을 제공하는 무익한 생각으로는 어떤 것이 있나요? 매사를 재앙으로 부풀려 생각하거나 흑백사고를 하나요? 아니면 다른 종류의 무익한 생각을 하나요? 그 생각은 사실인가요? 아니면 부분적으로 사실이거나 아예 틀린 생각일 수도 있나요? 다음 빈칸에 당신이 하는 무익한 생각 세 가지를 적어보세요. 그리고 그 생각들이 앞서 소개한 유형 중 어디에 속하는지 생각해보세요. 그 생각들을 각 유형에 끼워 맞춰 분류하려고 너무 애쓰지는 마세요. 일단 분류한 다음에는 좀 더 도움이 되는 생각으로 관점을 바꾸어 각각의 생각에 맞서보세요.

무익한 생각: ....
....
....

관점 바꾸기: ....
....
....

무익한 생각: ....
....
....

관점 바꾸기: ....

....

....

무익한 생각: ....

....

....

관점 바꾸기: ....

....

....

당장 매일 밤에 잠드는 것이
행복해질 수는 없어도

이번 장에서 제안한 방법들은 당신의 수면의 질을 상당 부분 개선해줄 거예요. 그렇다고 당장 매일 밤에 잠드는 것이 더없이 행복해진다는 뜻은 아니에요. 이따금 잠 못 드는 밤이 다시 찾아올지도 모르지만, 이 책이 안내하는 대로 최선을 다해 따라오고 있다면 당신은 제대로 된 길을 가고 있는 겁니다.

가끔 찾아오는 불면의 밤조차 받아들이지 못한다면, 그건 자신을 하강 나선으로 떠미는 일이에요. 현실을 있는 그대로 받아들이지 못할 때 상황은 대개 더 악화되고 맙니다. 누워서 잠들려고 애쓰면서도 머릿속으로는 잠 못 드는 일이 너무 끔찍하다는 생각만 곱씹는다면 심한 스트레스에 빠질 수밖에 없습니다. 심지어 당신은 상황을 악화시키는 장본인이라며 스스로를 비난하고 있을지도 몰라요. 하강 나선은 그렇게 모르는 사이에 음흉하게 다가와 우리를 집어삼키지요.

받아들임에 대해서는 8장에서 좀 더 자세히 소개할 거예요. 받아들임은 상승 나선을 만드는 아주 효과적인 방법이자, 많은 경우 앞으로 나아가게 돕는 유일한 방법이기도 합니다. 그 이유는 뭘까요? 당신이 언제나 단잠을 자고 개운하게 일어날 수 있는 건 아니잖아요. 때로는 컨디션이 엉망인 날도 있겠지요. 이럴 때 유일한 해법은 마음속에서 한 걸음 물러나 이렇게 말하는 거예요. "그래. 지금 난 이런 상태구나." 때로는 무익한 생각이나 감정을 굳이 다스리려 애쓰지 않아도 됩니다. 그런 생각과 감정이 그냥 거기 존재할 뿐이에요. 당신이 스스로 유연성을 발휘하도록 허용하면 나쁜 상황이 더 악화되는 것을 막을 수 있어요.

잠 못 드는 밤에 우리를 아주 힘들게 만드는 것은 오직 자신의 생각과 단둘이서 어둠 속에 누워 있다는 점이지요. 그러나 혼자 있을 때도 당신은 결코 혼자가 아니라는 사실을 기억하세요. 다른 사람의 존재 또한 상승 나선을 이루는 핵심 요소니까요. 지금부터는 바로 이 부분을 다루어봅시다.

6 다른 사람과 연결되기

당신이 눈치채지 못했을까 봐 미리 말해두자면, 인간의 방어체계는 다른 동물과 다릅니다. 인간은 유달리 힘이 세거나 빠르지도 않고, 큰 이빨이나 날카로운 뿔도 없고, 피부가 두껍지도 않지요. 물론 큰 뇌를 가진 건 좋은 일이지만, 그렇다 해도 혼자서 해낼 수 있는 일은 많지 않아요. 인간이 야생에서 살아남을 수 있었던 유일한 방법은 서로 의지하는 것이었지요.

인간은 가까이 모여 함께 지내기 위해 **옥시토신**oxytocin이라는 신경전달물질을 활용해 진화했습니다. 다른 사람들과 연결되어 있다고 느끼게 함으로써 스트레스와 고통을 줄여주는 물질이지요. 또한 우리는 진화를 통해 이미 존재하던 보상 회로(측좌핵)와 고통 및 공포 회로(변연계)를 이용하여 가까운 인간관계를 즐기는 한편, 사회적 거부를 두려워하고 상처 입을 줄 아는 존재가 되었답니다.

안타깝게도 우울증 상태에서는 이 시스템들의 반응성이 살짝 어긋납니다. 다른 사람들과 함께 있을 때 얻는 혜택을 활용하기가 어려워지고, 비판적이고 부정적인 감정들만 더욱 크게 느끼게 되지요. 이로 인해 외로움과 사회적 고립이라는 하강 나선이 작동할 수 있어요.

　다행히 개인적 수단과 사회적 수단을 활용해 우리의 사교 회로를 수정할 방법이 있습니다. 이 책의 대부분은 당신이 혼자서 할 수 있는 일들에 집중하지만, 결국 혼자만의 힘으로 우울증을 극복하고 행복해지기는 아주 어렵습니다. 우리의 뇌는 그렇게 진화하지 않았으니까요.

　이번 장에서는 당신의 뇌와 기분에 영향을 미칠 수 있는 다른 사람의 힘을 중점적으로 다룰 거예요. 당신은 다른 사람과의 신체 접촉과 대화, 심지어 그냥 서로 가까이 있는 것만으로도 영향을 받을 수 있지요. 당신의 뇌는 다른 사람들에게 의지하도록 진화했고, 이번 장은 바로 그 점을 잘 활용해 우울증을 개선하도록 도울 것입니다.

뇌와 기분에 영향을 미치는 다른 사람의 힘

당신이 3만 년 전의 지구에 살면서, 같은 부족 사람들과 함께 숲속을 돌아다닌다고 상상해봅시다. 도중에 나무 열매를 발견해서 그걸 따는 데 정신이 팔려 있었는데 고개를 들어보니 아무도 안 보입니다. 모두 어디로 갔을까요. 소리쳐 불러보지만 아무도 대답하지 않네요. 당신은 깊고 어두운 숲속에서 길을 잃은 겁니다.

　3만 년 전에 숲속에 혼자 남겨진다는 것은 결국 다른 동물에게 잡아먹히거나 대자연의 힘에 굴복하는 것을 의미했죠. 그래서 인간의 뇌는 혼자 남겨지는 일을 너무나 끔찍하고 무시무시한 일로 느끼게 만듦으로써 그런 일을 가급적 피하도록 진화했답니다. 그러니 혼자 남겨질 때 당신의 편도체가 신호를 난사하고 시상하부가 초경계 상태에 돌입하는 것도 충분히 이해가 되지요.

사회적 거부를 경험하는 것도 큰 아픔입니다. 여기서 아픔이란 은유가 아니에요. 종이에 손을 베거나 난로에 손을 데었을 때 활성화되는 바로 그 통증 회로, 즉 전방대상피질과 섬엽이 사회적 거부를 당했을 때도 활성화되니 말이에요.[76]

불행히도 우울증이 생기면 뇌가 사회적 거부에 더 민감하게 반응하여, 섬엽과 편도체의 반응성도 더 높게 나타납니다.[77] 거꾸로 전방대상피질 부위가 거부에 더 민감하게 반응하는 뇌를 가진 사람은 애초부터 우울증에 걸릴 위험이 더 크지요.[78]

이제 집에 혼자 있는 당신이 약간 외로운 느낌이 들어 친구에게 문자메시지를 보낸다고 상상해봅시다. 웬일인지 친구가 바로 답을 보내지 않습니다. 당신은 다른 친구에게 메시지를 보냅니다. 그 역시 답이 없어요. 사실 그 순간, 한 친구는 샤워 중이고 다른 친구는 휴대폰 배터리가 떨어졌을지도 몰라요. 하지만 이런 이유들은 좀처럼 당신의 머릿속에 떠오르지 않을 겁니다. 그보다는 친구들이 당신을 버린 것 같은 느낌이 더 많이 들겠죠.

3만 년이 흐르는 사이에 의사소통 기술은 놀랄 만큼 발전했지만, 인간의 뇌는 그러지 못했어요. 고작 문자메시지에 답장을 받지 못했을 뿐인데도 당신의 뇌는 그 옛날 숲속에 혼자 남겨졌을 사람과 같은 감정을 느끼죠. 실은 전혀 위험하지 않은 상황인데도 우울증은 당신이 숲속에서 길을 잃은 상태와 똑같이 느끼게 만들 수 있어요.

자신의 감정을 알아차리고 그것을 언어로 묘사해보세요. 그러면 전전두피질이 마구 흥분해 있는 편도체를 달래는 걸 도와줄 수 있어요. 당신은 혼자 있을 때 어떤 감정이 드나요?

....

....

....

....

....

....

....

....

당신의 뇌는 사회적 거부에 더 민감한 편인가요? 당신이 거부당했다고 느꼈던 상황이 알고 보니 당신의 오해였던 것으로 밝혀진 적이 있나요?

....

....

....

....

....

....

....

....

....

....

외로움과 사회적 고립

우울증이 사교 나선에서 곤란을 일으키는 것은 바로 **외로움**과 **사회적 고립** 때문입니다. 이 둘은 서로 별개의 개념입니다. 외로움은 감정이나 인식이에요. 다른 이들과 가까이 하고 싶다는 열망, 그리고 자신과 그들 사이에 메우지 못할 간극이 있다는 두려움이 결합된 것이죠. 반면 사회적 고립은 당신의 행동 또는 환경이 가져온 결과입니다. 단지 당신이 다른 사람들과 가까이 하지 않거나 그들과 상호작용을 주고받지 않는 상태가 고립이죠.

혼자 있으면서도 외롭지 않을 수 있어요. 예를 들어 혼자 집에 있으면서도 친구들, 가족과 연결되어 있다고 느낄 수 있죠. 반대로 친구나 동료와 함께 파티를 하면서도 혼자 길을 잃고 헤매는 느낌을 받을 수도 있고요. 안타깝게도 우울증 상태에서는 대부분의 사람이 외로움과 사회적 고립을 둘 다 경험하는데, 그 둘은 서로를 더 아래로 끌어내리며 하강 나선을 만들어냅니다. 반가운 소식은 외로움이나 사회적 고립 중 어느 하나만 해결하더라도 상승 나선을 만들 기회가 열린다는 것입니다.

외로움 해결하기

시카고 대학교의 한 연구팀은 외로움에 관한 과학 논문 50편을 분석하여 가장 효과적인 세 가지 해결책을 찾아냈습니다. 사회적 접촉의 기회를 더 자주 만들 것, 사회적 지지망을 더욱 강화할 것, 상호작용과 인간관계에 관한 무익한 생각들을 바로잡을 것.[79] 사회적 고립 문제를 해결하는 것이 외로움을 해결하는 일부 방법이기는 하지만, 단순히 사회적 상호작용의 양을 늘리는 것만으로 다른 사람들과의 연결감이 생기는 것은 아닙니다. 더 의미 있는 인간관계가 필요하죠.

흥미롭게도 외로움이라는 감정의 절반은 부모에게 물려받은 유전자와 유년기 경험의 영향을 받습니다. 나머지 절반은 현재 삶의 상황에 따른 환경적인 것이고요.[80] 다시 말해 외로움의 어떤 측면들은 스스로 통제할 수 없지만, 통제 가능한 부분도 상당히 큰 셈이죠. 심지어 물려받은 부분도 어느 정도는 통제할 수 있어요. 사회적 상호작용과 인간관계에 대한 습관적 사고방식도 일부 유전되기 때문이지요. 그리고 그런 사고방식들은 훈련을 통해 수정할 수 있습니다.

외로운 사람은 우울증에 걸리기 쉽고, 부정적인 사회적 상호작용을 핑계 삼아 고립을 자초할 가능성도 큽니다.[81] 변연계는 통제를 벗어나면 몹시 흥분하기 때문에, 때로는 다른 사람들과 관계를 맺을 수 있을지 걱정하느니 차라리 마음 편히 혼자 있는 쪽을 선택해버리는 것이죠.

외로움이나 사회적 고립 또는 둘 다에서 문제가 있다고 느낀 적이 있나요? 당신에게 외롭다는 건 어떤 느낌인가요? 다른 사람들과 어울리고 싶지 않다면 그 이유는 무엇인지 글로 써보세요. 혹시 당신이 품고 있는 무익한 생각이나 믿음 탓에 외로움이나 고립감이 더욱 증폭된다는 사실을 인식하고 있나요? 자신의 어떤 경향성이나 감정이 외로움과 고립감의 원인이 되는지를 인지하면, 그 상태를 벗어나 앞으로 나아갈 방법에 관한 통찰을 얻을 수도 있습니다.

....
....
....
....
....
....
....
....

혼자 있고 싶다는 당신의 충동은 충분히 이해할 만하고, 심지어 합리적이기도 합니다. 그러나 그것이 습관으로 굳어버리거나 혼자 있는 시간이 너무 길어지면 곤란합니다. 다른 사람들과 상호작용을 이어나가기 위해 노력해보세요.

자기를 돌보기

사람들과 어울리고 싶지 않을 때는 스스로를 아무렇게나 방치해버리기 쉽습니다. 어차피 혼자 있을 텐데 다 무슨 소용이냐고 생각하는 거죠.

불행히도 그것은 잠재적인 하강 나선입니다. 샤워나 양치질을 하지 않으면 더더욱 다른 사람들과 어울리기 싫어질 테고, 그렇게 점점 더 벗어나기 어려운 악순환에 빠져들고 맙니다.

그러니 만약 사람들과 어울리기 싫어진다면 우선 스스로를 돌보세요. 사회적 상호작용에 적합하거나 그것을 유도하는 행동을 실천하세요. 규칙적으로 샤워를 하고 양치질을 하면 다른 사람들과 어울리기가 훨씬 쉬워집니다.

○ 자기돌봄 실천하기

　　자기를 돌보는 데 기본이 되는 일과를 목록으로 만들고, 그날그날 실천한 것에 체크합니다. 의미 없다고 생각하기 쉽지만, 일단 시작해보세요. 우울할 때는 대부분의 일이 무의미하다고 생각하기 쉬워요. 하지만 그건 그냥 생각일 뿐이에요. 그 생각을 꼭 따를 필요는 없습니다.

	월	화	수	목	금	토	일
샤워							
양치질							
옷 챙겨 입기							

　　이런 일들을 매일 실천하다 보면 뇌의 배측 선초체에 습관으로 더욱 선명하게 새겨집니다. 그러고 나면 긍정적인 행동을 하기 위해 전전두피질의 의지력에만 매달리지 않아도 되지요. 게다가 목록에 체크 표시를 하기만 해도 측좌핵에서 도파민이 분비되도록 자극하기 때문에, 자기를 돌보는 활동을 더욱 즐길 수 있게 되고 더 강력한 동기가 생겨납니다.

　　다음과 같은 활동도 자기를 보살피는 데 도움이 됩니다.

□ 머리 깎기

□ 손톱이나 발톱 꾸미기

□ 새 옷 사기

□ 빨래

□ 설거지

□ 침대 정리

□ 치과 진료

□ 병원 진료

　　이 밖에도 떠오르는 활동이 있으면 추가하세요. 2장에서 소개한 활동 일정 표나 평소에 쓰는 다이어리에 당신만의 자기돌봄 실천 목록을 만들어보세요.

다른 사람 곁에 있기

집에 혼자 있으면 한 가지 부정적인 생각에 매달려 곱씹는 **반추**에 빠지기 쉽습니다. 이럴 때는 그저 다른 사람과 함께 있는 것만으로도 부정적인 생각에서 쉽게 벗어날 수 있어요. 해마와 선조체는 둘 다 맥락에 민감하므로, 당신이 처한 사회적 맥락을 바꾸면 촉발되는 감정과 습관도 바꿀 수 있습니다.

혹시 혼자 있는 상태에 빠져 꼼짝 못 할 때가 있나요? 스스로 반추하는 경향이 있다는 걸 알아차린 적이 있나요? 혼자 있는 상태를 벗어나기 위해 갈 만한 곳은 어디인가요?

....
....
....
....
....
....
....
....

혼자만의 생각에 갇혔다고 느낄 때는 다른 사람들과 섞일 수 있는 곳으로 가세요. 그들과 꼭 상호작용을 하지 않아도 되고, 이야기를 나누지 않아도 상관없습니다. 그저 다른 사람들과 한곳에 있기만 해도 당신에게 이롭습니다. 지금 바로 카페나 도서관이나 공원으로 나가보세요.

다른 사람과 어울려야만 할 수 있는 것

누군가와 통화하는 것은 사회적 지지를 얻기에 아주 좋은 방법입니다. 사회적 지지는 사적인 대화로도 충분히 얻을 수 있지요. 실제로 공통의 관심사나 활동을 두고 자연스럽게 대화를 하면 외로움과 고립감이 크게 해소되기도 합니다.

당신이 좋아하는 활동 중에서 다른 사람들과 어울려야만 할 수 있는 것은 무엇인가요? 우울증 이전에 즐겨 했던 활동 중에 다른 사람들과 함께 한 것으로는 무엇이 있었나요?

....
....
....
....
....
....
....
....
....
....
....

활동 일정표나 다이어리, 달력 등을 활용해 사회적 활동을 계획해보세요.

사회적 지지 강화하기

당신이 생각하는 것이 전부 진실은 아닙니다. 이 세상에 당신 혼자뿐이라는 생각이 든다고 해서 정말로 당신이 혼자인 것은 아니에요. 우울증은 당신도 모르는 사이에 슬금슬금 다가와 외로움과 고립감을 안깁니다. 그러면 당신이 다른 사람들과 연결돼 있으며 그들로부터 지지를 받고 있다고 느끼게 해주는 신경전달물질인 옥시토신의 신호에도 혼란이 생깁니다.[82]

당신이 어떤 감정을 느끼든, 당신의 삶에는 힘이 되고 의지할 사람들이 있을 거예요. 단 한 사람만 있어도 충분합니다. 당신이 지닌 사회적 지지망을 파악하고 강화하며, 옥시토신계가 제공하는 스트레스 완화와 즐거움을 이롭게 활용하는 단계를 아래에 소개합니다.

사회적 지지망 파악하기

당신이 의지할 수 있는 사람은 누구인가요? 우선 부모와 형제자매, 친한 친구, 동료들을 들 수 있겠죠. 당신을 응원하고 든든히 받쳐주는 사람들, 당신과 연결되었다고 느끼는 사람들을 떠올리는 것만으로도 사회적 고립에 대한 뇌의 반응을 줄일 수 있습니다.[83]

1. 당신의 가치를 제대로 알아보는 사람, 또는 당신을 높이 평가하는 사람은 누구인가요? 여기서 당신이 그들의 의견에 동의하는지 여부는 상관없어요.

....

....

....

....

....　.

2. 당신이 도움을 필요로 할 때(가령, 공항까지 바래다줄 사람이 필요할 때) 흔
   쾌히 나서줄 사람은 누구인가요?

....

....

....

....　.

3. 당신이 정서적으로 힘들 때 전화하거나 문자메시지를 보내거나 찾아갈
   수 있는 사람은 누구인가요?

....

....

....

....　.

4. 당신에게 충고를 해주거나 어떤 일을 잘 결정하도록 도와주는 사람은 누구인가요?

_____

_____

_____

_____

_____

5. 당신이 시간을 함께 보내고 싶은 사람은 누구인가요?

_____

_____

_____

_____

_____

6. 당신과 이런저런 활동을 함께할 만한 사람은 누구인가요?

_____

_____

_____

_____

_____

당신은 사안에 따라 그때그때 다른 사람에게 의지할 수도 있고, 대부분의 일에 대해 같은 사람에게 의지하는 성향일 수도 있겠지요. 혹시 생각나는 사람이 없어도 괜찮아요. 사회적 연결감의 이점을 활용할 방법은 아주 많으니, 이번 장에 소개된 다른 방법들을 활용하면 됩니다.

그림 한 장이 천 마디 말보다 낫다

외로움과 사회적 고립감에 관여하는 선조체와 해마는 당신이 처한 환경에 따라 민감하게 반응합니다. 그러므로 환경을 조금 바꾸기만 해도 다른 사람들과 더 가까워지는 느낌을 얻을 수 있지요. 당신에게 소중한 사람들의 사진이나 그들과의 추억이 담긴 물건을 눈에 잘 띄는 곳에 놓아보세요.

일단 환경에 변화를 준 다음에는 어떤 느낌이 드는지 찬찬히 들여다보세요. 소중한 누군가를 떠올리게 하는 사진이나 물건을 보았을 때 기분이 좋아지는 게 느껴지나요?

....
....
....
....
....
....
....

다른 사람에 대한 감정은 복합적입니다. 긍정적인 감정을 품은 사람에게도 쓸쓸함이나 그리움, 그 밖의 부정적인 감정이 섞여들 수 있기 때문이죠. 그러고 보면 부정적인 감정이 꼭 나쁜 것만은 아니에요. 당신에게 누가, 무엇이 중요한지를 되새겨주기도 하니까요. 그런 감정 덕분에 소중히 여기는 사람이 지금은 곁에 없더라도 그들이 당신 삶의 일부라는 사실에는 변함이 없음을 기억할 수 있지요.

사회적 지지망 활용하기

지금쯤이면 당신에게 힘이 되는 사람이 누구인지, 당신을 기분 좋게 해주는 사람이 누구인지 좀 더 잘 알게 됐을 거예요. 그들과 더 가까이 지내려면 어떻게 해야 할까요? 그들에게 다가가는 데 걸림돌이 되는 것은 무엇인가요?

....

....

....

....

....

당신이 누군가에게 만나자며 전화를 걸어본 것이 아주 오래전 일일지도 모릅니다. 우울증 상태에서는 충분히 그럴 수 있어요. 어쩌면 당신은 다른 사람들이 당신의 전화를 받기 싫어한다고 생각할지도 몰라요. 심지어 그들이 '대체 얘는 왜 나한테 전화하는 거야?'라며 이상하게 여길 거라고 짐작할지도 모르죠.

그렇다면 거꾸로 오랜 친구에게서 갑자기 전화가 왔을 때 당신 기분이 어땠는지 생각해보세요. 짜증이 났나요. 아니면 놀라기는 했지만 반가웠나요?

당신이 그때 놀라기는 했지만 반가웠다면 다른 사람들도 마찬가지 아닐까요? 그렇게 여겨지지 않는다면 그건 아마도 당신의 자존감이 낮기 때문일 거예요. 자, 낮은 자존감 자체에 잘못된 점은 없어요. 여기서는 스스로에 대한 감정을 바꾸는 일에 집중할 필요가 없어요. 그 감정은 그냥 바꿀 수 있는 게 아니니까요. 문제는 그런 감정들이 당신의 행동에 영향을 미칠 때 생깁니다.

그러니 기분이 처져 있을 때(아니, 그보다는 처지기 전이 낫겠네요), 당신의 사회적 지지망을 활용할 가장 좋은 방법은 무엇일까요? 그 사람을 실제로 만나 대화를 나누거나 어떤 활동을 함께하는 것입니다.[84] 그다음으로 좋은 방법은 통화하는 것으로, 문자메시지나 이메일보다 훨씬 효과적이지요. 누군가를 직접 만나거나 목소리를 들으면 당신의 거울뉴런계가 작동하는데, 문자메시지로는 불가능한 일이죠. 영상 통화도 괜찮지만, 연구자들에 따르면 이 방법은 선호도에 따라 사람마다 다르게 작용합니다.[85] 영상 통화를 싫어하는 사람에게는 전화가 더 효과적이지만, 영상 통화를 좋아하는 사람이라면 전화보다 영상 통화를 택하는 편이 훨씬 낫지요.

전화 걸기

당신이 좋아하는 대화 상대이지만 지난 며칠, 몇 주, 심하게는 몇 년 동안 대화를 나누지 못한 사람을 세 명 적어보세요.

☐ ....

☐ ....

☐ ....

그들에게 전화를 걸어 그동안 어떻게 지냈는지 물어봅니다. 어색한 느낌이 든다면 이렇게 말해보세요. "우리 한동안 소식도 모르고 지냈잖아(요). 그래서 어떻게 지내는지 궁금하기도 하고 안부도 전할 겸 전화했어(요)." 통화를 마치고 나면 그 사람 이름 옆에 체크 표시를 합니다. 그렇다고 끝난 게 아니에요. 이후로 언제든 그 사람에게 또 전화해도 된다는 걸 기억하세요.

부정적 판단에 대처하기

당신은 혹시 다른 사람들이 당신에게 말을 걸 때 짜증이 나거나, 그 사람들이 온통 자기 일에만 골몰해 있다고 생각하거나, 그들을 대화할 가치가 없는 상대로 여기고 있나요? 그런 생각은 그것대로 또 다른 문제를 초래합니다. 당신이 다른 사람들을 비판적으로 바라볼수록, 그 사람들 역시 당신을 비판적으로 생각할 가능성이 큽니다. 내 마음을 이해하는 데 사용되는 내측 전전두 영역은 다른 사람의 마음을 이해하는 데도 똑같이 사용되며, 그 영역은 감정적인 변연계의 영향을 받기 때문이지요. 그러므로 다른 사람들이 자신을 부정적으로 판단하거나 비난할까 봐 걱정된다면, 당신이 그 사람들에게 품고 있는 부정적 판단과 비난하는 마음부터 먼저 줄여야 합니다.

시시콜콜 따지고 드는 태도는 특히 가까운 사이에서 관계를 망치는 요인이 되므로, 혹시 내 마음이 그쪽으로 기울고 있지는 않은지 수시로 살펴야 합니다. 당신 스스로 다른 사람들, 특히 가까운 사람들을 비판적으로 대한다고 생각한 적이 있나요? 비판적 태도가 그들 또는 당신 자신에 대한 느낌에 어떤 영향을 미치나요?

우리가 다른 사람들에 대해 불편해하는 지점은 사실 자기 자신에 대해 불편해하는 지점과 일치할 때가 많습니다. 자신을 좀 더 다정하고 관대하게 대하세요. 그러면 다른 사람들과도 관계가 좀 더 좋아질 거예요.

휴대폰을 한쪽으로 치워두세요

혹시 다른 사람과 함께 있을 때 휴대폰을 자주 들여다보나요? 안타깝게도 그런 행동은 인간관계의 깊이와 질을 훼손할 수 있습니다. 휴대폰을 들여다보지 않고 탁자에 올려두는 것만으로도 친밀감과 신뢰감에 방해가 될 수 있습니다.[86] 누군가와 함께 있을 때는 휴대폰을 주머니나 가방 속에 넣어두세요. 그러면 사회적으로 의미 있는 상호작용을 나누기가 훨씬 쉬워질 거예요.

부정적인 인간관계 식별하기

어떤 사건이 아니라 사람이 부정적인 기분을 촉발할 때도 있지요. 우울증의 진행 방향을 뒤집으려면 당신의 사회적 지지망을 이루는 사람들과 보내는 시간은 늘리는 한편, 당신 삶에 해로운 사람들과는 접촉을 줄여야 합니다.

때로는 사회적 관계를 단절하는 편이 이롭다는 사실을 보여주는 연구 결과도 있습니다.[87] 사교적 습관과 감정적 습관을 포함하여 습관은 다른 사람들의 영향을 받기도 합니다. 그런데 그렇게 촉발된 감정이나 습관이 마음에 안 든다면 주변에 두는 사람들을 바꿔야겠지요.

해로운 사람 가려내기

다음 질문에 답하면서 당신 삶에서 잠재적으로 해로운 사람이 누구인지 가려내고 그들과의 만남을 줄일 것을 고려해보세요.

1. 당신이 도저히 상대할 수 없다고 생각하는 사람은 누구인가요?

....

....

....

2. 비참한 기분을 느끼게 하거나 부정적인 생각이 들게 하는 사람은 누구인가요?

....

....

....

3. 그 사람(들)과의 만남을 줄일 수 있나요? 있다면, 어떤 방법인가요?

....

....

....

당신이 대하기 불편하다고 해서 꼭 나쁘거나 해로운 사람이라고 판단할 필요는 없습니다. 어쩌면 당신의 감정은 그 사람 때문이 아니라, 당신이 품고 있는 무익한 사고 패턴이나 당신 스스로 바꾸고 싶은 어떤 측면 때문에 촉발되었을지도 모릅니다. 그렇다면 그들과의 상호작용을 당신의 인격적 성장을 위한 기회로 삼을 수도 있지요. 하지만 그렇지 않은 경우라면, 그 사람을 당신의 인생 밖으로 내보내세요. 그래야만 당신이 앞으로 나아갈 수 있습니다.

안타깝게도 해로운 사람을 식별했다고 해서, 그들을 당신의 인생 밖으로 언제든지 내보낼 수 있는 것은 아니에요. 하지만 누가 해로운지 아는 것만으로도 마음의 준비를 할 수 있습니다. 그들과 함께 있을 때 당신이 보일 반응을 미리 예측할 수 있을 테고, 그러면 그런 반응이 그저 하나의 감정에 지나지 않음을 쉽게 상기하게 될 거예요.

갈등의 매듭 풀기

사람들마다 목표와 관점이 다르므로, 관계에는 본질적으로 갈등이 존재합니다. 아주 좋은 관계에서조차 그렇지요. 탄탄한 인간관계는 인간의 뇌를 건강하게 기능하도록 하는 데 매우 중요하기 때문에, 가까운 사이에서 갈등이 일어나면 대개 큰 스트레스를 받습니다. 그렇다고 관계를 개선하기 위해 갈등을 꼭 없애야 하는 것은 아니에요. 그저 갈등에 좀 더 잘 대처하고 그로 인한 스트레스를 줄이면 됩니다.

갈등 상황에서 스트레스를 일으키는 대표적인 원인이 바로 **감정적 추론** emotional reasoning입니다. 감정적 추론이란 일종의 인지 왜곡으로, 일단 어떤 일을 사실로 느끼면 그냥 덮어놓고 틀림없는 진실로 믿어버리는 사고 유형입니다.

누군가가 우리에게 상처 주는 행동을 했을 때, 우리는 대개 그 행동이 의도적이었다고 생각하거나 상대방이 우리의 감정을 전혀 헤아리지 않았다고 느끼지요. 이것은 사실일 수도 있고 아닐 수도 있어요. 다른 사람이 한 행동의 영향을 당신이 고통스럽게 받아들인다고 해도 그들 행위의 실제 의도는 알 수 없기 때문이지요. 다른 사람의 머릿속까지 훤히 안다고 넘겨짚는 것은 **마음읽기**mind reading라는 인지 왜곡으로, 이 또한 갈등 상황에서 흔하게 일어납니다.

뇌는 다른 사람의 의도와 동기를 파악하는 일에 아주 능숙하고 익숙하기 때문에, 대개는 스스로 그런 노력을 하고 있다는 것조차 깨닫지 못합니다. 다른 사람이 무슨 생각을 하고 있는지 알아내려고 할 때면 뇌의 내측 전전두피질이 활성화되는데, 그렇게 해서 얻은 결론을 추정이나 가정이 아니라 진실로 여겨버립니다.

예를 들어 친구가 당신의 생일에 축하 전화를 하지 않았다고 가정해봅시다. 당신이 확실히 아는 사실이라고는 친구가 전화를 하지 않았다는 것뿐이죠. 당신은 친구가 왜 전화를 안 했는지 전혀 모르면서, 이런저런 이유를 추론합니다. 그리고 오로지 그 추론에 따라 당신은 마음이 상하고 맙니다.

마음읽기가 감정적 추론과 손잡으면 십중팔구 갈등에 빠져듭니다. 그러나 당신이 다른 사람의 의도를 추론하고 있음을 의식적으로 알아차릴 수 있으면, 상황이 실제로 어떻게 돌아가고 있는지를 이해하는 데 도움이 될 거예요. 이 과정은 **성찰 작용**reflective functioning이라는 일종의 인지 도구이며, 전전두피질이 흥분한 변연계를 진정시키는 데 도움이 되지요.

물론 친구가 일부러 당신 마음을 상하게 하려고 축하 전화를 하지 않았을 수도 있어요. 하지만 어쩌면 그날 공교롭게도 휴대폰을 잃어버렸거나 다리가 부러져 응급실에 갔을지도 모르죠. 너무 바빠서 전화할 시간이 없었거나 당신의 생일을 깜박했을 가능성이 가장 크지만요.

　　당신이 꼭 그 이유를 알아야 할 필요는 없어요. 그저 스스로 완벽한 독심술사가 아니라는 것을 인정하고, 당신이 상처받은 이유를 달리 어떻게 설명할지 생각해보려 노력하면 돼요. 그렇게 생각해본 결과 친구가 정말 나쁜 의도로 전화를 안 한 것이라고 판단할 수도 있어요. 하지만 적어도 그 결론에 도달하기 전에 어느 정도 생각의 과정을 거쳤다는 사실이 중요합니다. 다음 방법들을 이용해, 다른 사람의 행동과 당신의 감정 사이에 얽혀 있는 갈등의 매듭을 풀고, 그 사람의 의도와 그것이 당신에게 미치는 영향을 분리해보세요.

갈등 분석하기

　　가까운 사람과의 해결되지 않은 갈등, 언쟁, 상황 중에서 아직도 당신을 화나게 하거나 속상하게 하는 것을 골라봅니다. 그 상황을 간단하게 몇 문장으로 묘사해보세요. 그 사람이 한 행동이나 말은 무엇이었나요? 왜 그런 일이 일어났는지 설명하려 들지 말고, 오로지 그 말이나 행동에만 집중해보세요.

그 행동이나 말이 당신에게 어떤 감정을 안겨주었는지 묘사해보세요.

....
....
....
....
....

당신은 그 사람이 왜 그런 말이나 행동을 했다고 생각하나요? 당신이 생각하는 그 사람의 의도를 간단히 써보세요.

....
....
....
....
....

그 사람의 말이나 행동을 설명할 만한 다른 이유(의도)를 떠올릴 수 있나요? 그 사람은 바빴거나 피곤했거나 다른 어떤 일 때문에 속상했거나, 심지어 당신 때문에 마음이 상했을지도 몰라요. 그 사람 입장에서 그 말이나 행동에 적절한 이유가 될 만한 것은 없나요?

....
....

....

....

....

....

....

　　당신은 그 사람의 진짜 의도가 무엇인지 또는 그 의도가 합당한 것인지 알아낼 필요가 없습니다. 그저 앞서 추론한 것을 다시 생각하기만 해도 당신이 처한 상황을 더 편안한 마음으로 바라볼 수 있고, 적어도 당신이 왜 그 일로 속상했는지 더욱 분명히 이해할 수 있습니다.

　　자신의 추론을 다시 생각하다 보면 그 일에 대해 상대방과 터놓고 좀 더 쉽게 대화할 수 있게 될 겁니다. 이와 관련해 더 자세한 내용이 궁금하다면 《우주인들이 인간관계로 스트레스 받을 때 우주정거장에서 가장 많이 읽은 대화책》을 읽어보세요.[88]

인간관계에 무익한 생각들

삶의 다른 영역에서 그렇듯이, 당신이 외출을 할지 집에 있을지, 새 친구를 사귈지 그냥 혼자 지낼지 결정하려고만 하면 다른 사람들과 제대로 어울려 지내는 데 방해가 될 만한 생각들이 머릿속에 떠오를 겁니다. 그 생각들이 백해무익하다는 사실만 알고 있어도, 하강 나선으로 빠져드는 것을 충분히 예방할 수 있습니다.

인간관계에 무익한 생각들을 알아차리기는 유난히 어렵습니다. 그 생각들이 어떤 식으로 떠오르는지 몇 가지 예를 들어볼게요.

무익한 생각의 유형	예
미래 예측	친구들과 어울려봤자 별로 기분이 나아지지 않을 거야.
선택적 주의	넌 항상 만나기 직전에 약속을 취소하지. / 당신은 언제나 내 말을 안 들어.
흑백사고	그녀는 나를 엄청 좋아하거나 전혀 좋아하지 않거나 둘 중 하나야.
재앙화	친구들이 내 문자메시지에 바로 답하지 않는다는 건 나에게 화가 났거나 더 이상 나를 좋아하지 않는다는 뜻이야.

무익한 생각 검토하기

다른 사람들과의 관계나 그들과 함께 한 상황이 아주 좋았는지 아니면 최악이었는지 끊임없이 곱씹은 경험이 있다면 써보세요. 스스로 흑백사고에 빠졌는지 알아볼 수 있는 방법입니다. 섬세한 뉘앙스와 다양한 느낌의 결을 살려, 무엇이 좋았고 무엇이 나빴는지 자세히 설명해보세요.

....

....

....

....

....

....

어떤 일에 대해 최악의 시나리오를 가정하거나 앞으로 어떻게 될지 훤히 안다고 단정했다가 당신의 생각이 틀린 것으로 밝혀진 경험이 있다면 써보세요.

....

....

....

....

....

이후로 당신이 어떤 일의 결과를 가정할 때, 앞서 쓴 일을 되새겨보세요.

당신이 다른 사람들과 가까워지거나 그들과 대화를 나누고 어떤 일을 함께 하고자 할 때, 당신의 불안감이나 스트레스를 높이는 생각으로는 또 무엇이 있을까요? 그 생각은 사실일까요? 부분적으로만 맞거나 완전히 틀렸을 가능성은요? 믿기 힘들거나 비현실적인 생각인가요? 어떻게 하면 당신이 그런 생각들을 반박하거나 받아들이거나 무시할 수 있을까요?

....

....

....

....

....

신체 접촉을 늘리는 방법

다른 사람과의 신체 접촉은 친밀감을 높이고 스트레스를 감소시키는 옥시토신 분비를 촉진합니다.[89] 포옹하기, 부드럽게 쓰다듬기, 다정하게 어루만지기, 머리 빗겨주기 같은 신체 접촉을 꾸준히 지속하는 경우 특히 그렇습니다. 그렇다고 만나는 사람마다 포옹을 할 수는 없는 노릇이고, 악수 정도면 괜찮지 않을까요.

신체 접촉을 늘리는 방법을 몇 가지 소개합니다. 다음 목록에서 당신이 편안하게 느끼는(그리고 반드시 상대방도 편안하게 여길 만한) 신체 접촉 방식에 체크 표시하고, 이 밖에 떠오르는 것이 있으면 추가해보세요.

- □ 긴 포옹
- □ 등 가볍게 두드리기
- □ 만났을 때 포옹하며 인사하기
- □ 헤어질 때 포옹하며 인사하기
- □ 악수하기
- □ 하이파이브!
- □ 손잡기
- □ 볼에 뽀뽀하기
- □ 입술에 키스하기
- □ (친구 또는 전문가에게) 마사지 받기
- □ 마사지 해주기
- □ 파트너와 춤추기

☐ 머리 손질받기

☐ 손톱이나 발톱 손질받기

☐ ....

☐ ....

☐ ....

☐ ....

당신이 신체 접촉을 자주 하는 사람은 누구인가요? 배우자인가요? 아니면 아이나 친구인가요? 어떻게 하면 좀 더 신체 접촉에 적극적일 수 있을까요?

....

....

....

....

....

....

....

친구에게 안아달라고 말하면 스스로가 너무 궁색하게 느껴질 수도 있지만, 그런다고 큰일 나지 않아요. 아니면 당신이 먼저 안아주겠다고 나서는 건 어떨까요? 특히 상대방을 응원해주고 싶을 때는 더욱 그렇게 해보세요. 그리고 이건 비밀인데, 당신이 누군가를 포옹해줄 때 당신도 역시 포옹을 받는 것이랍니다.

섹스부터 하지 않아도 돼요

섹스를 빼고서는 신체 접촉을 제대로 이야기할 수 없지요. 우울증 상태에서는 성적 충동이 감소할 수 있는데, 특히 친밀한 관계에서 성적 충동이 감소하면 하강 나선으로 이어지기 쉽습니다. 섹스할 기분이 안 들 때면 아예 모든 신체 접촉을 거부하기도 하죠. 그러면 당신의 파트너는 상처 입거나 거부당했다고 느낄 수 있고, 그것이 스트레스를 일으켜 관계를 악화시킬 수 있습니다. 그러니 신체 접촉을 하지 않더라도 "사랑해"라고 말로 표현해주세요.

관계에서 육체적 친밀함이 사라졌다고 해도 여전히 불꽃을 되살릴 여지는 남아 있습니다. 곧바로 섹스부터 시작하지 않아도 돼요. 마사지를 해주거나, 꼭 껴안아주거나 손잡기 같은 것부터 시도해보세요. 소중한 사람과 신체적으로 멀어진 상태에서 억지로 무리하게 신체 접촉을 시도하려다 보면 당신과 상대방 모두 불편해질 수 있어요. 때로는 작은 일부터 시작하는 것이 더 낫답니다.

남을 돕는 일이 나도 돕는다

존 F. 케네디 대통령은 취임 연설에서 이런 말을 남겼지요. "국가가 당신을 위해 무엇을 해줄 수 있는지 묻지 말고 당신이 국가를 위해 무엇을 할 수 있는지 물어라." 우울증 상태에서는 당신이 남을 위해 무엇을 할 수 있는지 생각하기가 유난히 더 어렵지만, 그 효과는 매우 강력합니다.

당신은 아마도 **당신 스스로** 좀 더 행복해지기를 바라는 마음에 이 책을 읽고 있겠지요. 그런데 흥미롭게도, 그 바람은 간접적인 방식으로 접근할 때, 즉 당신 자신이 아니라 다른 사람들에게 집중할 때 더 쉽게 이뤄지곤 합니다. 여기서 중요한 것은 남을 돕기 위해 마음까지 관대해질 필요는 없다는 거예요. 지금 당신이 처한 상황에서 잠시 눈을 돌려 다른 사람을 돕는 일에 나서면, 그 행동이 다시 당신 자신까지 돕게 됩니다.

그렇다고 당신의 문제를 중요하지 않거나 없는 것으로 취급하라는 말은 아니에요. 내 눈앞에 닥친 문제만 붙들고 있으면 앞으로 나아가기가 어렵다는 것이지요. 다른 사람의 아픔에 공감하고 그들을 돕는 일에 집중하는 것은 뇌의 보상 회로를 활성화하기 때문에 우울증의 진행 경로를 뒤집기에 아주 좋은 방법입니다.[90] 사실 우울증을 겪는 사람은 여러 면에서 남을 돕기에 이상적이에요. 우울증 덕분에 고통이 무엇인지 잘 알고 있으니까요. 세상에는 당신과 비슷한 방식으로 고통을 겪는 사람도 있는가 하면 무척 다른 방식으로 고통을 겪는 사람도 많습니다.

남을 돕는 너그러운 사람이 되는 방법을 몇 가지 꼽아봤습니다. 당신이 시도해보고 싶은 항목 옆에 체크 표시를 해보세요. 단, 이것은 선택이지 의무가 아니라는 점을 잊지 마세요. 이것 말고 더 좋은 방법이 있다면 빈칸에 써보세요.

- ☐ 친구를 위해 식사 준비하기
- ☐ 친구에게 줄 선물을 사거나 만들기
- ☐ 누군가를 칭찬하기
- ☐ 비영리단체에서 자원봉사하기
- ☐ 가치 있는 대의를 위해 기부하기
- ☐ 가치 있는 대의를 위한 모금 행사에 참여하기

- □ 누군가에게 미소 지어주기
- □ 누군가에게 격려의 말 해주기
- □ 누군가의 말을 경청하기
- □ 누군가에게 당신이 도울 일은 없는지 물어보기
- □ ....
- □ ....
- □ ....
- □ ....

당신은 다른 사람에게 무엇을 줄 수 있나요? 어떻게 하면 남을 이롭게 하거나 그들의 삶을 좀 더 편안하게 해줄 수 있을까요?

....
....
....
....
....
....

2장에서 소개한 활동 일정표나 평소 쓰는 다이어리에 여기 소개한 활동 중 실천하고 싶은 것들을 적어보세요. 그 밖에 마음에서 우러난 다른 일도 얼마든지 시도해볼 수 있어요.

집단의 힘을 활용하기

인간은 부족 단위로 진화해왔습니다. 그래서 우리는 어딘가에 소속되어 있을 때 안정감을 느끼죠. 당신이 아직 소속될 만한 곳을 찾지 못했다면 이런저런 모임에 가입해보세요. 기분이 더 좋아질 뿐 아니라 당신 스스로 인생을 잘 통제하고 있다고 느끼게 될 거예요.[91] 모임에 소속되어 지내다 보면 우울증 증상이 줄어들 수 있고, 애초에 우울증 자체가 생기지 않을 가능성도 커집니다.[92] 하지만 안타깝게도 이것은 거꾸로도 작동합니다. 당신이 의지하던 모임을 떠날 경우 우울증의 위험이 더 높아지는 것이죠.[93]

당신이 우울증에 걸리기 전에 열심히 참여한 모임은 무엇인가요?

....
....
....
....
....
....

꼭 그만둘 이유가 있는 게 아니라면 다시 그 모임에 참석하도록 노력해보세요. 그동안 빠진 이유를 뭐라고 설명해야 할지는 신경 쓰지 마세요. 반면 그만둘 이유가 명확히 있다면, 그 모임은 그냥 지나간 일로 잊어버리는 게 최선이지요. 그리고 이제 새로운 모임에 들어갈 차례입니다.

집단의 힘을 활용하는 것의 핵심은 소속감입니다.[94] 어딘가에 소속된다는 것이 때로는 복잡한 일이지만, 그 모임에서 당신과 같은 것을 가치 있게 여기고 당신과 같은 것에 함께 즐거워하는 사람들을 만난다면 금세 소속감을 느끼게 될 거예요. 친구나 가족, 동료가 이미 가입한 모임에 들어가는 것도 좋은 방법이지요. 소속감으로 가는 지름길이라고나 할까요.

간혹 소속감이 당신의 통제 밖에 있다고 생각할 수도 있어요. 소속감이란 게 다른 사람들이 당신을 어떻게 생각하는지에 달려 있는 것처럼 보이기 때문이죠. 그러나 사실 소속감은 당신의 내면에 있는 감정입니다. 당신이 소속된 모임에 긍정적으로 기여하고 모임의 목표와 가치에 헌신한다면 소속감도 자연히 따라올 거예요. 그러니 가입한 모임이 있다면 좀 더 적극적으로 참여해보세요.

다음은 당신이 참여할 만한 모임의 목록입니다. 가입해보고 싶은 모임 옆에 체크 표시를 하고 더 생각나는 것이 있으면 빈칸에 추가해보세요.

- ☐ 스포츠 리그
- ☐ 주말에 열리는 길거리농구 경기
- ☐ (요리, 춤, 목공, 글쓰기 등의) 취미 교실
- ☐ 자원봉사 단체
- ☐ 교회
- ☐ 트라이애슬론이나 마라톤, 걷기 대회 대비 훈련 모임
- ☐ 독서 모임
- ☐ 카드 게임 모임
- ☐ 온라인 동호회
- ☐ 피트니스 클럽
- ☐ (대면 또는 온라인상의) 우울증 지원 단체 모임
- ☐ 학부모회나 기타 학교 관련 모임

□ ....

□ ....

□ ....

□ ....

이 중 하나를 골라 가입 계획을 세우고 활동 일정표에 기입한 뒤, 계획한 대로 꼭 실천해보세요.

개는 왜 뇌에 이로운가

다른 사람과 함께 하는 것만이 옥시토신 분비와 사회적 연결감에 도움을 주는 것은 아닙니다. 인간은 개를 길들이고 그들과 수천 년을 함께 살아왔는데, 이 것은 뇌 과학과도 관련이 있습니다. 개는 당신의 뇌에 이로운 존재예요. 다른 사람과 관계 맺기가 어려운 사람에게는 개가 차선책이 될 수도 있습니다. 아니, 오히려 사람보다 더 좋은 상대가 될 수도 있어요.

개와 함께 지내면 긍정적인 사회적 상호작용의 가능성을 높이는 쪽으로 습관이 바뀌는 것부터 시작해 얻을 수 있는 이점이 아주 많습니다. 일단 개가 산책을 나가고 싶다고 낑낑거리면 집 밖으로 나갈 동기가 생기죠. 개와 함께 산책을 나선 뒤에는, 당신이 혼자 있을 때보다 다른 사람들이 미소를 지어 보이거나 가볍게 말을 걸어올 가능성도 커집니다.

개는 심지어 당신의 옥시토신계에도 다양한 방식으로 영향을 줍니다. 우선, 개를 쓰다듬으면 부드럽고 따뜻한 털의 촉감 덕분에 옥시토신이 분비됩니다. 또 신뢰감이 쌓인 개와 눈을 마주쳐도 옥시토신이 분비되지요. 어느 연구 결과에 따르면 개와 가까이 있는 것만으로도 사회적 거부라는 부정적인 감정이 줄여든다고 합니다.[95] 고양이의 경우는 이야기가 좀 더 복잡하지만, 그래도 당신이 개보다 고양이를 더 좋아한다면 고양이와 함께 있을 때도 비슷한 효과를 얻을 수 있습니다.

동물과 상호작용하는 방법은 다양합니다. 다음 목록에서 당신이 시도하고 싶은 항목에 체크 표시하고, 그 밖에 떠오르는 것이 있으면 빈칸에 추가해보세요.

- ☐ 개나 고양이와 함께 살기
- ☐ 친구의 개나 고양이 돌봐주기
- ☐ 친구의 개나 고양이 쓰다듬기
- ☐ 길에서 개를 만나면 주인에게 물어보고 쓰다듬기
- ☐ 동물 보호소에 방문해서 동물들과 놀아주기
- ☐ 승마하기
- ☐ ....
- ☐ ....
- ☐ ....
- ☐ ....

이 활동을 일정표에 기입하고 그대로 실행해봅니다.

뇌는 다른 존재들과 연결되도록 진화했다

당신의 뇌는 다른 존재들과 연결되도록 진화했고, 그 연결의 신경 회로를 활용하는 것은 상승 나선을 만드는 데 대단히 효과적입니다. 하지만 그러한 일이 단번에 이루어지는 경우는 드물기 때문에, 올바른 방향으로 조금씩 발걸음을 옮겨야 합니다.

당신이 소중히 여기고 당신을 소중히 여기는 사람들과 물리적으로 함께할 수 없을 때, 심지어 통화조차 할 수 없을 때도, 그들과 가깝게 연결된 느낌은 유지할 수 있습니다. 당신의 뇌에는 당신과 가까운 모든 사람의 마음을 나타내는 신경 표상이 자리 잡고 있어요. 당신과 더 이상 함께 할 수 없는 누군가라도, 당신 뇌의 여러 신경 경로와 시냅스 연결부에 그 사람이 매우 실질적인 방식으로 존재하지요. 당신은 그들과 대화도 나눌 수 있어요. 당신이 어떤 말을 했을 때 그들이 어떻게 반응할지 이미 잘 알고 있기 때문이죠. 그들과 가까운 관계일수록 당신은 그들을 훨씬 잘 알고, 그들에 대한 당신의 표상은 더 정확하죠. 그러니까 혼자 있을 때조차 그 사람들은 당신의 뇌 속에 함께 있는 셈입니다.

여전히 당신이 소중히 여기는 사람들과 연결되지 않았다고 느껴지거나 소중한 사람이 인생에 아예 없다는 생각이 들더라도 걱정 마세요. 시도할 만한 방법은 아직 많이 남아 있습니다. 다른 사람과 더 가까워지는 대안적 전략으로 마음챙김(8장), 감사와 자기자비(10장) 등이 기다리고 있답니다.

7 그럭저럭 괜찮은 결정 내리기

당신은 지금 꼼짝도 할 수 없습니다. 길을 잃고 아무 목적도 없이 허공에 내던져진 기분이죠. 우울증에서 흔하게 나타나는 이런 증상은 당신이 중요한 목표를 향해 똑바로 나아가지 못하게 가로막습니다. 이 상태는 우울증을 일으키는 원인이기도 하고, 우울증의 결과이기도 합니다.

목표를 추구하고 결정을 내리는 일은 둘 다 뇌간과 전전두피질, 선조체에서 일어나는 도파민과 세로토닌의 상호작용과 관련이 있습니다.[96] 우울증 상태일 때 목표를 세우고 실행하기가 더 어려워지는 이유는 뇌가 우유부단해진 데다 보상에 대한 반응성도 떨어져 있기 때문이에요.

그래도 뇌 회로를 활용하여 상승 나선을 만들어내는 일은 여전히 가능합니다. 목표와 결정은 전전두피질로 하여금 배측 선조체에 영향을 미치게 만들고, 그 결과 당신은 도움이 안 되는 습관들을 이겨낼 수 있지요. 또한 목표와 결정은 하향식 영향력을 통해 뇌가 정보를 처리하고 거르는 방식을 바꿈으로써 변연계가 별로 중요하지 않은 세부 사항은 무시하고 가장 중요한 것에 집중하도록 도와줍니다. 게다가 보상과 관련된 측좌핵의 활동성을 강화해 어떠한 일에 더 쉽게 흥미와 만족을 느끼게 해줍니다.

그런데 당신이 목표하는 바가 많고 그것을 전부 이루고 싶어 한다면, 결정하는 과정이 한층 복잡해집니다. 그러므로 이번 장에서는 무엇보다 당신에게 가장 중요한 목표가 무엇인지 찾아내도록 돕는 데 집중하겠습니다. 일단 목표를 찾고 나면 의사결정 과정이 단순해지므로, 결정이 불러오는 효과를 온전히 활용할 수 있을 것입니다.

만족스러운 결정 내리는 법

결정에는 여러 요소가 작용합니다. 당신이 내린 결정은 가능한 선택들을 꼼꼼하게 살펴본 결과(즉 전전두피질에 의지한 것)일 수도 있고 육감에 따른 것(즉 변연계와 섬엽에 의지한 것)일 수도 있습니다.

이들 경로는 서로 연관되어 있으며 영향을 주고받습니다. 완전히 합리적인 방식으로만 결정을 내릴 수도 없고(결정에 대한 당신의 느낌도 중요하니까요), 그렇다고 모든 결정을 본능에 의지해서 내릴 수도 없지요(특히 스트레스를 받았거나 우울한 상태에서는 모든 결정이 잘못되었다는 느낌이 드니까요). 그러니 의사결정에 관여하는 뇌 영역들은 반드시 서로 균형을 이루어야 합니다. 어떻게 해야 그 균형을 만들고 유지할 수 있을까요?

감정의 강도 낮추기

감정적인 변연계와 스트레스 반응은 기본적으로 통제 가능성, 확실성, 결과, 이 세 가지 요소에 영향을 받습니다. 어떤 상황에 대한 당신의 통제 가능성이 낮을수록 변연계의 반응성은 더 커지고, 따라서 당신이 느끼는 감정의 강도도 올라갑니다. 이와 비슷하게 불확실성과 결과의 중요성이 높아도 변연계의 반응성은 커집니다. 당신이 어떤 결정을 내릴 때 이러한 반응 구조를 어떻게 활용할 수 있을까요?

1단계. 통제 가능한 것에 집중합니다. 당신은 다른 사람을 통제할 수 없습니다. 심지어 과거의 당신 자신도 통제할 수 없죠. 근본적으로 당신이 유일하게 통제할 수 있는 것은 현재 자신의 행동뿐입니다. 현재 당신이 통제력을 행사할 수 있는 일부 경우를 제외하고, 전반적인 결과까지 통제할 수 있는 상황은 드물어요. 이 점을 받아들이기 어려운가요? 당신만 그러는 건 아니에요. 사실 대부분의 사람이 이 사실을 가장 받아들이기 어려워하죠. 이 주제에 관해서는 8장에서 더 자세히 다루겠습니다.

2단계. 확실한 것에 집중합니다. 당신의 인생에서 변치 않는 것이나 변치 않는 사람이 있나요? 어떤 결정을 내리든 달라지지 않는 것은 무엇인가요?

3단계. 예측을 줄이는 데 집중합니다. 당신의 결정을 맥락 속에서 바라보세요. 그 결정을 내리면 어떤 결과가 나올까요? 당신은 혹시 무익한 사고 패턴에 빠져 있지는 않나요? 자신을 비판적으로 바라보는 사람일수록 대체로 결과를 부정적으로 예측하는 경향이 강합니다. 어떤 결정을 내렸을 때 생길 가장 부정적인 결과는 그렇게 결정을 내린 자신에 대한 자기비판에 빠지는 것입니다. 자기자비self-compassion를 실천할수록 의사결정 과정은 훨씬 더 단순해질 수 있답니다(10장 참고).

상승 나선 활용하기

스트레스를 줄이고 기분을 끌어올리면 결정 내리는 일이 더 쉬워집니다. 어떻게 하는 거냐고요? 상승 나선을 활용하면 됩니다. 당신은 이미 상승 나선을 다룬 이 책을 반도 넘게 읽었네요.

심호흡으로 스트레스 반응을 진정시켜보세요. 친구에게 전화를 걸어 이야기를 나눠보세요. 친구에게 조언을 구할 수도 있고, 연락이 끊겼던 친구와 다시 관계를 이을 수도 있지요. 밖으로 나가서 달려보세요. 결정은 내일로 미루고 그냥 잠을 자세요. 아침이 되면 모든 게 더 나아졌다고 느낄 거예요. 이 책을 계속 읽으면서 마음챙김이나 감사의 방법을 의사결정 과정에 어떻게 적용할 수 있는지 알아보세요.

당신이 스트레스를 줄이기 위해 즐겨 하는 일은 무엇인가요?

....

....

....

....

....

....

....

....

시야를 좀 더 넓히는 것도 스트레스를 줄이는 데 도움이 됩니다. 당신에게 가장 중요한(또는 가장 가치 있는) 것을 분명히 파악하고 나면, 어려운 상황에 맞닥뜨렸을 때 스트레스 반응을 줄일 수 있어요.[97]

무엇이 중요한지 생각하기

삶의 여러 영역에서 당신에게 중요한 것은 무엇인가요? 당신은 어떤 사람이 되고 싶은가요? 예를 들어 가족과의 관계에서 당신이 가장 가치 있게 생각하는 일은 무엇인가요? 좋은 부모나 사랑스러운 배우자가 되는 것인가요, 아니면 다른 무엇인가요? 일과 경력에서는 남보다 앞서는 것을 중시하나요, 아니면 동료들과 잘 지내는 것을 우선시하나요? 당신이 가치를 두는 삶의 각 영역에서 당신에게 가장 중요한 것을 적어보세요.

삶의 영역	가장 중요한 것
가족 관계	
친구 관계와 공동체	
연인 관계	
일/경력	
교육/개인적 성장/발전	
여가	
영성/종교	
건강과 신체적 안녕	

여기서 잠깐 당신이 삶의 각 영역을 얼마만큼 중요하게 여기는지 생각해보세요. 상대적으로 가장 크게 비중을 두는 영역은 무엇인가요? 신경이 덜 쓰이는 영역은요? 앞의 표에서 당신에게 가장 중요한 한두 가지 영역에 동그라미 표시를 해보세요. 당신이 가치 있다고 생각하는 것에 집중하고 당신에게 무엇이 가장 중요한지 기억해두면, 목표를 세우고 결정을 내리기가 더 쉬워집니다.

행복을 목표로 삼지 않기

행복은 그 자체로는 무의미하게 느껴질 수 있어서 행복을 목표로 삼으면 오히려 역효과를 냅니다. 삶의 목표로 삼기에 행복은 너무 추상적이지요. 행복은 당신이 도달해야 할 목표가 아니라, 당신의 행동과 목표와 가치관이 조화를 이룰 때 나타나는 결과에 가깝습니다.

당신이 왜 행복해지기를 바라는지 생각해보세요. 혹시 당신의 우울증이 어떤 중요한 일 또는 사람들에게 방해가 되고 있나요? 우울증에 걸려 있지만 그래도 당신에게 중요한 것을 향해 다가가려면 어떻게 해야 할까요?

스스로에게 무엇이 중요한지 파악하고 자신의 가치관을 명확히 밝혀내면 방향성을 찾을 수 있지만, 가치관이라는 것은 때로 너무 추상적이어서 실행에 옮기기 어려운 경우도 있지요. 목표는 가치관을 더욱 구체적이고도 행동으로 옮길 수 있는 것으로 바꾸어주며, 도파민 분비를 촉진합니다. 가치관이란 자동차를 타고 서쪽으로 달려 국토 횡단을 하고 싶다고 막연하게 생각하는 것과 비슷해요. 목표는 그 막연한 생각을 구체적이고 달성 가능한 일로 바꾸어 행동으로 옮기게 만드는 것, 그러니까 명확한 경로 같은 것이죠. 이를테면 국토 횡단이라는 막연한 생각을 실행하기 위해 덴버에 가는 것을 최초의 목표로 정하고, 그 첫 단계로 70번 주간 고속도로에 오를 수 있겠네요.

잠깐 내 이야기를 해볼게요. 나는 좋은 아버지가 되고 싶어요. 이것은 가치관이지요. 이 가치관과 긴밀히 연관된 목표는 내 아이들에게 더 깊은 관심을 기울이는 일이 될 수 있겠죠. 나는 이 목표를 실행에 옮기기 위해, 아이들과 있을 때는 이메일을 확인하지 않겠다는 계획을 세웁니다. 가치관은 방향성을 제시하지만, 그 가치관과 일치하는 목표를 세우고 그것을 실행 가능한 단계들로 나누어 실천해야만 비로소 의미 있는 무언가를 성취할 수 있습니다.

가치관과 목표 정의하기

앞서 작성한 '삶의 영역에서 가장 중요한 것' 목록에서 현재 당신이 가장 중요하게 생각하는 일을 두세 가지 꼽아보세요. 그것에는 어떤 가치관이 담겨 있나요?

....

....

....

....

....

....

....

....

....

당신의 가치관에 부합하는 방향으로 이끌어줄 목표를 구체적으로 세워보
세요.

....

....

....

....

....

....

....

우울증에 걸리기 전에 당신이 중요하다고 여긴 목표는 무엇이었나요? 그
목표는 아직도 당신에게 중요한가요? 그렇다면 지금이라도 그 목표를 이루기
위해 노력할 수 있나요? 어떻게 하면 목표를 이루기 위한 구체적인 단계들을
밟아나갈 수 있을까요?

....

....

....

....

....

....

....

....

당신이 지금 어떤 행동을 취해야 그 목표를 향해 나아갈 수 있을까요?

....

....

....

....

....

....

....

....．

두려워하는 것을 피하기보다 좋아하는 것을 선택하기

　　어떤 결정을 내릴 때마다 당신에게는 원하는 것 또는 원하지 않는 것, 좋아하는 것 또는 두려워하는 것을 결정의 기준으로 삼을 기회가 주어집니다. 두려움은 달갑지 않은 감정이지만, 어떤 사안을 마치 스포트라이트처럼 비춰줌으로써 당신에게 중요한 것을 식별하게 해줍니다. 당신이 두려워하는 것은 곧 당신이 중요하게 여기는 것이기도 하니까요. 예컨대 '나는 가까운 사람들이 나를 떠날까 봐 두려워'는 바꿔 말해 '나에게는 사람들과 가까운 관계를 유지하는 것이 중요해'라는 뜻이지요. 두 방식 모두 당신이 어떤 행동을 취할지 결정하는 데 영향을 미치지만, 그 결정이 이끄는 방향은 서로 사뭇 다릅니다.

　　예를 들어 가까운 사람들이 나를 떠날까 봐 두렵다면, 나는 (꼭 의식적으로는 아니더라도) 아예 인간관계 자체를 맺지 않기로 결정함으로써 스스로를 보호하려 들 수 있겠지요. 두려움 때문에 내린 이 결정은 실제로는 나에게 중요한 것, 바로 가까운 인간관계를 유지할 가능성을 오히려 줄이고 맙니다.

　중요한 목표를 향해 나아가겠다고 결정하는 것은 두려운 일입니다. 실패할 가능성은 언제나 있으니까요. 그러나 실패에 대한 두려움보다 성공의 기쁨에 집중하면 꼼짝도 못 하는 상태에서 벗어날 수 있습니다. 당신이 해야 할 일은 두려움보다 목표가 더 중요하다는 확신을 갖는 것뿐이에요.

◯ 두려움 대 가치관

　다음 표에 당신에게 일어나지 않았으면 하는 일(두려움의 관점)을 적어봅니다. 그런 다음 그 일에서 당신이 중요하게 여기는 점(가치관의 관점)을 중심으로 생각해보고 그 일을 당신에게 일어났으면 하는 일로 재구성해봅니다.

일어나지 않았으면 하는 일　⇨	일어났으면 하는 일
나는 직장을 잃고 싶지 않아.	나는 직장을 지키고 싶어. 나는 내 일을 좋아하고, 그 점이 나한테는 중요하니까.

일어나지 않았으면 하는 일 ⇨	일어났으면 하는 일

비용보다 가치

자동차를 한 대 산다고 가정해봅시다. 가격표를 보고 '세상에, 차 한 대 값으로는 너무 비싼데'라고 판단할 수도 있겠죠. 그렇다고 해서 그 차는 절대로 사지 말아야 할까요? 흠, 이 결정에는 두 가지 판단 기준이 작용합니다. 구입하는 데 드는 비용이 얼마인가, 그리고 구입을 통해 내가 무엇을 얻을 수 있는가? 비용에 초점을 맞출수록 가치 있는 무언가를 얻는 일은 더 어려워지지요.

가치 있는 모든 것에는 비용이 따릅니다. 돈뿐 아니라 시간, 노력 그리고 위험부담까지도 모두 비용에 해당하지요. 그러니 비용만 따져 무언가를 선택한다면 당신이 간절히 원하는 걸 얻기는 아주 어렵겠죠. 간절히 원하는 것일수록 큰 비용이 따를 테니까요.

우울증에 사로잡혀 있을 때는 모든 것에 많은 비용이 든다고 느낄 수 있어요. 하나같이 어렵고 에너지가 많이 필요해 보이죠. 당신이 좋다고 생각하는 것에 대해 결정을 내리지 못하고 멈춰 있는 느낌이 든다면, 그 결정에 따르는 혜택을 모두 적어보세요. 단, 비용이 아니라 가치에 집중해서 말이죠.

좋아하는 게 뭔지는 분명히 알겠는데 그 마음을 따라 결정하기가 어려웠던 경우를 떠올려보세요. 그 결정으로 얻게 될 혜택들을 목록으로 만들고, 그것들을 충분히 이해하려 노력해보세요.

그 결정으로 얻게 될 혜택들이 당신에게 중요한가요? 그렇다면, 그 혜택을 얻을 만한 다른 방법이 있나요? 다른 방법이 없다면 그 결정을 내리는 일이 비록 어렵더라도 당신에게 주어진 분명한 기회임을 잊지 마세요.

최선의 결정보다 그럭저럭 괜찮은 결정

프랑스의 작가 볼테르는 "최선은 선의 적이다"라고 썼습니다. 언제나 가장 좋은 결정 또는 완벽한 결정만을 목표로 삼는다면, 아무 결정도 못 내리고 그 자리에 멈춰버리기 쉽죠.

이 말은 언뜻 앞뒤가 맞지 않게 들릴지 모르지만, 꼼짝없이 멈춰 있는 상태에서는 최선의 결정을 내리려는 태도에 맞서야 합니다. 그냥 그럭저럭 괜찮은 결정을 내리세요. 다시 말해, 가장 행복해지려고 하지 말고 그냥 행복해지려고 노력하는 거죠.

항상 최선의 결정을 내리려고 하는 유형을 **극대화하려는 사람**maximizer으로 정의하는데, 이들은 심한 우울증에 빠지기 쉽습니다. 연구 결과에서도 극대화는 시간이 흐르면서 긍정적 감정을 줄이고 부정적 감정을 높이는 것으로 나타났습니다.[98] 최선의 결정을 내리기가 불가능할 때조차 그런 결정을 내리려 애쓰고, 이미 좋은 것을 발견한 뒤에도 또 다른 대안을 계속해서 찾으려는 극대화 성향이 우울증을 불러오는 것이지요.

중요한 것은, 극대화란 단순히 판단 기준을 높이 설정하는 것과는 다르다는 데 있습니다. 기준 자체가 높은 것은 괜찮습니다. 그것 때문에 우울증이 심해지지는 않아요. 그만하면 충분히 좋다고 받아들이는 것이 기준을 낮추는 것을 의미하지는 않습니다. 그야말로 충분히 좋으니까 충분히 좋다고 느끼는 것이죠.

당신이 생각하기에 스스로 최선의 결정을 빠르고 쉽게 내린다고 생각할 수 있다면 그 자체로 아주 좋습니다. 그렇게 하세요. 하지만 최선의 결정이 아예 존재하지 않을 때도 많습니다. 어느 결정에든 장단점은 있어요. 우리가 받아들여야만 하는 현실이죠. 우리가 모든 것을 완전히 통제할 수 없음을 받아들여야 하는 것과 마찬가지로요. 어떤 결정이든 장점과 단점이 따르지만, 어느 누구도 당신에게 무엇이 더 중요하다고 말할 수는 없어요. 당신이 직접 선택해야 하죠.

결정하기 어렵다는 것은 그 결정 하나에 당신에게 중요한 많은 것이 걸려 있음을 의미해요. 그러니 거꾸로 중요한 단 한 가지만 생각한다면 결정도 쉬워지겠죠. 그러면 비록 원하는 모든 것을 얻지는 못하더라도, 가장 중요한 것을 향해 앞으로 나아갈 수는 있습니다.

지금 당신이 결정하려는 일에서 가장 중요한 측면은 무엇인가요? 그 결정을 통해 당신은 어떤 결과를 기대하나요?

의사결정 전략

우울증에 걸린 사람들은 적응적 의사결정 전략보다 부적응적 의사결정 전략을 더 많이 쓰는 경향이 있습니다.[99] **적응적 의사결정**이란 요컨대 무언가를 결정할 때 스스로 목적을 분명히 알고 어떤 선택지가 있는지 인식하는 것을 뜻합니다. 그와 반대인 부적응적 의사결정에는 크게 과잉 경계, 책임 회피, 미루기의 세 가지 유형이 있습니다.

○   **부적응적 의사결정**

부적응적 의사결정의 세 유형을 소개합니다. 각 유형 중에 당신에게 해당하는 것이 있다면 빈칸에 체크 표시를 하세요.

부적응적 의사결정	예	당신이 사용하는 전략
과잉 경계	나는 뭔가가 잘못될까 봐 너무 걱정하다가 결국 성급하거나 충동적인 결정을, 그것도 이전에 해온 방식과 모순되는 결정을 내릴 때가 많아.	
책임 회피	나는 누가 나 대신 결정을 내려주면 더 좋겠어. 그러면 내가 결과에 책임지지 않아도 될 텐데.	
미루기	나는 대체로 마지막 순간이나 너무 늦어 버릴 때까지 결정을 미뤄.	

부적응적 의사결정을 한다고 자신을 탓해봐야 아무 소용없어요. 그냥 앞으로는 적응적 의사결정을 하려고 더 많이 노력하면 됩니다. 의사결정 전략을 개선하는 데 초점을 맞춘 치료법들은 우울증을 완화하는 데에도 효과가 있음이 입증되었지요.[100] 적응적 전략을 사용하여 의사결정을 내리는 비결[101]을 소개하겠습니다.

적응적 의사결정

1단계. 생각 정리하기. 먼저 당신이 결정해야 할 일을 생각합니다. 다음 표에서 왼쪽 칸에는 결정해야 할 사안에 대해 현실적으로 선택 가능한 모든 방안을 열거해보세요. 당장은 그 결정이 좋은 것인지 아닌지 판단하지 마세요. 모든 가능성을 열어놓고 생각해보세요.

• **결정해야 할 일**

현실적 방안	순위

현실적 방안	순위

2단계. 순위 매기기. 1단계에서 열거한 방안들의 순위를 표의 오른쪽 칸에 씁니다. 가장 마음에 드는 것을 1순위로 하고, 이어서 차례로 순위를 매기세요. 가장 마음에 드는 방안이 만족스러운가요? 그렇다면, 좋습니다! 이제 끝났어요. 만족스럽지 않다면 3단계로 이어갑니다.

3단계. 거르기. 1순위와 2순위의 방안을 검토합니다. 다음 표의 해당 칸에 두 방안을 나란히 적고 각각의 장단점을 비교해봅니다.

방안 1		방안 2	
장점	단점	장점	단점

4단계. 결정 또는 재고. 두 가지 방안 중에서 어떤 것을 고를지 정했나요? 혹시 2단계에서 매겼던 순위가 바뀌었나요? 어느 쪽이든 축하합니다. 당신은 드디어 결정을 끝냈어요!

감정이 아니라 행동에 집중하기

우리 뇌에는 전전두피질이라는 아주 멋진 영역이 존재합니다. 그 것 덕분에 미래를 내다볼 수 있고 잘못될 가능성이 있는 것을 앞서서 예상할 수 있지요. 부정적인 결과에 미리 대비할 때 전전두피질은 우리에게 축복이 돼요. 그러나 걱정과 우유부단의 하강 나선에 갇혀 있을 때 그것은 저주가 되기도 합니다.

걱정을 하면 순간적으로는 불안이 줄지만, 장기적으로는 별 도움이 안 됩니다. 걱정은 행동이 아니라 생각과 감정에 초점을 맞추기 때문이죠. 아무 행동도 하지 않는다면 당신은 그 자리에 꼼짝없이 갇히고 말죠. 앞으로 나아가기 위해 꼭 걱정을 멈추어야 하는 건 아니에요. 걱정에 적절히 대응만 하면 됩니다. 걱정을 할 때는 전전두피질에서도 특히 자기 자신에게만 주의를 기울이는 자기초점과 관련된 부위가 활성화되지만, 구체적인 행동을 계획할 때는 전전두피질 중에서도 뇌의 행동 중추인 선조체에 더 가까이 연결되어 있는 부분이 활성화됩니다.

그뿐 아니라 대부분의 사람은 기분 좋은 결정을 내릴 때까지 계속해서 그 일에 관해 생각합니다. 그러다 보면 선택의 기준만 자꾸 높아지지요. 우울증 상태에서는 더욱 그럴 수밖에 없는 것이, 아무리 생각을 많이 한다고 해도 마법처럼 기분이 좋아지는 일은 좀처럼 없기 때문이죠.

바로 그렇기 때문에 의사결정에서는 행동이 가장 중요합니다. 어디로 가야 할지 모르겠다면, 일단 어느 쪽으로든 움직여야 합니다. 물론 지금 있는 자리에서 당신의 처지를 곰곰이 생각하고 상황을 제대로 파악하는 것이 올바른 방향을 찾아가는 데 도움이 될 수도 있겠죠. 하지만 그렇게 해도 답이 나오지 않는다면 시간만 낭비하는 셈입니다. 해결책을 모르겠다고요? 어느 쪽이든 방향을 정해서 일단 움직이세요.

당신의 행동에는 미래를 바꿀 힘이 있습니다. 미래에 긍정적인 효과를 미치거나, 적어도 결정에 한 발짝 더 가까이 다가가게 하는 일 중에서 지금 당장 할 수 있는 행동 한 가지를 적어보세요.

....

....

....

....

....

....

....

걱정에 대처하는 또 하나의 방법은 일어날 가능성이 있는 미래의 일에 대비해 구체적인 계획을 세우는 것입니다. 이른바 조건-실행 계획if-then plans으로, 'X라는 일이 생기면 나는 Y를 실행할 거야'라고 생각해두는 것이죠. 운동 코치가 팀의 경기 전략을 짜는 것이나 장수가 전투에 대비해 전략을 짜는 것과 비슷합니다. 장차 겪을 일을 미리 다 알 수는 없지만, 갖가지 상황에 대처할 방법을 미리 계획한다면 미래를 훨씬 더 잘 준비할 수 있겠지요.

걱정에 대처하기

당신이 걱정하는 일은 무엇이며, 그 일이 벌어졌을 때 대처할 방법은 무엇인가요? 현재 걱정하는 일을 정리하고, 그 일이 일어날 경우 당신이 취할 수 있는 행동을 적어보세요.

걱정	대처법

한 번에 한 가지 목표에만 집중하기

때로는 하나의 목표가 또 다른 목표를 방해하기도 합니다. 두 목표가 비슷한 비중으로 중요하다면 그것들은 당신을 동시에 서로 다른 방향으로 끌고 가려고 할 것이고, 그러면 당신은 이도 저도 못 할 수 있지요. 그래도 괜찮습니다. 누구에게든 중요한 일은 한 가지가 아니라 여러 가지이니까요. 다만, 동시에 두 가지 일을 건성으로 하는 것보다는 우선 한 가지 일에 온전히 집중해서 처리한 뒤 또 다른 일로 넘어가는 것이 좋습니다.

어떤 목표를 다른 목표보다 우선시해야 할 이유가 분명할 때가 있는가 하면, 별 이유 없이 그냥 하나를 먼저 선택해야 할 때도 있습니다. 때로는 어느 쪽이든 상관없는 것을 고를 때가 가장 어렵지요.

실제로 멀티태스킹이 생산성을 방해한다는 연구 결과도 있습니다. 한 번에 여러 가지 일을 하려 하거나 이런저런 과제를 한꺼번에 처리하려다 보면 생산성뿐 아니라 일에 대한 만족도도 떨어집니다.[102] 지금 당장 해야 할 목표나 과제를 한 가지 선택하고, 오로지 그것에 집중하고 노력을 쏟아부으세요. 그 일을 끝낸 뒤에 다음 과제로 넘어가세요.

작은 과제 완수하기

그동안 해야 하지만 미루고 있었던 사소한 일들을 적어봅니다. 순서는 중요하지 않아요.

이제 첫 번째 할 일을 시작합니다. 집중을 위해 시간제한을 두고 타이머를 설정하세요. 시계와 경주를 한다고 생각하고 일을 시작해보세요. 제한 시간을 넘겼더라도 과제를 완수하고 난 뒤에는 해당 칸에 체크 표시하세요. 그 활동만으로도 도파민이 분비됩니다. 이후로 시간이 날 때마다 표에 적은 일을 계속해나가고 완수해보세요.

과제	제한 시간	완수

목표가 기분을 바꾼다

일반적으로 우리의 행동은 현재 감정에 따라 결정됩니다. 먹고 싶은 느낌이 들면 먹지요. 일하고 싶은 기분이 들면 일을 합니다. 그런데 이것이 우울증에서는 큰 문제가 됩니다. 우울증 상태에서는 전반적으로 아무것도 하고 싶지 않기 때문이죠. 도움이 될 만한 최소한의 일조차도 하고 싶지 않잖아요.

바로 이럴 때 막강한 효과를 내는 것이 목표를 설정하는 일입니다. 목표는 실제로 우리의 기분을 바꿀 수 있어요. 단, 그 목표는 명확하고 구체적이어야 하며 당신은 그 목표를 위해 행동을 취해야만 합니다.

목표는 뇌가 정보를 체계화하도록 도움으로써 전전두피질이 더 명확한 지시를 내리고 동기를 자극하게 해줍니다. 또한 뭔가를 성취하면 측좌핵이 반응하기 때문에 목표를 향한 진전과 완수가 더욱 즐겁고 보람된 일이 되지요.

일정표에 기록하기

어떤 일을 시작하기에 아주 좋은 방법은 일정표나 달력에 적는 것입니다. 그 행위가 일의 순서를 처음부터 다시 설정해줍니다. 당신이 누군가와 함께 시간을 보내고 싶다면 언제가 좋을지 생각만 하지 말고 먼저 나서서 만날 약속을 제안하고 시간을 정한 뒤에 일정표에 적어두세요. 그렇게 하면 그 계획은 현실이 됩니다. 2장에 제시한 활동 일정표나 당신이 평소에 쓰는 다이어리를 이용해보세요.

이와 비슷한 원리로 할 일 목록을 만드는 것도 동기부여에 유용하지요. 만약 당신이 목표를 불분명하고 불완전하게 세우는 편이라면, 할 일 목록을 만드는 것으로 그런 성향을 보완할 수 있습니다. 지금 당신의 할 일 목록에 새로

추가할 일이 생겼네요. '할 일 목록 만들기' 말이에요.

할 일 목록은 구체적이고 달성 가능한 일로 채워야 합니다. 구체적인 일이란, 미래의 어느 시점에 그 일을 완수했다고 체크 표시할 수 있는 일을 말합니다. 달성 가능한 일이란 비교적 짧은 기간 안에 유의미한 진전을 확신할 수 있는 일을 뜻하고요. 당신이 해야 할 어떤 일이 구체적이지 않다면 더 정확하게 그 일을 정의해보고, 달성 불가능한 일로 여겨진다면 그 일을 더 쉽게 이룰 수 있는 작은 단계로 나눠보세요.

목표를 세분화하기

우선 당신이 달성할 수 있는 작은 목표를 세웁니다. 아주 사소한 일이라도 제대로 완수하면 측좌핵에서 도파민이 분비됩니다. 작은 목표라도 일단 성취하고 나면 발전한 기분과 달성의 뿌듯함을 느낄 수 있지요. 그리고 다소 큰 목표도 작은 단위로 나누어보면 좀 더 쉽게 감당할 수 있답니다.

내가 달성하고픈 목표

다소 벅차더라도 다음 주 또는 다음 달까지 꼭 이루고 싶은 커다란 목표를 하나 정해보세요.

목표 : ....

그 목표를 좀 더 달성하기 쉬운 작은 목표 또는 과제들로 나눠봅니다.

과제 1. ....

과제 2. ....

과제 3. ....

과제 4. ....

과제 5. ....

각각의 작은 목표 또는 과제 중에서 더 작게 세분화할 단계가 있나요?

과제 1의 세부 단계: ....

....

....

....

과제 2의 세부 단계: ....

....

....

....

과제 3의 세부 단계: ....

....

....

....

과제 4의 세부 단계: ....

....

....

....

과제 5의 세부 단계: ....

....

....

....

다음 주 또는 다음 달에 완수할 목표를 위해 곧바로 작업을 시작한다면, 지금부터 한 시간 안에 어느 단계까지 해낼 수 있을지 다음 빈칸에 써보세요 (빈칸을 두 줄만 만든 데는 이유가 있어요. 한꺼번에 모든 걸 다 하려고 들지 않도록 주의하세요).

1. ....

2. ....

지금까지 쓴 것을 목표 달성을 위한 할 일 목록으로 활용하세요. 목표를 향한 단계를 하나씩 완수할 때마다 스스로에게 별 스티커를(아니면 그냥 체크 표시라도) 붙여주세요.

노력에 집중하기

목표, 특히 큰 목표를 이루고자 할 때는 완수 여부보다 노력에 집중하는 편이 좋습니다. 결과가 어떻게 나올지는 당신이 통제할 수 없어요. 그래서 결과에 연연하다 보면 스트레스가 쌓이기도 하고 그 일을 하는 데 필요한 동력을 빼앗길 수도 있습니다. 그러나 당신의 노력은 당신이 통제할 수 있지요. 목표를 향해 가는 데 어느 정도 탄력이 붙으면, 그때는 일을 완수하는 데 집중함으로써 더 많은 도파민이 분비되게 할 수도 있어요.

노력에 집중하기에 아주 효과적인 방법으로 포모도로 테크닉이 있습니다. 프란체스코 치릴로라는 이탈리아 사람이 개발한 방법이죠. 그가 사용한 타이머가 토마토 모양이어서 이탈리아어로 토마토를 뜻하는 **포모도로**pomodoro라는 이름이 붙었답니다. 다음은 포모도로 테크닉을 활용해 노력에 집중하는 연습법입니다.

◯ 포모도로 테크닉

당신이 해내고 싶은 커다란 목표를 생각해보세요. (바로 앞의 '내가 달성하고픈 목표' 항목에 적었던 것도 좋습니다.) 그 목표로 나아가는 데 필요한 세부 단계를 한 가지 떠올려보세요.

타이머를 25분에 맞춥니다. 그리고 당신이 떠올린 일을 시작합니다. 25분은 유의미한 진전을 이루기에는 충분히 길지만, 그 일을 안 하려고 이런저런 핑계를 갖다 붙이기에는 아주 짧은 시간이죠. 25분 동안 이메일 확인이나 간식 먹기 따위는 잊어버리세요. 나중에 해도 충분한 일이니까요.

일이 얼마나 진척됐는지는 중요하지 않습니다. 그냥 25분 동안 한 가지 일에 집중했으면 그걸로 성공이에요. 타이머가 울릴 때 자신을 한번 칭찬해주고, 종이에 그 일을 끝마쳤다는 표시를 하는 식으로 눈에 보이는 증거를 만들어두세요. 당신은 해낸 거예요! 그런 다음 5분 동안 쉬면서 긴장을 풀어주세요. 이렇게 25분 일하고 5분 쉬는 과정을 연속해서 3~4번 반복한 다음에는 긴 휴식을 취합니다(30분에서 1시간 정도). 별것 아닌 일로 보인다고요? 내가 이 책을 쓸 수 있었던 것도 바로 이 방법 덕분이랍니다.

계획 세우기 전에 우선 티켓부터 끊기

당신이 전 세계 어디로든 여행을 떠날 수 있다고 상상해보세요. 파리나 도쿄, 마추픽추에도 갈 수 있고 열대 지역의 해변에 앉아 칵테일을 마실 수도 있어요. 이런 가능성은 짜릿할 수도 있지만 버겁기도 할 거예요. 그러나 어느 쪽이든 일단 목적지를 정해야 구체적인 내용들을 놓고 들뜰 수도 있겠지요.

프랑스어나 일본어 공부를 다시 시작해야 할까요? 비옷이나 선글라스를 새로 사는 건 어때요? 이처럼 하고 싶은 일을 선택하거나 그 일을 생각하며 들뜬 기분을 맛보려면 일단 계획을 향한 구체적인 단계를 먼저 밟아야 해요.

룰렛의 관점에서 생각해보면 들뜬 기분을 이해하기 쉽겠네요. 판돈을 걸기 전까지는 어떤 숫자가 나오더라도 당신을 들뜨게 하지 못하잖아요. 이것이 바로 결정, 목표, 전념, 결과가 즐거움과 손실감을 가져다주는 방식이에요. 실제로 판돈을 걸고 상황이 움직여야만 당신은 더 많은 감정과 감각을 느끼기 시작합니다. 그 느낌이 항상 좋지만은 않을 거예요. 하지만 그런 게 바로 삶이죠.

당신이 신나고 들뜬 기분을 느끼고 싶다면 구체적인 목표를 정하고 실제로 행동에 옮겨야만 해요. 이것을 당신의 배낭을 담 너머로 집어 던지는 일로 생각해볼 수도 있어요. 심리학자 탈 벤 샤하르가 만든 개념인데, 일단 당신의 물건을 모두 담 너머로 던져놓으면 당신도 그 담을 넘지 않을 도리가 없다는 뜻이죠. 당신이 담 너머로 갈 방법을 찾는 데 전념하는 사이, 당신의 뇌는 행동은 하지 않고 이것저것 머릿속으로 재기만 하던 때와는 아주 다른 방식으로 상황을 다루게 됩니다. 측좌핵에서 도파민이 분비되어 당신이 계속 목표를 향해 나아가도록 동기를 불어넣지요. 하지만 어쨌든 첫걸음을 떼는 것은 당신에게 달려 있어요. 말보다는 행동이 주는 울림이 더 큰 법이죠. 특히 행동은 스스로에게 더 분명한 메시지를 전달합니다.

자, 그럼 당신이 어떤 결정을 현실로 받아들이려면 어떻게 해야 할까요? 그 결정을 실행할 장소로 가는 티켓을 사야 합니다. 그리고 그 일을 일정표에 적으세요. 할 일 목록에도 포함시키고요. 당신만의 공간(침실이든 직장이든)에 그 계획을 떠올리게 하는 물건을 놓아두세요. 그 계획과 관련된 책을 사세요. 친구에게도 계획을 알리세요. 예약을 하세요. 누군가에게 함께 하자고 제안해 보세요. 무엇을 하든, 당신의 계획을 그저 무시하고 넘어갈 만한 생각으로 남겨두지 마세요. 계획을 현실로 만드는 거예요!

반드시 해야 하는 일은 없다

어떤 일에서 순식간에 재미를 싹 없애는 방법을 알려줄까요? 바로 그 일을 의무로 만드는 것입니다. 어떤 일을 하려는데 '**하는 게 맞다**'거나 '**해야 만 한다**'거나 '**해야 할 텐데**'라는 생각이 들면서 의욕이 꺾인다면, 표현을 바꿔서 다시 생각해봅시다.

해야 한다는 생각의 틀 바꾸기

다음 표의 왼쪽 칸에는 당신 스스로 반드시 해야 한다고 생각하는 것들을 적어보세요. 그리고 오른쪽 칸에는 그 일에서 '해야 한다'는 생각을 걷어내고 '하고 싶은 것'으로 다시 써보세요.

해야 하는 것 ⇨	하고 싶은 것
나는 운동할 의욕을 더 끌어올려야 해.	나는 운동을 더 열심히 하고 싶어.
내 수면 위생을 개선해야만 해, 안 그러면 계속 기운을 못 차릴 거야.	내 수면 위생을 개선하고 싶어, 그러면 기운을 다시 차릴 수 있을 거야.

해야 하는 일에 대해 생각하기를 멈추면, 당신이 정말 하고 싶은 일을 더 쉽게 알아낼 수 있습니다. 알고 보면, 그 둘은 일치하는 경우가 많아요.

상상할 수 있는 최고의 자기 모습 그리기

가능한 최선의 결과를 생각해보는 것이 꽤나 유익할 때가 있습니다. 스트레스를 초래하는 어려운 결정을 내릴 때 말고, 당신의 미래를 그려볼 때가 그렇지요. 상상할 수 있는 최고의 자기 모습을 글로 써보는 활동은 트라우마 극복과 기분 전환, 우울증 증상 감소에 효과적입니다.[103] 그 효과 중 일부는 몇 달 동안 지속될 수도 있고요.

이 활동이 효과적인 이유는 그 과정에서 전전두피질이 활성화되어 자기 모습뿐 아니라 모든 일이 잘되는 상황을 상상하기 때문이에요.[104] 다른 사람들에 비해 이런 상상을 하는 것을 특히 어려워하는 사람에게는 바람직한 미래를 자꾸 머릿속에 그려보는 연습이 더더욱 중요하죠.

최고 상태의 나는 어떤 모습일까

지금부터 6개월 뒤에 당신의 모습이 어떨지 떠올려보세요. 모든 일이 더할 나위 없이 잘되었다고 상상하는 거예요. 열심히 노력해서 목표를 이루는 데 성공한다면 어떤 느낌일지, 그걸 이루기 위해 당신이 그동안 무엇을 했을지 생각해보세요. 지금부터 타이머를 10분으로 맞춰놓고, 당신이 상상한 것을 써보세요.

"벌써 이 책을 3분의 2나 읽었어요"

목표를 세우는 일이 영 불편한가요? 음, 그것은 당연히 불편한 일이에요. 그러나 편하게 여기는 일만 하는 것은 선조체를 따르는 일이고, 그것은 당신을 지금 그 자리에 꼼짝없이 가두고 맙니다. 다행히도 당신이 언제나 선조체의 말을 들어야 하는 것은 아니에요. 선조체가 아주 크게 고함을 치고 있다고 해도 당신은 새로운 선택을 할 수 있어요.

당신에게 중요한 것이 무엇인지 생각해보세요. 당신에게 영감을 불어넣을 수 있는 커다란 목표를 세워보세요. 너무 버겁다고요? 그러면 아주 작은 목표부터 세워보세요.

한꺼번에 모든 걸 해내려고 하지는 마세요. 한 걸음씩 천천히 나아갑시다. 결정을 내리고, 구체적인 목표를 세우고, 그 목표를 향해 행동하세요. 그것이 바로 위대한 일들이 성취되는 방식입니다. 또한 당신이 이 책을 따라 읽으며 실천해온 방식이고요. 자, 보세요. 당신은 벌써 이 책을 3분의 2나 읽었잖아요! 이렇게 당신의 상승 나선은 계속 작동할 거예요.

마음챙김과 받아들임

내가 아주 좋아하는 드라마 시리즈가 있습니다. 그 드라마에서 용들의 어머니 대너리스 타가리옌은 성급하게 전쟁을 일으키고 싶어 하지만 그러면 상황이 더 악화될지도 모른다는 말을 듣고 조언자에게 묻습니다. "그러면 당신은 내가 무엇을 하기를 바라나요?"

조언자는 대답합니다. "아무것도요. 때로는 아무것도 하지 않는 것이 가장 어려운 일이죠."

이 책의 대부분은 당신의 기분이 더 나아지도록 스스로 할 수 있는 일들에 관해 이야기하고 있지만, 때로는 당신이 아무것도 할 수 없다는 사실을 인정해야 합니다. 게다가 항상 감정을 바로잡으려 애쓰다 보면 오히려 기분만 더 나빠질 수 있고요. 우리는 감정을 고칠 수 없습니다. 그것은 애초에 고장 난 것이 아니니까요. 자신의 감정을 그냥 느끼는 대로 받아들이지 않고 무조건 고치려 노력하는 것은 그 자체로 문제가 됩니다.

부정적인 감정을 받아들이는 법을 배우는 것은 우울증의 부정성을 물리칠 아주 강력한 수단입니다. 순간순간의 감정에 휘둘리기보다는 의도에 따라 행동할 수 있게 해주기 때문이지요. 받아들임은 매사가 이러이러해야 한다는 것을 받아들인다는 의미가 아니라, 그냥 있는 그대로 받아들이는 것을 뜻해요.

현재 상태를 받아들이는 것은 마음챙김을 도와주고, 마음챙김은 다시 지금 이 순간을 쉽게 받아들이도록 해줍니다. 마음챙김이란 당신이 마치 노예가 된 것처럼 모든 대상에 마구잡이로 주의를 빼앗기지 않고, 한 가지 대상에 집중하도록 안내하는 과정입니다. 당신 스스로 주의를 빼앗기고 있음을 자각하고 그것을 그저 제자리로 돌려놓는 것도 마음챙김이지요. 마음챙김은 하강 나선을 예방하는 데 도움이 되는 방식으로 전전두피질과 변연계의 의사소통을 조절해줍니다.

이번 장에서는 당신의 감정을 바로잡기 위해 뭔가 해보라고 하는 대신, 당신이 주의를 집중하도록 도울 것입니다. 또 당신이 지금 이 순간에 존재한다는 것을 거리낌 없이 받아들일 수 있는 방법을 알려줄 거예요. 이 방법은 따라하기 가장 까다로운 반면, 효과는 가장 강력하답니다.

받아들임은 체념이 아니다

언젠가 한 요가 선생님이 했던 말을 잊을 수가 없어요. "명확한 한계, 무한한 자유." 당신이 일단 할 수 없는 일, 통제 불가능한 것이 무엇인지 인정하고 나면 그것으로부터 자유로워져서 할 수 있는 일에 집중할 수 있게 됩니다. 자신의 한계를 받아들이면 그 한계는 더 이상 당신을 가두지 못해요.

여기서 받아들임은 체념과는 전혀 달라요. 체념은 자신의 처지나 사태가 돌아가는 방식이 마음에 들지 않으면서도 그 상황을 바꾸려는 일 자체를 포기

한 상태죠. 이와 대조적으로, 받아들임은 현재 상황을 판단하지 않고 인정하는 것입니다.

다음 문장을 몹시 화가 난 목소리로 읽어보세요. "내가 이런 상황에 있다는 게 맘에 안 들어. 여기서 도저히 벗어날 수 없을 것 같아!" 이어서 같은 문장을 체념한 목소리 또는 다른 부정적인 감정이 실린 목소리로 읽어보세요. 그리고 마지막으로 아무 감정을 싣지 말고, 그냥 하나의 사실을 진술하듯 다음 문장을 읽어보세요. "이런 상황에서 내가 할 수 있는 일은 없어." 이것이 받아들임입니다.

받아들임과 뇌

전전두피질의 주요 임무 중 하나는 스트레스 상황을 통제하려고 애쓰는 것입니다. 당신이 스트레스를 주는 사건을 통제할 수 있다고 생각할 때, 당신의 뇌는 그 상황에 적절하게 반응하는 것을 돕기 위해 노르에피네프린을 분비합니다. 하지만 그 사건이 당신의 통제 밖에 있는 일이라면 어떻게 될까요?

통제 불가능한 스트레스에 관한 연구에 따르면, 참가자들이 자기 삶을 통제하지 못한다고 느낄수록 전전두피질에서 인지 통제 기능을 담당하는 부위가 더 활성화되는 것으로 나타났습니다.[105] 있는 그대로를 받아들이지 못하면 부정적인 감정처럼 스스로 통제할 수 없는 것까지도 자꾸 통제하려고 애쓰게 되는 것이지요.

그러나 일단 스트레스 요인을 통제하려는 노력을 멈추면, 계획을 담당하는 전전두 영역들도 그 일에서 손을 뗍니다. 이길 수 없는 싸움에서 마침내 벗어나는 거예요. 이것은 후퇴가 아니라 재정비의 과정으로, 실제로 스트레스를 줄여줍니다. 또한 잘 받아들이는 사람은 심박변이도가 상대적으로 높은데, 높은 심박변이도는 투쟁-도피 스트레스 반응이 줄어든 것과도 상관관계가 있지요(4장 참고).[106] 게다가 부정적인 감정을 받아들이면 전전두피질의 감정 영역이 변연계를 더 잘 조절하게 해줍니다.[107] 부정적인 사건들을 통제하려는 욕구를 내려놓는 일은 언뜻 대수롭지 않아 보이지만, 상황에 따라서는 막강한 효과를 발휘하기도 합니다.

통제할 수 없는 것을 통제하려는 노력을 그만두는 것은 포기가 아니라 받아들임입니다. 당신이 받아들이든 말든, 통제할 수 없다는 사실은 변하지 않기 때문이지요. 받아들임은 당신이 불가능한 일을 해내려고 헛된 노력을 계속하는 것을 멈추게 해줍니다.

그러나 통제 가능한 일까지 받아들이는 것은 전혀 다른 이야기입니다. 그건 도움이 안 되는 일이에요. 당신이 잘못된 인간관계를 유지하거나 싫어하는 직장에 다니고 있다면, 받아들이는 것이 꼭 최선은 아니에요. 그럴 때 가장 좋은 해결책은 그 상황을 바로잡는 것이죠. 인간관계에서 발생한 문제를 해결하거나 아예 그 사람과 헤어질 수도 있고, 다니는 직장에 작업환경 개선을 요구하거나 새 직장을 구해야겠지요.

문제는 당신이 뭔가 잘못되었다고 판단한 일을 무작정 바로잡으려고만 들 때 발생합니다. 때로는 부정적인 감정처럼 통제 불가능하고 바로잡을 수 없는 것과 충돌할 수 있으니까요. 그럴 때 당신은 어떻게 해야 할까요? 받아들이는 법을 배워야 합니다. 이때 마음챙김이 도움이 됩니다.

마음챙김은 명상이 아니다

많은 사람이 마음챙김과 명상을 혼동하지만, 그 둘은 서로 다릅니다. 명상은 마음챙김을 실천하는 수단 중 하나이며, 그것 말고도 수련 방법은 많습니다. 마음챙김에서는 무엇을 하는지보다 어떻게 하는지가 중요합니다. 마음챙김은 당신의 주의를 지금 이 순간으로 돌려놓는 과정인데, 여기에는 신체적, 심리적, 감정적 경험이 포함됩니다.

　당신이 물 한 컵을 들고 빙빙 돌리고 있다고 상상해보세요. 잠시 동작을 멈춰도 물은 컵 속에서 여전히 빙빙 돌겠죠. 그것을 멈추려면 물컵을 반대 방향으로 돌려야 할까요? 아닙니다. 그러면 오히려 문제가 더 커질 가능성이 크죠. 그냥 물컵을 내려놓고 컵 속의 물이 저절로 멈출 때까지 가만히 기다리는 게 최선이에요. 돌고 있는 물을 멈추려는 행동을 줄이면 물은 금세 잔잔해질 겁니다. 당신의 뇌 속을 휘돌고 있는 생각과 감정도 이와 마찬가지입니다. 내버려두는 것이 최선인 경우가 많지요. 이것이 왜 그토록 중요할까요?

마음챙김이 뇌와 몸에 미치는 효과

마음챙김 수련은 불안과 스트레스, 우울증을 줄이고 안녕감을 높이며 명료한 사고를 촉진하는 것으로 입증됐습니다.[108, 109] 이렇게 광범위한 혜택이 따르는 이유는 마음챙김이 아주 다양한 신경 회로에 영향을 미치기 때문이에요.

　구체적으로는 전전두피질, 전방대상피질 그리고 섬엽이 주로 마음챙김 수련의 영향을 받습니다.[110] 그리고 선조체도요. 마음챙김 수련을 일주일만 지속해도 전전두피질의 감정 영역과 인지 영역, 그리고 전방대상피질과 섬엽의 활동이 촉진됩니다.[111] 즉 감정 조절, 충동 억제, 현재를 자각하는 능력이 증진되는 것이죠. 그보다 더 즉각적으로 나타나는 효과도 있습니다. 예를 들어 전방대상피질의 신경 회로들에서는 수련 후 겨우 몇 시간 만에 변화를 관찰할 수 있습니다.[112] 이 변화는 특정 신경 회로들이 강화되었다는 것을 보여줍니다. 신경가소성을 증명한 실례인 셈이죠.

마음챙김은……

- **감정의 반응성을 떨어뜨립니다.** 스스로 감정을 자각하기만 해도 전전두피질이 편도체의 자동적 반응을 진정시키는 데 도움이 됩니다.[113] 시간이 흐를수록 전전두피질이 편도체를 점점 더 잘 달래게 되어, 압도적인 감정들의 강도를 떨어뜨립니다.[114]

- **보상 회로를 강화합니다.** 뇌는 흥분과 실망 사이를 그네처럼 오락가락하는 경향이 있고, 이럴 때 실망은 즐거움과 관련된 측좌핵의 활동성을 떨어뜨립니다.[115] 그 움직임이 격해지면 하강 나선을 촉발할 수 있는데, 마음챙김 수련은 그렇게 들쭉날쭉한 움직임을 완만하게 바꿔줍니다.

- **기분을 끌어올립니다.** 마음챙김 수련은 기분을 향상시키고 우울증 증상들을 개선하는 것으로 증명됐습니다.[116,117] 또 여러 연구를 대규모로 분석한 결과, 마음챙김에 기반한 개입법들이 우울증의 다른 치료법들만큼 효과적이라는 것이 밝혀졌지요.[118]

- **스트레스를 줄여줍니다.** 마음챙김은 심박 수, 혈압, 기분, 불안에 상당히 중요하게 작용합니다.[119] 이는 마음과 주의 집중이 몸에 어떻게 영향을 미치는지 잘 보여주지요. 마음챙김 수련을 하는 도중에는 스스로 억누르려는 감정을 자각하면서 스트레스를 받기도 하지만, 그 감정을 그대로 받아들이고 나면 실제로 스트레스 상황에 맞닥뜨렸을 때 스트레스 호르몬인 코르티솔 분비를 줄일 수 있습니다.[120]

- **나쁜 습관을 고쳐줍니다.** 마음챙김은 흡연을 비롯하여 중독으로 이어지는 나쁜 습관을 고치는 데 유익한 것으로 밝혀졌습니다.[121] 나쁜 습관은 대개 자신의 의지와 상관없이 되풀이되는 경향이 있어서, 하고 싶다는 충동이 일자마자 저절로 행동에 옮기게 되지요. 마음챙김은 충동과 행동 사이에 숨 돌릴 틈을 만들어줌으로써 나쁜 습관을 의도적인 행동으로 대체하도록 돕습니다.

- **명료한 사고를 증진합니다.** 마음챙김 수련은 명료한 사고를 증진시키고, 어려운 과제를 수행할 수 있도록 정신을 단련해줍니다.[122] 이 효과는 주의가 산만한 사람에게서 가장 강력하게 나타납니다.

- **증상의 재발을 방지합니다.** 마음챙김 수련은 여러 증상의 재발 가능성을 크게 낮추는 것으로 밝혀졌습니다.[123] 이 효과는 극심한 우울증 환자들에게서 가장 강력하게 나타납니다. 혹시 지금 우울증에서 벗어나려고 노력하고 있다면, 마음챙김 수련이 당신을 다시 우울증으로 빠지지 않도록 도와줄 것입니다.

마음챙김의 효과 중에서 당신에게 가장 중요한 것은 무엇이고, 그 이유는 무엇인가요?

....

....

....

....

마음챙김에 대한 오해

마음챙김 수련이 잘못된 길로 빠지는 방식에는 여러 가지가 있는데, 그중 대다수는 마음챙김에 대한 오해에서 비롯됩니다. 마음챙김의 개념을 바로잡는 설명을 읽고, 이어지는 질문에 '예' 또는 '아니요'로 답해보세요.

- 마음챙김은 당신의 마음에서 모든 생각과 감정을 깨끗이 치워버리는 것이 아닙니다. 저절로 떠오르는 생각과 감정은 당신이 통제할 수 없고 통제하려고 해서도 안 됩니다. 마음챙김이 생각을 잠잠하게 할 수 있다 하더라도, 억지로 그렇게 만들 수는 없습니다. 당신이 할 수 있는 건 그저 생각이 잠잠해지도록 내버려두는 것뿐이에요.

  당신은 억지로 마음이 맑아지도록 애쓰고 있나요?   예 □ 아니요 □

- 마음챙김은 긴장을 푸는 것이 아닙니다. 마음챙김 수련을 하다 보면 긴장이 풀릴 때가 많기는 하지만 그게 목적은 아니죠. 긴장을 푸는 것도 우울

증에 도움은 되지만, 마음챙김은 긴장 이완과는 아주 다른 방식으로 당신에게 도움이 됩니다.

당신은 긴장을 풀려고 애쓰고 있나요?   예 □   아니요 □

* 마음챙김은 감정을 억누르는 것이 아닙니다. 당신이 느끼는 것들을 바꾸거나 무시하는 대신 그것을 알아차리려고 노력하는 것이지요.

당신은 불쾌한 감정을 애써 억누르고 있나요?   예 □   아니요 □

* 마음챙김은 긍정적 사고가 아닙니다. 현실의 긍정적인 측면에 집중하는 것이 기분과 스트레스에 여러 좋은 영향을 미치는 것은 사실이지만(이는 10장에서 다룹니다), 그것과 마음챙김은 분명히 다릅니다.

당신은 긍정적인 것에 집중해서 사고하려고 애쓰고 있나요?

예 □   아니요 □

* 마음챙김은 생각에 깊이 빠지거나 반추하는 것이 아닙니다. 마음챙김은 지금 이 순간에 몰입하는 것이지만, 생각에 깊이 빠지거나 반추하는 것은 과거의 실수를 곱씹으며 그것이 미래에 어떤 영향을 미칠지에 초점을 맞추죠. 마음챙김에서는 뇌에서 어떤 판단이 일어나는지 자각할 수는 있어도 그 생각에 무작정 끌려가지는 않습니다.

당신은 생각에 깊이 빠지거나 반추하고 있나요?   예 □   아니요 □

* **위 질문들에 '예'라고 대답한 뒤 혹시 실패자라는 느낌이 들었나요?**

예 □   아니요 □

마지막 질문을 포함하여, 위 질문 중에 '예'라고 대답한 것이 있다고 해서 당신이 실패자라고 생각하지는 마세요. 당신은 그저 스스로 느끼거나 생각하는 것이 무엇인지를 인식하게 되었을 뿐입니다. 마음챙김은 그런 식으로 계속 나아갈 것을 요구합니다. 당신이 매사에 판단하려는 태도를 취하고 있다면 그런 당신의 판단을 그냥 받아들이세요. 지금 이 순간의 생각과 감정을 인식하면 당신은 현재에 머물 수 있습니다.

바로 지금, 이 순간

현재에 머문다는 것은 당신이 지금 이 순간에 집중한다는 뜻입니다. 바꿔 말하면 바로 지금 일어나고 있는 것에 주의를 기울이고, 일어나지 않은 일에는 관심을 끊는 것이죠.

현재에 머무는 상태를 유지하려면 고도의 집중력이 필요합니다. 우리는 수시로 과거를 반추하거나 자신에게 닥칠지도 모를 최악의 미래를 그리곤 하니까요. 하지만 수련을 통해 현재에 머무는 상태에 좀 더 가까이 다가갈 수 있습니다.

현재에 머무는 능력이 향상되면 자신의 감정을 제대로 느끼게 되고, 그러면 섬엽의 반응성이 증가합니다.[124] 불투명한 미래에 대한 생각에 푹 빠져 있는 상태에서 벗어날 때에야 비로소 우리는 자유롭게 현재를 경험할 수 있습니다.

특정한 무언가에 집중하지 못하는 것은 어떤 생각이나 감정으로 인해 주의가 산만해졌기 때문입니다. 그래도 괜찮아요. 주의가 산만해지는 것을 무조건 피하려고만 하지는 마세요. 다만 스스로 주의가 흐트러졌다고 인식할 때는, 마음챙김을 통해 지금 이 순간으로 다시 주의를 돌리면 됩니다.

감정이 주의를 흐트러뜨리는 것을 막고 싶다면 그저 그 감정을 알아차리면 돼요. 그러면 당신은 지금 이 순간에 다시 집중할 수 있게 됩니다. 왜냐하면 그 감정은 당신이 바로 지금 느끼고 있는 것이기 때문이죠. 나아가 이러한 자기 인식은 전전두피질의 활성화를 도와 편도체의 반응성을 낮춥니다.[125] 그렇게 되면 애초에 주의를 흐트러뜨린 감정도 점점 약해지지요.

여기서 잠시 읽기를 멈추고, '바로 지금 나는 어떤 감정을 느끼고 있지?' 하고 자문해보세요. 그리고 그 감정을 적어보세요.

....

....

....

....

....

....

자신의 감정을 알아차리려고 하면 그 감정에 대한 판단까지 저절로 따라붙고, 그러면 당신은 그 생각을 바로잡고 싶어질지도 모릅니다. 이런 일은 마음챙김 수련 과정에서 항상 일어나지요. 그렇다고 판단을 멈출 필요는 없습니다. 사실 판단적 사고를 멈추는 일이 가능하지도 않고요. 그것은 그저 변연계가 제 기능을 수행하고 있다는 증거니까요. 마음챙김을 할 때는 그저 당신이 판단적 사고를 하고 있음을 알아차리기만 하면 됩니다. 일단 그것을 알아차리고 받아들인 뒤에는 계속 그것에 주의를 기울일 수도 있고, 그 생각이 끼어들기 전에 당신이 집중하고 있던 대상으로 주의를 되돌릴 수도 있습니다.

마음챙김 연습하기

마음챙김은 어렵습니다. 우리는 대부분의 순간을 별생각 없이 흘려보내기 때문이지요. 실제로 생각에 잠긴 채 조용히 앉아 있는 것과 전기충격을 한 번 받는 것 중 한쪽을 선택하라고 했을 때 대부분의 사람은 전기충격을 받는 쪽을 선택했습니다.[126]

마음챙김은 당신이 하고 있는 어떤 일을 대상으로 할 수도 있고, 심지어 아무것도 하지 않으면서도 할 수 있어요. 마음챙김은 어떤 행위가 아니라 일종의 존재 방식이에요. 그런데 축구나 피아노처럼 연습을 할 수 있죠. 마음챙김을 완벽하게 할 수는 없다 해도 계속 연습하다 보면 점점 더 나아질 수는 있어요. 마음챙김을 익힐 수 있는 방법을 몇 가지 소개합니다.

기분 그래프 그리기

첫 번째 방법 '기분 그래프 그리기'는 미국항공우주국NASA의 심리 전문 컨설턴트가 쓴 책에서 차용한 것입니다.[127] 세로축은 기분 점수로 숫자가 커질수록 부정적인 기분을 나타냅니다. 즉 10은 아주 끔찍한 기분이고 1은 아주 좋은 기분입니다. 지금부터 당신의 기분 점수를 그래프로 그려볼 거예요.

타이머를 5분으로 설정한 뒤, 시작과 동시에 당신이 느끼는 기분 점수를 0분 0초 칸에 X로 표시합니다. 타이머가 울릴 때까지 5분 동안 30초 간격으로 당신의 기분 점수를 표시하세요. 5분 뒤 당신이 그린 X를 하나의 선으로 연결하고, 시간 흐름에 따라 당신의 기분이 어떻게 바뀌어갔는지 관찰하세요. 기분 그래프 그리기의 목적은 기분을 바꾸는 것이 아니라 그저 살펴보는 것입니다.

기분 점수 / 시간	0:00	0:30	1:00	1:30	2:00	2:30	3:00	3:30	4:00	4:30	5:00
10											
9											
8											
7											
6											
5											
4											
3											
2											
1											

기분 그래프를 그리고 나니 기분이 나아졌나요? 그렇다면 이제부터 기분이 나쁠 때는 아무것도 하지 말고 그저 기분이 저절로 바뀌도록 내버려두면 되겠네요.

기분이 그대로인가요? 적어도 더 나빠지지는 않았으니 다행이군요.

기분이 아주 많이 바뀌었나요? 그렇다면 기분과 느낌과 감정과 생각은 일시적인 것이라는 점을 명심합시다. 당신은 그것들에 대해 아무것도 할 필요가 없어요. 대개는 그냥 사라질 때까지 기다리기만 하면 됩니다.

기분이 오히려 더 나빠졌나요? 혹시 그래프를 그리는 동안 과거를 곱씹었거나 자신의 감정 때문에 불안해졌나요? 그러면 이어서 소개하는 방법을 통해 당신이 현재 처한 환경과 몸으로 느끼는 감각에 머무르기, 그리고 비판적인 감정 알아차리기를 연습해보세요. 하지만 이 방법들보다 이 책에 소개된 다른 개입법이 더 좋다면, 그것도 괜찮습니다. 인간의 뇌는 저마다 다르기 때문에, 기분을 개선하는 데 효과적인 방법 또한 저마다 다르죠.

마음챙김 호흡법

4장에서 이야기했듯이 호흡은 뇌와 스트레스 반응에 강력한 영향을 미칩니다. 호흡은 항상 일어나고 있는 일인 동시에 대개 우리가 의식하지 못하는 사이에 저절로 이루어지기 때문에 마음챙김을 아주 확실하게 연습할 수 있는 대상이지요.

누군가에게 방해받지 않고 편안하게 머물 수 있는 공간을 찾으세요. 의자에 앉거나 바닥에 방석을 깔고 앉아서 마음챙김 호흡을 시작합니다.

1. 타이머를 1분으로 맞춥니다.

2. 등을 곧게 펴고 앉습니다. 어깨와 얼굴의 긴장을 풀고 호흡에 집중합니다.

3. 호흡을 조절하려 하지 말고, 그저 호흡의 느낌과 당신 몸의 감각에만 집중합니다.

4. 눈을 감는 것이 호흡에 집중하는 데 도움이 된다면 그렇게 하세요.

5. 마음이 이리저리 돌아다니거나, 머릿속에 떠도는 감정이나 생각 때문에 주의가 흐트러져도 괜찮아요. 그냥 주의가 산만해졌다는 것을 인정하고 다시 호흡에 집중합니다.

이 과정을 하루에 한 번씩, 일주일 동안 반복하세요. 1분이 너무 짧게 느껴지면 2분이나 3분으로 시간을 늘려서 시도해보세요. 이 방법이 너무 어렵거나 자신이 바르게 하고 있는지 확신이 서지 않는다고 해도 걱정 마세요. 자기가 제대로 하고 있는지 궁금해하는 것은 아주 흔한 일이에요. 자신이 그런 궁금증을 갖고 있음을 인식할 때, 그 생각을 그대로 인정하고 다시 호흡에 집중하세요. 마음챙김 호흡을 하면서 일지를 작성하면 더 좋은 효과를 얻을 수 있습니다.

마음챙김 호흡 일지 양식은 QR 코드를 스캔해 내려받을 수 있습니다.

마음챙김 호흡 일지 쓰기

마음챙김 호흡을 하면서 일지를 작성합니다. 날짜와 수련 시작 시간을 기입하고, 수련이 끝난 뒤에는 지속 시간, 즉 당신이 마음챙김 호흡을 얼마나 실행했는지 기입합니다.

	1일 차	2일 차	3일 차	4일 차	5일 차	6일 차	7일 차
날짜							
시작 시간							
지속 시간							

앱으로 하는 마음챙김 수련

마음챙김 수련을 돕는 앱을 즐겨 쓰는 사람도 많습니다. 종류도 다양해서 자신에게 맞는 것을 골라 쓸 수 있죠. 헤드스페이스Headspace는 10분 명상에 집중하는 앱인데, 사용법이 정말 쉬워요. 10퍼센트 해피어10% Happier도 마음챙김을 수련하기에 아주 좋습니다. 해피 낫 퍼펙트Happy Not Perfect는 일상에서 짧게 마음챙김의 순간을 경험하도록 도와주는 것으로, 나도 개발에 참여한 앱입니다. 이 중 마음에 드는 것을 골라 써보세요.[*]

또 다음에 소개하는 보디스캔으로 마음챙김을 연습해보세요. 보디스캔의 모든 단계를 읽어 녹음하고, 녹음된 목소리의 안내를 받아 보디스캔을 해볼 수도 있습니다. 녹음할 때는 각 단계를 충분히 느리고 편안한 속도로 읽으세요.

○　보디스캔

보디스캔은 마음챙김 수련 중에서 가장 단순한 편에 속해요. 목표는 당신의 신체 부위마다 스포트라이트를 비추듯 주의를 집중하면서 당신에게 보이는 것을 보는(또는 느껴지는 것을 느끼는) 것입니다. 여기에는 우선 보디스캔 하는 방법을 하나로 정리해 소개하지만, 올바른 단 하나의 방식은 없습니다. 보디스캔을 어디서 할지는 당신의 자유에 맡길게요. 나는 의자에 앉아서 하는 것을 기준으로 설명하겠지만, 바닥에 앉거나 누워서 하는 식으로 응용해도 좋습니다.

- 한 손을 심장 위에 대고 다른 손은 배에 댑니다. 이것은 당신의 몸이 존재하고 있음을 스스로에게 상기시키는 동작입니다. 뛰는 심장을 느껴보세

---

[*] 한국에서 개발 및 출시된 앱으로는 마음챙김, 마보 등이 있습니다. 그 밖에도 '마음챙김'을 검색어로 넣어 찾을 수 있는 앱 중에서 자신에게 맞는 것을 골라 활용해보세요.

요. 숨을 깊이 들이쉬고 내쉽니다. 호흡에 따라 몸이 팽창하고 수축하는 것을, 가슴과 배의 감각을 느껴보세요.

- 다시 한 번 깊이 호흡하면서, 숨을 내쉴 때 두 손을 무릎 위에 내려놓습니다.
- 무릎 위에 놓인 손의 무게를 느껴보고 무릎이 손을 떠받치는 힘을 느껴봅니다.
- 의자에 놓인 몸의 무게를 느껴보고 당신의 몸을 떠받치는 의자의 느낌에도 집중해봅니다. 의자 등받이가 당신의 등을 지탱하는 힘도 느껴보세요.
- 숨을 내쉴 때 어깨가 긴장되는지 아니면 이완되는지 느껴보세요.
- 바닥에 놓인 발을 느껴봅니다. 오른발로 의식을 보내고, 이어서 왼발로 의식을 옮깁니다. 발가락의 느낌은 어떤가요? 뒤꿈치는요?
- 당신의 의식을 다리로 가져옵니다. 무엇이 느껴지나요?
- 사타구니와 볼기로 의식을 가져옵니다. 뭉치거나 따끔거리지는 않나요?
- 이제 배 속으로 의식을 가져옵니다. 뭉치거나 조이는 느낌이 드는 근육이 있나요?
- 손으로 의식을 가져옵니다. 손을 꽉 쥐고 있나요, 풀고 있나요?
- 이제 목 위로 의식을 가져와서, 무엇이 느껴지는지 알아보세요.
- 턱으로 의식을 가져옵니다. 긴장되어 있나요, 이완되어 있나요?
- 얼굴로 의식을 가져옵니다. 어떤 표정을 짓고 있나요?
- 다시 호흡에 집중합니다. 들어가고 나가는 호흡을 느껴보세요.
- 다시 한 번 깊고 부드럽게 호흡하세요. 미소 짓듯 입가를 올려도 좋습니다. 숨을 내쉬고 이제 당신의 일과로 돌아가세요.

보디스캔에서 특별히 어려운 부분이 있었나요? 이 활동을 하면서 당신의 몸과 생각에 관해 무엇을 알게 됐나요?

....

....

....

....

....

....

....

일상에서 마음챙김을 실천하는 법

마음챙김을 한다고 해서 평소에 해온 활동들을 그만둬야 하는 것은 아닙니다. 당신이 이미 하고 있는 일에 마음챙김을 적용하면 돼요.

당신이 별로 좋아하지는 않지만 해야 하는 일을 생각해보세요. 설거지나 빨래 개기, 글쓰기 또는 직장에서 처리해야 할 업무 같은 것 말이에요.

그중 하나를 골라서 마음챙김을 적용해보세요. 단, 서두르지는 마세요. 서두르다 보면 당신은 그 일을 싫어하며, 싫은 일은 피하는 게 상책이라는 생각만 도드라질 뿐입니다. 차분하게 진행하세요. 몸의 세세한 감각과 느낌에 집중하세요.

우리는 대개 별로 하기 싫은 일을 할 때 '이 일은 따분해'라고 생각합니다. 그리고 그 생각은 곧 (1)그 말이 진실이고 (2)따분한 것은 나쁜 것이라는 생각으로 이어지고 맙니다. 어쩌면 그 일이 실제로는 따분하지 않을 수도 있고, 그런 생각은 당신이 그 일을 즐기지 못하게 방해만 하는지도 모르는데 말이에요. 설령 그 일이 정말 따분하더라도 그 자체로 나쁜 것은 아니고 그냥 삶의 일부에 불과하죠. 만약 삶 전체가 흥미진진하기만 하다면, 그 흥미를 제대로 느끼지 못할 거예요.

먹기 마음챙김

'먹기'는 특별할 것 없이 매일 반복하는 일과이기 때문에, 별생각 없이 해치우고 넘어가기 쉽습니다. 먹기 마음챙김을 위해서는 먹는 행위를 의식적으로 만들되, 당신이 먹는 음식에 대한 판단은 접어두고 음식 자체에 온전히 집중해야 합니다.

1. 건포도나 포도 한 알, 또는 오렌지 한 조각이나 캐슈너트 하나 등 한입에 넣을 수 있는 작은 음식을 하나 고릅니다. 아주 좋아하는 음식이나 아주 싫어하는 음식은 제외합니다.

2. 그것을 손에 쥐어봅니다. 그리고 하나의 예술 작품이나 조각품이라고 여기고 찬찬히 뜯어봅니다. 그 형태에서 무엇을 발견했나요? 작은 굴곡, 질감과 음영은 어떤가요? 그 음식이 당신의 손에 남긴 촉감은 어떤가요?

3. 입술에 가져다 대어봅니다. 질감을 느껴보고 혹시 코로 느껴지는 향은 없는지 음미해보세요.

4. 입에 넣고 깨물어봅니다. 그것이 어떻게 느껴지는지 혀와 볼의 감각에 집중해보고, 입을 통해 전해지는 향도 느껴봅니다. 코로 맡았을 때와 다른 느낌이 드나요?

5. 맛이 배어나도록 천천히 씹어봅니다. 맛을 느껴보고, 당신이 알아차린 것에 주의를 기울여봅니다.

6. 무의식적으로 삼킬 뻔한 적은 없었는지 생각해봅니다. 그리고 필요하면 한 번 더 씹어봅니다. 그리고 또다시 맛을 느껴봅니다. 당신이 느낀 맛에 변화가 생겼나요? 전보다 맛이 더 좋거나 더 나쁘게 느껴지는지 집중해봅니다.

7. 한 번 더 씹어본 다음, 그것을 의식하면서 삼킵니다.

이 활동을 하면서 당신의 몸과 생각에 관해 무엇을 알게 됐나요?

....
....
....
....
....
....
....
....

먹기 마음챙김을 한다고 해서 모든 음식을 항상 이렇게 먹어야 하는 것은 아닙니다. 대개는 평소대로 당신이 먹는 음식을 곁에 있는 사람들과 함께 그냥 즐기면 됩니다. 그래도 식사 전에 짧게나마 마음챙김을 실천한다면 몸과 마음의 건강에 두루 도움이 될 것입니다.

몸이 아플 때는

몸의 문제 때문에 우울증이 악화되거나 불안이 깊어지거나 기분을 끌어올리기가 어려운 사람들이 많습니다. 만성통증, 호흡 문제, 당뇨병, 과민성대장증후군과 그 밖의 만성질환 등을 들 수 있지요.

이런 경우, 몸이 받는 제약보다 그 제약에 뇌가 과민하게 반응하는 것이 더 큰 문제가 되곤 합니다. 물론 몸이 고통스러운 것이 문제일 수도 있습니다. 당신에게 몸의 고통을 줄일 수 있는 방법이 있다면, 바로 시작하세요. 그런데 할 수 있는 일이 없다면, 그것을 일종의 한계로 받아들이는 것이 좋습니다. 일단 고통을 받아들이면 스트레스가 줄고, 그것은 몸의 기초 컨디션에도 이롭게 작용해, 당신이 통제 **가능한** 것에 집중할 자유를 안겨주지요.

매 순간 긍정적일 필요는 없다

우리는 긍정적인 느낌이나 즐거운 무언가에 들떠 있으면서도, 한편으로는 그것이 끝날까 봐 두려워하고 슬퍼할 때가 많습니다. 긍정적인 감정은 우울증을 겪는 당신이 물에 빠지지 않도록 지켜주는 보호자 노릇을 하기도 합니다. 그러나 긍정적인 감정만이 유일하게 당신을 익사하지 않게 보호한다고 믿으면, 그것이 사라져버릴까 봐 전전긍긍할 수 있습니다. 그보다는 긍정적인 감정이 당신에게 힘을 보태주기는 하지만, 모든 순간에 반드시 필요한 것은 아니라는 걸 깨닫는 편이 이롭습니다.

긍정적인 감정은 즐겁고 유익하며 길게 내다봤을 때 꼭 필요합니다. 하지만 단기적으로, 당신은 그런 감정 없이도 버틸 수 있고 의미 있는 일을 이룰 수 있습니다. 매 순간에 긍정적인 감정이 꼭 있어야 하는 것은 아니라는 사실을 받아들이면, 그것이 없는 상황에서도 걱정하지 않게 됩니다. 긍정적인 감정은 또 그것 자체로 음미할 수 있게 되고요.

감정의 노예가 되지 않기 위해서

햄릿이 말했지요. "좋은 것도 나쁜 것도 없으며, 그저 좋거나 나쁘게 만드는 생각이 있을 뿐"이라고요. 자신의 생각과 저절로 뒤따라오는 판단에 대한 마음챙김은 정신 건강에 매우 이로운 수단입니다. 그렇다고 해서 매사에 적합한 것은 아닙니다. 마음챙김 하나로 모든 문제를 해결할 수는 없지요.

가끔은 마음챙김이 없는 상태가 나을 때도 있습니다. 즐거운 일이나 오락거리에 생각 없이 푹 빠지는 때 말이에요. 때로는 마음이 자유롭게 떠돌아다니도록 내버려두세요.

불행하거나 불안하거나 그 밖의 부정적인 감정이 느껴진다면 다른 데로 주의를 돌리는 것도 좋습니다. 다른 무언가에 집중해보세요. 스스로 즐길 수 있는 일을 하세요. 텔레비전을 보거나, 게임을 하세요. 이것은 전혀 잘못된 일이 아니랍니다. 문제를 바로잡으려고 노력하는 것도 좋은 방법일 수 있어요. 당신이 앞으로 나아가도록 도와주니까요. 어떤 문제는 쉽게 해결되기도 하고, 또 어떤 문제는 신경 쓰지 않으면 금세 잊히기도 합니다.

마음챙김이 없는 상태가 유일하게 문제가 되는 경우는, 모든 부정적인 감정에 생각 없이 반응할 때입니다. 그러면 당장은 기분이 나아질지 몰라도, 결국 인생의 주인으로 살아가기를 스스로 포기하는 셈이에요.

그렇지만 우리는 대개 상당히 많은 시간을 마음챙김이 없는 상태로 보내기 때문에, 마음챙김을 익히는 것으로 삶의 질을 높일 수 있습니다. 마음챙김은 당신을 자신의 감정과 연결해주면서도 감정의 노예가 되지 않게 도와주지요. 당신이 바꿀 수 없는 일을 그대로 받아들이게 해줌으로써 바꿀 수 있는 일에 집중하게 해주기도 하고요. 특히 습관을 바꾸는 데 아주 중요한 역할을 합니다. 지금부터는 바로 그 습관에 관해 이야기해보겠습니다.

9 습관의 강력한 힘

100여 년 전, 조종사의 조작 없이도 비행기가 일정한 비행 상태를 유지하며 목적지로 날아가게 하는 자동조종장치가 개발되었습니다. 처음에는 아주 조악한 수준이었지만 항공 기술이 발전하면서 자동조종장치도 상당히 개선되었지요. 이와 대조적으로 우리 뇌 속 자동조종장치의 역사는 1억 년도 넘었지만, 사실상 처음과 거의 달라진 게 없습니다. 바로 뇌의 습관 시스템 이야기입니다.

  습관 시스템이란 주로 뇌 깊숙이 자리한 선조체를 가리키는데, 선조체는 편도체와 매우 긴밀하게 연결되어 있습니다. 그러니 습관과 감정과 스트레스가 서로 맞물려 돌아갈 수밖에 없지요. 스트레스는 습관을, 특히 가장 깊이 새겨진 습관을 실행하도록 우리를 떠밉니다. 그런 습관을 행동에 옮기면 적어도 단기적으로는 스트레스가 줄어듭니다. 습관이 장기적으로도 이로울 때 우리는 그것을 좋은 습관이라고 부르죠. 그렇지 않으면 나쁜 습관이라고 하고요. 그러나 선조체는 습관의 좋고 나쁨을 구분하지 않습니다.

  F. 스콧 피츠제럴드의 소설 《낙원의 이편》에는 현실에서 고군분투하는 낭만적인 주인공이 등장하는데, 그가 이런 말을 합니다. "나는 내 감정과 기호

好, 따분함에 대한 증오, 내 욕망의 노예야." 만약 이 말에 공감한다면, 당신도 그와 같은 이유로 옴짝달싹 못 할 것 같은 느낌에 빠져 있을지 모릅니다.

습관을 따르지 않고 새로운 길로 나아가는 일에는 두려움이 따르기도 합니다. 현재 상태를 바꾸는 것은 변연계를 날뛰게 만들고 스트레스 반응을 일으키지요. 변연계는 흥분을 가라앉히기 위해 선조체의 옆구리를 찔러 당신을 익숙한 습관으로 되돌려놓으려고 맹렬히 애쓸 것입니다. 습관적인 일상에서 벗어나려고 노력하면 할수록 습관은 더욱 강하게 촉발되지요. 반가운 것은, 이때 더 유익한 습관이 자리 잡도록 당신의 선조체를 다시 길들일 수 있다는 사실입니다.

습관 자체는 우울증 극복과 행복한 삶에 조금도 걸림돌이 되지 않습니다. 단, 스스로 삶을 꾸려나가는 느낌이 아니라 이미 정해진 일상에 끌려가는 느낌이 든다면, 그때는 습관이 문제가 됩니다. 다행히 당신은 컴퓨터 프로그램(선조체)이면서 동시에 프로그래머(전전두피질)이기도 합니다. 프로그램 전체를 다시 코딩할 수는 없어도 부분 부분 손보면서 몇몇 오류를 해결할 수는 있죠.

이번 장에서는 크게 의도하거나 의식하지 않고도 뇌의 습관 회로를 잘 활용하여 삶의 퍼즐을 제대로 맞출 수 있는 방법을 주로 다룹니다. 또 습관의 형성 및 변화와 관련된 뇌 과학을 소개합니다. 이전 장들에서 소개한 내용을 바탕으로, 나쁜 습관 가려내는 법과 좋은 습관 들이는 법을 알아보겠습니다.

나쁜 습관 가려내기

당신은 삶의 여러 영역에서 다양한 대처 습관을 갖고 있을 것입니다. 대처 습관이란 자신에게 가장 깊고 진하게 새겨진 무의식적 반복 행동을 말합니다. 그중 가장 쉽게 눈에 띄는 것은 행동 습관으로, 이메일 확인하기, 맥주 마시기, 꾸물대기 등 당신이 평소에 자주 하는 행동들을 말합니다. 이 밖에 사교적 습관, 감정적 습관, 심지어 생각의 습관도 있을 수 있어요. 우울증일 때는 모든 유형의 습관들이 서로 상승효과를 일으키며 당신을 더욱 꼼짝 못 하게 붙들어두려고 하지요.

자신이 무심코 한 행동이 뜻하지 않게 하강 나선을 만들지는 않았는지 깨닫는 것은 상승 나선으로 향하기에 가장 좋은 첫 단계입니다. 부정적인 습관이 있음을 깨닫고 나면 무시해버리거나, 애초에 그런 습관을 들인 자신을 질책하거나, 아예 체념해버리고 싶어질 수도 있습니다. 그러나 그렇게 내키는 대로 판단하는 것도, 비난이나 절망도, 당신의 우울증에 원인을 제공하는 인지적·감정적 습관일 뿐입니다. 마음챙김이 습관을 바꾸는 데 강력한 효과를 발휘하는 것도 바로 그 때문이죠. 상승 나선으로 향하는 첫 단계는 뭔가를 바꾸는 것이 아니라 무슨 일이 벌어지고 있는지 상황을 파악하는 것입니다.

실제로 당신에게 해로운 습관을 찾아내더라도 그것을 바꾸는 것을 목표로 삼지는 마세요. 그보다는 좋은 습관으로 나쁜 습관을 대체하는 편이 낫습니다. 내가 마음챙김을 다룬 책 중에서 최고로 꼽는 《테니스 이너 게임》에서 저자 티머시 골웨이는 바로 그 점을 아주 멋지게 묘사했습니다. "아이는 기는 습관을 그만둘 필요가 없다. (…) 걷는 것이 돌아다니기에 더 쉽다는 것을 알게 되면 저절로 그 습관에서 벗어나게 된다."[128]

다음에 제시하는 대처 습관 목록을 살펴보고, 지난 몇 달 동안 당신이 여러 번 반복한 일에 체크해보세요. 당신이 고른 것이 좋은 습관인지 나쁜 습관인지는 판단하지 마세요. 선조체도 그런 판단은 안 하니까요.

☐ 사람들과 어울리기

☐ 반추하기 또는 생각에 빠져들기

☐ 창조적 글쓰기

☐ 편지나 이메일 쓰기

☐ 이메일 회피하기

☐ 그림 그리기

☐ 음악 연주 또는 감상

☐ 게임하기

☐ 십자말풀이나 퍼즐 맞추기

☐ 쇼핑

☐ 포장음식 사 먹기

☐ 독서

☐ 명상

☐ 춤추기

☐ 고함지르기

☐ 드라이브

☐ 기도

☐ 스트레칭이나 요가

☐ 자신을 고립시키기

☐ 미루기 또는 무시하기

☐ 걱정하기

☐ 운동

☐ 먹기

☐ 요리나 제빵

☐ 술 마시기

☐ 카페인 음료 마시기

☐ 어려운 일 회피하기

☐ 화내거나 공격적으로 굴기

☐ 자기비판

☐ 마약 복용

☐ 심호흡

☐ 계획 세우기

☐ 정리하기

☐ 샤워나 목욕

☐ 집안일

이 목록은 사람들이 흔히 반복하는 대처 습관 중 일부를 모아놓은 것입니다. 이 목록은 사람에 따라 얼마든지 길어질 수 있겠지요. 이들 습관은 일종의 도구로 생각하면 됩니다. 그 자체로 어떤 것이 꼭 좋거나 나쁜 것은 아니에요. 그저 서로 쓰이는 목적이 다를 뿐이죠. 예컨대 망치와 드라이버는 같은 공구지만 둘 중 하나가 다른 것보다 더 나은 건 아니잖아요. 그에 대한 판단은 당신이 그 도구로 무엇을 하는가에 달려 있지 않을까요?

습관은 순전히 선택의 문제랍니다. 습관이 마음에 안 들면 다른 것으로 바꿀 수 있고, 당신의 습관이 당신에게 강요하는 일이 싫으면 그 일을 하지 않아도 된다는 뜻이에요.

비록 자동조종장치가 당신의 뇌를 움직이고 있다 하더라도, 당신이 책임자가 되지 않는다면 문제가 생기고 말 거예요. 모든 상황을 자동조종장치에만 의지할 수는 없기 때문이죠. 비행기에서 목적지를 설정하고 기체를 이착륙시키는 일은 조종사가 직접 해야만 합니다. 자동조종장치가 많은 일을 처리해주지만, 그것이 처리할 수 없는 아주 중요한 일도 있으니까요. 뇌도 마찬가지예요.

뇌의 자동조정장치에 해당하는 선조체는 여러 가지 능력을 가지고 있어서 당신이 많은 일들을 해내도록 도와줍니다. 그러나 선조체가 모든 일을 도맡을 수는 없어요. 전전두피질이 목적지를 설정해줘야만 하지요. 평소에는 대부분의 일을 선조체가 처리하도록 맡겨둬도 되고, 또 그래야만 해요. 그러나 목적지를 바꿔야 하거나 어떤 사안에 좀 더 유연하게 대처해야 한다면, 그때는 전전두피질이 개입할 필요가 있습니다.

행복은 선조체에 있는 습관과 전전두피질이 이끄는 목표가 긴밀히 협력할 때 가장 잘 이루어집니다. 목표에 맞게 습관을 재조정하고 싶다면, 지금까지와는 다른 습관을 들이도록 선조체를 다시 훈련해야만 해요. 그것은 제법 많은 노력이 필요한 일입니다.

습관 일지 쓰기

스스로 감정과 사고와 행동의 습관을 알아보는 일지를 작성해봅니다. 앞으로 일주일 동안 당신의 기분을 상하게 한 사건, 상황, 상호작용을 기록합니다. 각각의 경험이 어떤 감정, 생각, 행동으로 이어졌는지, 그것이 당신의 상태에 어떤 영향을 미쳤는지 정확하고 구체적으로 씁니다.

이 활동의 목적은 오로지 당신 자신에 대해 알아차리는 것입니다. 어떤 것도 바꾸려고 노력할 필요는 없어요. 그저 자신에게 어떤 경향성이 있는지 인식하는 것으로 충분합니다. 평소에 쓰던 일기장에 적어도 좋고, 다음 표에 작성해도 좋습니다.

습관 일지 양식은 QR 코드를 스캔해 내려받을 수 있습니다.

무슨 일을 겪었나요?	그때 어떤 느낌이 들었나요?	그때 어떤 생각을 했나요?	그때 무엇을 했나요?	그 후로 어떤 느낌이 들었나요?
상사가 내 업무 성과를 비판했다.	공격당하고 평가절하된 느낌이었다.	나는 일을 잘 못하고 제대로 하는 게 하나도 없다고 생각했다.	소파에 앉아 아이스크림을 먹었다.	스스로 나약하고 한심하다는 느낌이 들었다.
1.				
2.				
3.				
4.				

272

무슨 일을 겪었나요?	그때 어떤 느낌이 들었나요?	그때 어떤 생각을 했나요?	그때 무엇을 했나요?	그 후로 어떤 느낌이 들었나요?
5.				
6.				
7.				
8.				
9.				

일지에서 문제가 되는 감정, 생각, 행동의 패턴이 읽히나요? 지난 몇 달 또는 몇 년을 돌이켜보면 어떤가요? 그동안 당신이 반복해온 좋지 않은 행동 습관은 무엇인가요?

....

....

....

....

　　　　　　　　　　　　　　　　　　　　　　　　　　.

흑백사고와 재앙화 같은 무익한 사고 유형도 습관으로 간주할 수 있습니다. 당신이 무심코 하고 있는 해로운 감정 또는 생각의 습관이 있나요?

....

....

....

....

　　　　　　　　　　　　　　　　　　　　　　　　　　.

다른 사람과의 관계 맺기에 별 도움이 안 되는 사교적 습관으로는 무엇이 있나요?

....

....

....

....

　　　　　　　　　　　　　　　　　　　　　　　　　　.

새로운 습관 만들기

데일 카네기는 베스트셀러《인간관계론》에서 낚시 이야기를 들려줍니다. "나는 크림 얹은 딸기를 아주 좋아하는데, 참 이상하게도 물고기는 그보다 지렁이를 더 좋아한다는 걸 알게 되었다. 그래서 낚시를 할 때면 내가 원하는 것은 생각하지 않는다. 낚싯바늘에 크림 묻힌 딸기를 미끼로 매달지는 않는다는 말이다. 그 대신 지렁이를 꿴다."[129] 마찬가지로 당신이 선조체의 활동에 변화를 주고 싶다면, 선조체의 언어로 말해야 해요. 물론 **당신**은 그 습관이 좋은지 나쁜지에 관해 몹시 신경을 쓰겠지만, 선조체는 신경 쓰지 않는다는 사실을 다시 한 번 명심하세요.

그렇다고 선조체가 당신 뜻을 거스르기만 하는 것은 아닙니다. 당신을 위해 일하기도 하지요. 하지만 그러려면 개를 훈련하듯 선조체를 훈련해야 합니다. 이때 중요한 것은 일관성이에요. 개가 소파로 뛰어오를 때, 어떤 때는 당장 내려가라고 고함을 치고 또 어떤 때는 그 옆에 털썩 앉아 개를 안아준다면 개가 얼마나 헷갈리겠어요?

일관성을 유지하려고 너무 엄격해질 필요는 없습니다. 실수 한 번 했다고 개를 때리지 않듯, 스스로를 질책하지 말아야 합니다. 개를 훈련하는 데 시간이 오래 걸린다면, 좀 더 인내심을 갖고 기다리면 되지요. 당신 자신도 이와 똑같은 방식으로 대하세요.

자기비판은 변연계를 조절하기 위해 전전두피질을 활성화하는 한 가지 수단으로 작용하며, 뇌에서 실수 처리를 담당하는 전방대상피질의 활성화와도 연관됩니다.[130] 그러나 자기비판은 긍정적인 변화에 방해가 되기도 합니다. 특히 기분이 가라앉고 의욕이 떨어진 상태에서는 더욱 그렇지요. 반면에 자기 확신은 전전두피질 중에서도 감정적인 변연계를 더 직접적으로 조절하는 부위를 활성화합니다. 또한 뇌에서 감각을 느끼고 감정이입에 관여하는 섬엽을 활성화하지요. 그렇기 때문에 자기 확신은 긍정적인 변화에 기여할 수 있습니다. 자, 당신은 자신의 감정에 깊이 공감하고 변화를 만들어나갈 수도 있고, 아니면 오래된 습관을 반복하느라 감정은 회피하면서 제자리에 머물 수도 있어요. 선택은 당신의 몫입니다.

새로운 습관을 만들기는 어려워요. 다행히 행동은 그것을 거듭 반복할수록 배측 선조체에 더욱 깊이 새겨져 지속하기가 쉬워집니다. 처음 몇 번은 새로운 습관에 길들기가 어색하고 불편하게 느껴질 거예요. 전전두피질에 높은 의지력을 요구하는 일이니까요. 그러나 일단 선조체에 새겨지면, 그 행동은 점점 자연스럽게 느껴집니다. 그렇게 되기까지 반드시 필요한 것은 시간과 반복입니다. 개를 훈련할 때와 마찬가지로요.

자기 긍정 사용하기

'습관' 하면 대개는 스스로 마음에 들지 않는 면들을 떠올리고, 자기비판을 쏟아냅니다. 그래서 습관을 바꾸려 할 때면 상당한 스트레스가 쌓이죠. 스트레스가 쌓이면 원래 있던 습관대로 행동하고 싶어지므로, 습관을 바꾸기가 더욱 어려워집니다. 이럴 때 도움이 되는 방법은 따로 있습니다.

연구 결과에 따르면, 마음에 들지 않는 점보다 마음에 드는 점에 집중할 때 습관을 바꾸기가 더 쉽습니다.[131] 당신 스스로 가장 마음에 드는 점은 무엇인가요? 당신이 가진 자질 중에서 바꾸고 싶지 않은 것은 무엇인가요? 이렇게 자신의 좋은 점을 생각할 때 느끼는 뿌듯함은 보상에 관여하는 측좌핵을 활성화합니다.[132]

자기 긍정 심어주기

　　당신의 지난 몇 년을 되돌아보고 다음 질문에 답해보세요. 당신에게 해당하는 항목에 체크하고, 해당 항목과 관련된 경험을 구체적으로 적어봅니다.

1. 누군가를 위해 당신이 굳이 하지 않아도 되는 기분 좋은 일을 해준 적이 있나요? ☐

....

....

....

....

....

2. 당신에게 상처 준 누군가를 용서한 적이 있나요? ☐

....

....

....

....

....

3. 어떤 결정을 내릴 때 다른 사람의 감정을 먼저 배려한 적이 있나요? ☐

....

....

....

....

....

4. 당신보다 어려운 누군가를 도와준 적이 있나요? ☐

....

....

....

....

....

5. 친구나 가족을 돕거나 지원해준 적이 있나요? ☐

....

....

....

....

....

습관을 촉발하는 방아쇠 알아차리기

모든 습관은 어떤 계기로 촉발됩니다. 나쁜 습관의 경우 안타깝게도 그 계기는 대부분 불안이나 실망이지요. 다행스럽게도, 당신이 지금까지 이 책을 읽고 여러 방법을 따라 하는 동안 나쁜 습관을 촉발하는 감정이 줄었을 것입니다. 스트레스를 줄이기 위해 당신이 하는 모든 행동은 나쁜 습관으로부터 당신을 지켜줍니다.

당신에게 해롭기만 한 습관의 방아쇠가 무엇이든, 일단 그것을 파악하고 나면 대비책을 미리 세울 수 있습니다. 방아쇠가 당겨졌을 때 나쁜 습관에 그대로 끌려가는 대신 어떻게 대응할지 머릿속으로 그려보는 것이죠. 그렇게 하면 전전두피질이 선조체의 스트레스 반응을 억제할 수 있습니다. 나쁜 습관은 대개 더 나쁜 습관을 촉발하기 마련이므로, 미리 대비책을 세워야 악순환의 고리를 끊고 하강 나선으로 빠지지 않게 예방할 수 있어요.

나쁜 습관이 어떤 사건이나 사물 같은 간단한 방아쇠에 의해 촉발되는 경우, 해결책은 더욱 간단합니다. 바로 그 방아쇠를 제거하면 되죠. 가령 당신이 집에서 한창 집중해서 일하려는데, 자꾸만 TV로 눈이 간다고 해봅시다. 굳은 의지로 TV를 보고 싶은 유혹을 간신히 물리칠 수도 있겠지만, 그냥 텔레비전을 끄거나 그 방에서 나갈 수도 있어요. 유혹은 맞서기보다 피하는 게 상책이죠.

나에게는 어떤 습관의 방아쇠가 있을까

다음 질문들에 답하면서 당신의 습관을 가장 강하게 촉발하는 방아쇠가 무엇인지 알아봅니다. 앞에서 기록한 습관 일지를 참고하면 습관의 방아쇠를 좀 더 분명히 파악할 수 있을 거예요.

1. 어떤 생각을 하면 부정적인 감정이 뒤따라오나요?

2. 어떤 식의 상호작용을 하면 기분이 나빠지거나 나쁜 습관이 촉발되나요?

3. 어떤 환경이나 상황이 당신의 기분을 더 상하게 하거나 나쁜 습관을 촉발하나요?

....

....

....

....

....

....

무엇이 당신의 습관을 촉발하는지 파악했다면, 앞으로 더 나은 대처 습관을 들이기 위한 계획을 세울 수 있습니다. 다음의 '대처 습관 문장 완성하기'를 활용하여 나쁜 습관의 방아쇠가 작동할 때 어떻게 대처할지 계획해보세요.

대처 습관 문장 완성하기

나는 .... (사건이나 느낌) 때문에

.... (무익한 습관)을 하고 싶은 마음이나 생각이 들면 그 생각과 감정을 인지하고 인정한 다음, ...

.... (유익한 습관)을 할 것이다.

환경 바꾸기

가장 근본적인 방아쇠는 당신을 둘러싼 환경입니다. 환경은 당신의 삶에 맥락을 제공하지요. 해마가 당신이 속한 맥락을 암묵적으로 이해하고 그 정보를 선조체에 전달합니다.

당신은 지금 직장에 있나요? 그러면 회사가 정한 방식에 따라 일하려고 하겠죠. 지금 할머니 댁에 있나요? 아니면 파티에 갔나요? 당신이 어떤 환경에 처해 있는지에 따라 실행 가능성이 큰 습관의 유형이 결정됩니다.

다시 말하지만 환경을 바꾸는 것은 습관에 영향을 미칩니다. 알코올의존증에서 벗어나고 싶다면 술집에 가거나 술친구들과 어울리지 말라고 충고하는 것은 바로 이런 이유 때문이죠. 물론 의지로 습관을 이겨낼 수도 있지만, 굳이 스스로를 더 힘들게 만들 필요가 있을까요?

집에서는 생산성을 높이기가 어려운가요? 그런 상황에서 혹시 머릿속을 맑게 유지하고 스트레스를 줄이는 데에만 신경 쓰고 있나요? 그럴 것 없이 그냥 집 밖으로 나가면 됩니다. 집에서는 운동할 의욕이 안 생기나요? 괜찮아요. 운동복을 입고 헬스장으로 가세요. 그저 장소를 옮기는 것만으로도 새로운 습관을 만들기가 한결 쉬워지고, 그것을 실천하고 싶은 의욕이 솟을 거예요.

좋은 습관은 더 좋은 습관을 촉발한다

자신에 대해 긍정적으로 생각하고 환경을 바꾸기 위해 필수적인 행동을 몇 가지 소개합니다. 해마는 달라진 맥락을 인지하고서 이렇게 반응할 거예요. "오호, 이제야 좀 제대로 살고 있는 것 같네!"

- 옷 챙겨 입기

- 침대 정리하기
- 양치하기
- 샤워하기
- 빨래하기
- 운동하기
- 친구에게 전화하기

스스로에게 보상하기

당신이 앉으라고 말할 때 개가 앉도록 훈련하려면, 지시대로 잘할 때마다 개에게 간식을 줘야 합니다. 그게 바로 개를 훈련하는 방법이죠. 당신도 새로운 습관을 훈련하고 싶다면 자신에게 보상을 안겨보세요.

나에게 주는 보상

자기 자신에게 보상을 안기는 방법을 몇 가지 떠올려봅니다. 다음 목록 중에서 앞으로 사용하고 싶은 방법에 체크하고, 더 좋은 방법이 떠오르면 빈칸에 추가하세요.

☐   스스로에게 잘했다며 칭찬의 말을 해준다.

☐   가벼운 간식을 먹는다.

☐   15분 동안 긴장을 풀고 휴식한다.

　□　계획한 일을 해낼 때마다 체크 표시를 해주거나 별 스티커를 붙여준다.

　□　사탕을 한 개 먹는다.

　□　심호흡을 한다.

　□　빙그레 웃는다.

　□　친구에게 전화해 당신이 한 일을 들려준다.

　□　...

　□　...

나쁜 습관에서 얻을 수 있는 것

당신이 나쁜 습관에서 얻는 이득을 인정하는 것도 중요합니다. 우리가 좋지 않은 습관을 쉽게 버리지 못하는 데에는 다 그럴 만한 이유가 있어요. 그 습관이 현재 자신에게 도움이 되거나, 적어도 처음 그 습관을 들인 과거에는 도움이 되었기 때문이죠.

　우리가 나쁜 습관에서 어떤 이득을 얻는지 이해하면 몇 가지 중요한 진실을 깨닫게 됩니다. 우선, 습관은 우리가 처한 상황을 받아들일 수 있게 해줍니다. 습관을 통해 스스로 이상하지 않다는 것, 자신의 행동에는 다 그럴 만한 이유가 있다는 것을 이해하게 되죠. 또한 삶에서 무엇을 원하는지 파악하게 해주고 그것을 얻을 수 있는 건설적인 방법을 알려줌으로써 우리를 앞으로 나아가도록 이끕니다.

　습관은 불확실성을 낮추고 통제감을 높이는데, 양쪽 다 스트레스를 줄이는 데 도움을 줍니다. 예를 들어 당신이 낯선 사람들과 어울리는 어색한 상황을 두려워한다면, 아예 그런 상황이 생기지 않도록 모든 사회적 관계를 피해 버리는 습관을 갖게 될지도 모릅니다. 이것은 당장에는 스트레스를 줄여주지만 장기적으로 좋은 해법은 아니죠(6장 참고). 좋지 않은 습관은, 심지어 파괴적인 습관조차도 우리에게 아주 익숙하기 때문에 그 습관에 의지하는 동안에는 편안함을 느낄 수 있어요. 그러나 눈앞의 편안함을 누린 대가로 장기적인 안녕을 희생해야만 합니다.

어떤 습관은 아주 잠깐 긍정적인 감정을 만들어내기도 합니다. 예컨대 인터넷 서핑을 하거나 건강에 해로운 음식을 먹거나 담배를 피우면 짧은 시간 내에 도파민이 폭발적으로 분비되기 때문에 순간적으로 기분이 좋아지지요. 불행히도 그것은 금세 사라지기 때문에 결국에는 부정적인 감정을 더욱 부채질하고 맙니다.

당신의 나쁜 습관을 모조리 없애야 한다고는 생각하지 마세요(그 습관들은 사실 스트레스 해소에 아주 효과적일 수도 있으니까요). 다만, 나쁜 습관의 부정적인 영향을 상쇄할 수 있는 좋은 습관을 적어도 몇 가지는 만들어보세요. 하지만 나쁜 습관이 당신의 삶을 심하게 방해한다면, 그때는 습관을 아예 바꿔야겠지요. 나쁜 습관을 바꾸면 기분과 불안, 삶에 대한 만족도에 대단히 긍정적인 효과를 불러올 수 있습니다.

당신의 나쁜 습관은 어떤 방식으로 당신을 이롭게 하나요?

....

....

....

....

그 습관과 똑같이 이로우면서도 좀 더 유익한 습관에는 무엇이 있을까요?

....

....

....

....

....

두려움과 불안을 제거하는 유일한 방법

나쁜 습관의 핵심은 회피입니다. 기분이 좋지 않을 때 대개는 그 기분을 회피하거나 바꾸려고 합니다. 그러면 당장은 마음이 진정될지 몰라도, 사실상 이후로 그 기분은 아예 피하도록 선조체를 훈련하는 셈입니다. 그 기분을 회피하면 할수록 앞으로도 그것을 회피해야겠다는 압박감은 더 커집니다. 눈앞의 무난한 길만 따름으로써 두려움과 불안만 점점 더 키우는 셈이죠.

두려움과 불안을 제거하는 유일한 방법은 당신의 뇌에 그것이 걱정할 만한 일이 아니라고 알리는 것입니다. 스스로 두려움에 다가가보세요. 다른 경우라면 몰라도, 두려움이 당신에게 중요한 것들을 방해할 때만큼은 당신도 마땅히 두려움을 마주하고 **싶어질** 거예요.

이것은 불안 치료에도 매우 효과적인 방법으로, 노출 치료라고도 부릅니다. 노출 치료는 스스로 시도해볼 수도 있고, 정신 건강 전문가의 도움을 받아 실시할 수도 있습니다.

머릿속에서 들리는 작은 목소리

당신 머릿속에는 이런저런 일을 포기하라고 속삭이는 작은 목소리가 있습니다. 그 목소리는 텔레비전을 켜고 정크푸드를 먹으라고 부추기죠. 당신은 하찮은 존재라고, 모든 게 아무 의미 없다고도 말합니다. 점점 당신의 생활 전반을 실시간으로 논평하기 시작합니다. 마치 당신의 무의식이 당신이 하는 모든 일을 실시간으로 트위터에 올리기라도 하는 것처럼 말이에요. 그 목소리는 당신의 주의를 흩트리고, 당신을 우울하게 만들고, 때로는 당신을 집어삼킬 듯 압도합니다. 그러나 그 목소리는 당신의 습관 시스템의 일부에 불과합니다. 당신에게는 그 목소리가 당신을 함부로 휘두르지 못하게 제압할 능력이 있습니다.

당신이 그 목소리가 속삭이는 대로 행동할수록, 그것은 더욱 강하고 무시할 수 없는 존재가 됩니다. 이것이 바로 배측 선조체가 작동하는 방식이죠. 어떤 생각이 촉발되었을 때 그대로 행동에 옮기는 것은 그 생각에 보상을 안기는 셈입니다. 그러면 다음에 그 생각이 또 촉발될 가능성이 커지죠. 개가 짖을 때마다 간식을 준다면 점점 더 자주 짖게 되는 것처럼 말이에요.

반대로 당신이 일단 그 목소리를 무시하면, 다음번에 그 목소리를 무시하기가 점점 더 쉬워집니다. 단, 이것은 순차적으로 진행되지 않아요. 당신이 좀 더 자신 있고 에너지가 넘치는 때에는 그 목소리를 쉽게 무시할 수 있겠죠. 하지만 기분이 가라앉거나 속이 상하거나 마음이 공허할 때는 그 목소리가 하는 말이 다 옳다고 느껴지기도 할 거예요. 하지만 당신이 의지를 발휘해 그 목소리를 무시하고 다른 것들을 해나간다면, 차츰 새로운 인지 습관을 키울 수 있습니다.

마당에 새로 잔디를 깔았다고 상상해봅시다. 며칠 동안은 잔디밭에 들어가지 않는 것이 잔디가 자라는 데 도움이 되지요. 하지만 깜박 잊고 잔디를 밟았다 해도, 그것으로 당신이 잔디밭에 들인 수고가 모두 허사로 돌아가지는 않으니 낙담할 필요는 없습니다. 그저 다음부터는 잔디를 밟지 않아야 한다는 것만 기억하면 되지요. 그것을 기억할 때가 잊어버릴 때보다 많다면, 결국에는 좋은 결과를 얻을 수 있습니다.

당신이 습관을 바꾸려고 할 때나 뭔가 익숙하지 않은 일을 하려고 애쓸 때 당신 머릿속의 작은 목소리는 뭐라고 속삭이나요?

....

....

....

....

....

....

....

그 목소리가 뭐라고 속삭이는지 알았다면, 그것에서 어떤 경향성을 읽을 수 있나요? 그것에 인지 왜곡이 포함돼 있지는 않나요? 그것에 어떻게 대응할 수 있을까요?

....

....

....

....

....

....

....

식습관 살펴보기
....

모든 영역의 습관을 두루 살펴보기에는 시간이 충분하지 않지만, 이것 하나만
은 좀 더 깊이 다루고 넘어갈까 합니다. 바로 먹는 습관인데요. 식습관은 당신
이 건강하게 사는 데 크게 영향을 미칠 뿐만 아니라 당신에게 있는 습관의 전
반적인 모습을 보여주기 때문입니다.

　　우리는 생존하기 위해서만 먹지 않습니다. 먹는 일은 감정과 문화, 다른
사람들과의 관계와도 관련돼 있지요. 먹는 일에는 당신이 무엇을 먹는지부터
시작해 어떻게, 왜 먹는지까지 포함되는데, 이 모든 것이 삶의 안녕에 영향을
미칩니다.

　　수년간 실시된 수많은 연구가 우울증이 있는 사람은 건강에 해로운 음식
을 먹는 경향이 있음을 밝혀냈습니다. 그러나 그 현상에 인과관계가 있다는
것은 최근에 와서야 분명해졌지요. 그렇다면, 우울증이 건강에 해로운 식생활
의 원인일까요, 아니면 건강에 해로운 식생활이 우울증의 원인일까요? 이 책
에 소개한 질문의 답이 대부분 그러했듯, 이 문제 역시 둘 다 어느 정도는 맞습
니다. 당신이 무엇을 먹어야 하는지에 앞서, 어떻게 먹어야 하고 왜 먹어야 하
는지부터 먼저 이야기해보죠.

어떻게 먹는가

음식을 '어떻게' 먹느냐는, '무엇을' 먹느냐보다 당신의 기분에 더 크게 영향을 미칠 수 있습니다. 예컨대 당신은 혹시 텔레비전을 멍하니 쳐다보면서 음식을 먹나요? 그렇다면 텔레비전 화면이 아니라 입 안에 넣는 음식으로 시선을 돌려보세요. 물론 음식을 제대로 맛보고 충분히 즐기는 것이 가장 좋겠지만, 먹는 행위 자체에 집중하기만 해도 건강에는 한결 유익합니다. 음식을 먹는 바로 그 순간에 온전히 집중하면 스트레스와 우울증 증상이 줄어들 뿐 아니라 음식도 더 맛있고 만족스럽게 느껴집니다.[133]

또한, 혼자 음식을 먹는 것은 우울증의 위험성을 높일 수 있습니다.[134] 가능하면 다른 사람과 함께 식사를 함으로써 사회적 연결감도 높이세요.

왜 먹는가

당신은 감정에 대처하기 위해 음식을 먹나요? 음식을 먹는 것은 효과적인 대처 습관이 되기도 합니다. 우리가 어떤 음식에서 위안을 얻는 이유는 맛있는 음식을 먹을 때 도파민과 옥시토신이 분비되기 때문인데, 이들 호르몬은 스트레스 호르몬의 감소를 유도하지요. 식습관에 문제가 생기면, 무엇보다 당신 스스로 음식을 왜 먹는지 인지하는 것이 중요해집니다. 당신은 배가 고파서 먹나요, 아니면 따분하거나 스트레스를 받았거나 어떤 식으로든 마음이 불편해서 먹나요? 식욕은 배고픔과 전혀 다르다는 것을 꼭 기억하세요.

당신이 뭔가 먹어야겠다고 느낀다면, 그것은 당신이 배가 고프다는 뜻일까요? 설령 배가 고프더라도, 그것이 꼭 먹어야 한다는 뜻일까요? 아니에요. 안 먹는다고 굶어죽지는 않아요.

대부분의 사람은 간혹 음식을 자신의 감정을 다스리기 위한 대처기제로 이용합니다. 가끔 그러는 것은 괜찮아요. 그 순간에 음식은 즐겁고 맛있는 경험을 제공하니까요. 그러나 그런 습관이 문제를 일으키기 시작하면, 자칫 하강나선으로 이어질 수 있습니다.

우리가 뭔가 먹고 싶은 충동을 느끼는 이유는 감정과 연관되어 있는데, 음식은 감정을 대체할 수 없다는 데서 문제가 발생합니다. 내가 즐겨 인용하는 과학 논문이 하나 있는데, 그 논문을 쓴 저자들은 병적 비만의 진짜 문제는 체중이나 음식 그 자체가 아니라 그 두 가지가 의미하는 바, 즉 그것들이 상징하는 것에 있다고 지적합니다. 그들은 음식이 주는 정신적·감정적 이점은 "심대하지만 치유력은 없다"고 말합니다. 그리고 "**거의** 효과를 내는 무언가는 (완전한 효과를 내지 않기에) 항상 불만족을 남긴다"고도 말합니다.[135] 감정을 해소하기 위해 먹는 것은 장기적으로 효과가 없습니다. 당신이 정말로 얻고자 하는 것은 그 음식이 아니기 때문이에요. 음식을 먹는 순간에는 충분한 위안을 느낄지 몰라도 머지않아 갈망은 다시 찾아옵니다. 진정한 갈망의 대상이 아니라 '거의' 그것에 가까운 것으로는 충분히 만족할 수 없으니까요.

음식 저술가 마이클 폴란은 "사과 한 알이라도, 기꺼이 먹을 만큼 충분히 배가 고프지 않다면 당신은 진짜 배고픈 게 아니다"라고 말했죠. 당신이 배고픔을 느낄 때, 어쩌면 다른 욕구가 작동하고 있을지도 모릅니다. 즐거움이나 만족감, 마음의 평화 같은 것 말이에요. 지금과는 다른 감정을 느끼고 싶어서일지도 모르죠. 음식이 때로는 당신이 얻고자 하는 것을 안겨줄 수 있어요. 하지만 그것들을 얻는 유일한 수단이 음식이라면, 당신에게 문제가 생겼다는 증거예요.

무엇을 먹는가

오스트리아의 한 연구팀은 십 대 수천 명을 대상으로 실시한 연구에서 신체 건강에 이로운 음식을 먹었을 때 정신 건강도 전반적으로 개선된다는 사실을 밝혀냈습니다. 신선한 과일과 채소, 통곡물을 많이 먹을수록 우울증이 줄어듭니다.[136] 이 음식들은 뇌의 필수 화학물질들에 필요한 구성 성분을 제공해, 뇌가 최적의 상태로 작동하도록 도와주지요. 신선한 과일과 채소는 뇌 기능에 핵심적인 비타민과 미네랄을 제공하고, 생선과 올리브유는 뇌 기능을 보조하는 데 중요한 지방 성분을 제공합니다.

가공식품은 지나치게 많은 당류를 함유한 것 때문에 문제가 되곤 합니다. 당류는 비록 정도는 약해도 중독성 약물과 마찬가지로 뇌의 보상 경로를 자극하여 측좌핵의 도파민 분비를 촉발합니다.[137] 그것이 쾌락을 가져다주기도 하니 꼭 나쁜 것만은 아니지요. 하지만 단것을 먹고 나면 점점 더 단것을 찾게 되고, 결국에는 자연식품을 즐기기 어렵게 되지요.

어떤 음식은 장내에서 자라는 세균의 종류를 바꿔놓는데, 그러면 기분에도 영향이 미칩니다. 수조 개에 달하는 장내 세균은 음식물의 소화뿐만 아니라 우리의 몸과 뇌에 영향을 미치는 다양한 화학물질의 생성을 돕지요. 식습관을 바로잡으면 장내 세균의 구성에 좋은 변화가 일어나고, 기분에도 긍정적인 영향을 미칩니다.[138]

다음은 건강에 좋은 주요 음식 목록입니다. 당신이 식습관을 바꾸는 목적은 체중 감량이 아니라 건강에 좋은 음식을 더 많이 먹고 건강에 나쁜 음식을 덜 먹기 위해서예요. 한 연구에서는 이렇게 식습관을 바꾼 사람들의 우울증 증상이 대조군에 비해 약 두 배 가량 개선된 것을 확인했습니다.[139] 식습관의 변화는 그 자체로 우울증 치료에 필수는 아니지만 건강을 균형 있게 바로잡아주는 요법입니다.

- 통곡물 – 하루에 140~230그램

- 채소 – 하루에 450그램

- 과일 – 하루에 450그램

- 익힌 콩류 – 하루에 3~4컵(450~600그램)

- 저지방 무가당 우유나 요구르트 – 하루에 2~3컵

- 익히지 않은 무염 견과류 – 하루에 30그램

- 조리된 생선 – 일주일에 최소 200그램

- 조리된 육류의 살코기 – 일주일에 200~260그램

- 조리된 닭고기 – 일주일에 160~240그램

- 달걀 – 일주일에 6개 이상

- 올리브유 – 하루에 3숟가락

그리고 다음 식품들은 적게 먹도록 노력해보세요. 단맛 나는 간식, 정제한 곡물, 튀긴 음식, 패스트푸드, 가공육, 설탕 함유 음료(일주일에 3개 미만), 증류주와 맥주 등의 술 섭취도 줄여야 해요. 단, 여러 연구 결과 식사에 곁들이는 (적)포도주 한 잔은 괜찮다고 밝혀졌습니다.

인생의 주도권을 습관에게서 되찾아오려면

습관의 가장 큰 문제점은 그것이 당신에게서 인생의 주도권을 빼앗아간다는 점이에요. 습관은 당신의 행복이나 장기적인 안녕 따위는 아랑곳하지 않지요. **당신에게는** 분명 중요한 일들인데 말이죠. 습관에게 당신 인생을 돌려달라고 매달려봤자, 아마 보기 좋게 무시당하고 말 거예요.

중요한 사실은, 당신이 습관을 설득하지 않아도 된다는 것입니다. 당신의 뇌 속 자동조종장치가 특정한 항로를 고집한다고 해서 그 뜻을 꼭 따라야 하는 것은 아니에요.

당신에게는 (그게 무엇이든) 다른 것을 선택할 만한 힘이 있어요. 그런데 당신이 그런 힘을 갖고 있다는 사실을 알아차리기만 해도 변연계가 꿈틀거리며 당신에게 불편한 느낌을 안길 거예요. 소설가 밀란 쿤데라는 이것을 "참을 수 없는 존재의 가벼움"이라고 표현했지요. 사실, 인생을 통제 불가능한 것으로 생각해버리는 편이 훨씬 편하긴 해요. 하지만 당신에게는 분명 당신의 인생을 통제할 능력이 있습니다.

당신의 인생을 습관에게서 되찾아오기 위해 반드시 모든 습관을 버려야 하는 것은 아닙니다. 다만 당신 마음에 드는 습관, 당신을 원하는 방향으로 이끌어줄 습관을 선택하세요. 쉽지 않은 일이지만, 당신에게 중요한 일이라면 애쓰는 것만으로도 의미가 있습니다.

새로운 습관을 만드는 일은 어렵습니다. 하지만 그것이 당신에게 왜 중요한지, 어떤 이로움을 줄지 생각해보세요. 심호흡을 한 번 하고, 앞으로 나아갈 새로운 길을 선택할 힘이 아직 당신에게 남아 있음을 차분히 되새겨보세요. 그것으로 충분합니다.

10 감사하기

고대 그리스의 스토아 철학자 에픽테토스는 말했습니다. "자기가 갖지 못한 것에 슬퍼하지 않고 가진 것에 기뻐하는 사람이 현명한 사람이다." 그 옛날 그리스인들은 행복이란 우리가 처한 상황이 아니라 그 상황을 어떻게 생각하는지에 달려 있음을 이해하고 있었던 거예요. 듣던 중 반가운 소식이지요. 현실은 대체로 바꾸기 어렵지만, 현실에 대한 인식은 그보다 훨씬 바꾸기 쉬우니까요. 현실에 대한 인식은 당신이 무엇에 중점을 두는지에 따라 바뀌고, 그 변화는 당신의 뇌 활동과 뇌 화학에 영향을 미칩니다.

우울증 상태에서는 이런 과정이 당신에게 불리하게 작용하기도 합니다. 뇌가 부정적인 정보에 더 많이 쏠려 있기 때문이지요. 다행히 당신이 좀 더 긍정적인 것들에 주의를 돌리는 것으로 부정 편향을 상쇄할 수 있습니다. 당신을 응원하는 사람이나 당신이 가치 있게 여기는 것에 집중해보는 거예요. 삶의 긍정적인 측면에 집중하면 긍정적인 감정이 쉽게 일어나고, 이러한 경험은 우울증에서 빠져나오는 상승 나선을 만드는 데 도움을 줍니다.[140, 141]

당신이 이미 좋은 것을 가졌는데도 그것이 기대에 못 미치면 감사하기가 어려울 거예요. 자신이 지닌 좋은 자질들에 대해서는 특히 더 그렇죠. 당신이 가진 자질을 가치 있게 여기고 감사하기 위해서는 너그럽게 용서하는 마음과 자비의 마음을 갖는 것이 도움이 됩니다.

이번 장에서는 당신의 뇌가 간과하거나 왜곡했을지 모를, 당신 인생에서 감사해야 할 부분을 찾아나가는 일에 집중하겠습니다. 그 여정의 일부로 자기 자비와 용서를 연습할 거예요.

여기서 핵심은 더 많이 감사하는 것이 아닙니다. 감사는 마음만 먹는다고 해서 되는 일이 아니니까요. 그보다는 오히려 감사해야 할 대상을 깨닫는 것이 중요합니다. 그 깨달음이 변화를 만들어낼 거예요.

감사의 어려움과 이로움

우울증 상태에서는 도파민계가 제대로 작동하지 않습니다. 그러니 당신이 감사한 것들에 대해 생각하지 못할 수밖에요. 도파민계의 오작동 때문에 그런 생각이 당신에게 일말의 기쁨도 주지 못하는 거예요. 친구들은 당신에게 그냥 우울증을 벗어던지고 신나는 생각에 좀 더 집중해보라고 선의의 조언을 건넸을지도 모릅니다. 심지어 당신은 그러려고 노력도 해봤을 테지만, 기쁨을 느껴야 할 상황에서 오히려 공허감만 느꼈을지도 모릅니다. 그러면 스스로 감사하고 살 줄 모른다며 자책하기 쉬운데, 그건 별로 달갑지 않은 일이죠. 그러니 감사 따위 알 게 뭐야 하고 아예 덮어버리는 편이 속 편했을 거예요.

내가 당신에게 감사하는 마음을 더 많이 느껴야 한다고 강요하지 않는 이유가 바로 여기 있습니다. 감정은 마음대로 조절하기 어려우니까요. 하지만 당신의 행동과 주의력은 어느 정도 스스로 통제할 수 있습니다. 현실의 긍정적인 부분에 집중하고, 자신의 단점은 너그럽게 받아들여보세요.

수많은 연구가 감사의 이로운 점들을 밝혀냈습니다. 감사는 대개 우울증 증상과 스트레스를 줄여주며, 사회적으로 지지받고 있음을 더 잘 인식하게 해줍니다.[142] 또한 자존감과 심리적 안녕감을 향상시키고,[143] 신체 건강과 수면의 질도 개선해줍니다.[144, 145]

감사가 이렇게 많은 효과를 발휘하는 이유는, 그것이 뇌 영역과 뇌 화학에 아주 광범위한 영향을 미치기 때문입니다. 무엇보다 감사는 도파민계, 그중에서도 특히 도파민을 생성하는 뇌간 영역을 활성화합니다.[146] 감사가 보상을 받은 느낌과 즐거움에까지 폭넓게 영향을 미친다는 뜻이지요. 이것 말고도 감사의 긍정적인 효과는 다양한데, 나머지는 이번 장을 읽으면서 하나하나 알아나가기를 바랍니다.

"아무도 무너뜨릴 수 없는 여름"

실존주의 소설가 알베르 카뮈는 우리 내면에 "아무도 무너뜨릴 수 없는 여름"이 존재한다고 했습니다. 가슴 깊이 남아서 힘든 시절을 견뎌내게 해주는 긍정적인 기억을 뜻하는 말이지요. 흥미로운 점은 슬픔도 때로는 우리를 그렇게 감사한 순간으로 데려다 놓는다는 거예요. 어떤 일이 끝났을 때 우리는 끝났다는 사실에 슬퍼하면서도 그것을 경험했다는 것에 감사함을 느끼지요. 이렇듯 슬픔과 감사는 동전의 양면과도 같습니다.

모든 것은 언젠가 끝납니다. 그 사실이 감사를 피할 근거가 되지는 않습니다. 모든 일에는 끝이 있고, 우리가 그것을 누릴 수 있는 기간이 한정돼 있기 **때문에** 의미가 있는 것입니다.

뇌는 복잡해서 여러 감정을 동시에 느낄 수 있어요. 슬퍼하면서도 감사할 수 있고, 또 화가 나는데 후련하고 불안한 마음이 한꺼번에 들 수도 있죠. 그럴 때마다 그 모든 감정에 집중하기란 사실상 불가능합니다. 그래서 우리가 중점을 두는 감정이 막강한 영향력을 갖게 되는 겁니다.

행복한 기억을 떠올리면 전방대상피질에서 세로토닌 생성이 활성화됩니다.[147] 측좌핵 또한 활성화되는데, 이는 뇌에서 의욕을 자극하는 도파민이 분비된다는 증거예요.[148] 뇌의 주요 영역들에서 핵심 신경전달물질들이 조절되는 셈이니 모두에게 이로운 일이지요.

행복한 시절 회상하기

행복한 추억 몇 가지를 아래에 적어봅니다. 자세하지 않아도 기억을 불러낼 수 있는 단어 몇 개면 충분합니다. 당신 기억에 남은 그때를 떠올려보세요.

- · ....
- · ....
- · ....
- · ....
- · ....

- ....
- ....
- ....
- ....
- ....
- ....

　　행복한 추억은 글로 쓰기보다 머릿속으로 되새겼을 때 더 큰 행복감을 줍니다. 글쓰기는 행복했던 일을 분석하게 만드는 반면, 되새기기는 과거의 일을 머릿속으로나마 지금 다시 경험하게 해주기 때문이에요.[149] 되새기기와 비슷한 효과를 내는 것이 바로 시각화입니다.

행복한 시절 시각화하기

　　과거의 한 순간을 선택합니다. 누군가와 함께 했던 순간도 좋고, 혼자 어딘가 멋진 곳에 있었던 때도 좋아요. 먼저 천천히 깊게 호흡합니다(3장 참고). 그런 다음 타이머를 1분에 맞추고, 그때의 행복했던 장면들을 세세하게 머릿속에 떠올려봅니다. 당신 주변의 색깔과 냄새, 촉감, 소리를 되새겨보세요. 누군가와 함께 있었다면, 그 사람이 어떤 모습이었으며 무슨 말을 했는지 떠올려보세요.

　　1분이 지난 뒤, 당신의 기분을 스스로 들여다봅니다. 기분이 좋아졌다면 그 기억은 당신에게 '아무도 무너뜨릴 수 없는 여름'의 일부라는 증거입니다.

미래에 대해 감사하기

낙관도 일종의 감사입니다. 미래가 품고 있는 가능성에 감사하는 마음을 갖는 것이니까요. 안타깝지만 낙관은 스트레스를 안겨줄 수도 있습니다. 앞날의 상황은 우리의 통제 밖에 있기 때문에 기대한 대로 이루어지지 않을 때 실망할 가능성이 언제나 잠재해 있죠. 이 점은 우울증을 겪는 사람 대부분을 비관에 빠뜨리는 데에도 한몫합니다. 우울증이 생기면 실망이라는 감정으로부터 뇌의 변연계와 측좌핵 그리고 자기 자신을 보호하려고 미리 비관적으로 생각하게 되거든요. 그러니 별로 내키지 않더라도 잠시 시간을 내 당신이 기대하는 바를 인정해보세요.

지금 당신이 겪고 있는 어려움 중에서 앞으로 나아질 가능성이 있는 일은 무엇인가요?

....

....

....

....

....

....

....

....

....

앞으로 당신에게 일어날지도 모르는 좋은 일은 무엇인가요? 여기서 말하는 좋은 일에는 긍정적인 결과를 내는 일뿐 아니라 기분이 좋아지는 일까지 포함됩니다. 그 일이 실현되리라고 확신하지는 못하더라도, 실현 가능성만으로 감사함을 느낄 수 있나요? (실현 가능성이 전혀 없는 상황도 있으니까요.)

....

....

....

....

....

....

....

다른 사람에게 고마움 느끼기

인간은 사회적 동물이며, 우리는 생존하고 번성하기 위해 서로를 필요로 합니다. 그런데도 다른 사람과의 관계를 아주 당연한 것으로 여기죠. 안타깝게도 무언가를 당연한 것으로 생각하면 감사하게 여길 수 없으니, 감사가 주는 효과 또한 누릴 수 없습니다.

지난 몇 년을 되돌아보면서 그동안 당신을 도와준 사람들을 떠올려보세요. 당신이 중요한 목표를 달성하도록 도와준 사람이나 힘겨운 시간을 버텨내도록 힘을 준 사람, 아니면 그저 당신을 미소 짓게 만든 사람의 이름을 적어보세요.

···
···
···
···
··· .

    다른 사람에게 고마운 마음을 표현하는 것은 그 사람의 삶에 긍정적인 영향을 미칩니다. 흥미로운 것은 그것이 당신 자신과 당신의 삶 그리고 뇌에도 긍정적인 영향을 미친다는 점입니다.

    감사는 다른 사람들과 연결되어 있다는 느낌을 강화합니다. 감사를 표현할 때는 다른 사람의 관점을 깊이 이해하고 공감할 때 활성화되는 뇌 영역, 즉 내측 전전두 영역이 활성화된다고 밝혀졌지요.[150] 감사가 다른 사람들과 연결된 느낌을 강화하는 이유는, 당신이 무언가에 감사하고 있음을 깨닫는 순간 무언가를 필요로 한다는 사실도 인정해야 하기 때문이에요. 그리고 당신이 무언가를 필요로 한다는 것을 인정하는 과정에서, 다른 사람들이 무엇을 필요로 하는지도 인식하게 되죠. 게다가 다른 사람에게 감사함으로써 얻는 혜택들은 연대감을 증진하는 옥시토신계에 영향을 줍니다.[151] 감사는 다른 사람들과의 연결감을 강화하고 이 연결감은 다시 감사한 마음을 느끼게 해주니, 확실한 상승 나선이죠.

    지금부터 소개하는 감사 표현법은 당신의 긍정적인 기분을 유의미하게 변화시키고, 그것을 몇 주간 지속시킬 수 있습니다. 또 감사와 연관된 뇌 영역인 전방대상피질도 활성화합니다.[152] 게다가 우울증 치료 효과도 더욱 높여주는 것으로 밝혀졌습니다.[153]

감사 표현하기

다른 사람에게 감사하는 마음을 표현하는 것은 감사의 효용성을 높이고 뇌 활동을 바꾸는 데 특히 효과적입니다. 우선 아주 간단하게 시도할 수 있는 방법이 감사 편지 쓰기입니다. 편지는 상대방에게 꼭 보내지 않고 쓰는 것만으로도 기분이 훨씬 좋아진답니다.

한 연구에서 참가자들에게 감사 편지를 쓰게 하고 그때 뇌에서 일어나는 작용을 분석한 결과, 편지 쓰기를 통해 감사와 연관된 전방대상피질의 활동에 변화가 일어나고, 몇 달 뒤까지도 그 상태가 지속된다고 밝혀졌습니다.[154] 전방대상피질은 일반적으로 자기 자신과 관련된 자극에 반응합니다. 감사히 여기는 마음을 실천하는 동안 삶의 긍정적인 측면이 돌연 자신에게 의미 있게 다가올 수 있다는 뜻이에요. 그렇다고 삶에서 긍정적인 측면을 찾으려고 눈에 불을 켜지 않아도 돼요. 뇌가 당신을 대신해 자동으로 나서줄 테니까요.

감사 편지 쓰기

지금껏 살면서 고마웠던 사람을 떠올려봅니다. 그중에서도 고마웠던 바로 그 당시에 제대로 감사를 전하지 못한 사람을 생각해보세요. 이미 감사를 전한 사람이라도 다시 한번 마음을 전하고 싶다면, 그렇게 해도 좋습니다. 아까 당신이 이름을 적은 고마운 사람 목록에서 찾을 수도 있겠죠.

그 사람에게 감사하는 마음을 담아 편지를 써보세요. 왜 감사하는지, 그들의 행동이 당신의 인생에 어떤 영향을 미쳤는지 구체적으로 표현하세요. 타이머를 15분으로 맞추고, 그냥 쓰세요. 문법이나 맞춤법은 전혀 신경 쓰지 마세요(이 편지를 그 사람에게 꼭 보낼 필요는 없어요).

....
....
....
....
....
....
....
....
....
....
....
....
....
....
....
....
....

감사 편지 쓰기로 더 많은 혜택을 얻고 싶다면, 앞으로 2주 안에 두 사람을 더 골라서 편지를 써보세요.

좀 더 여유가 생긴다면 편지를 받을 사람과 약속을 잡고 직접 편지를 전달합니다. 당신과 상대방 모두에게 이로운 자리가 될 거예요.

규칙적으로 감사 실천하기

매일 감사의 대상을 떠올리는 것도 감사를 실천하는 방법입니다. 간단하게는 감사 일기 쓰기를 들 수 있어요. 감사 일기는 정신질환이 있는 사람들에게서 긍정적인 감정과 연결감, 낙천성을 증가시키고 불안은 감소시키는 것으로 밝혀졌습니다.[155] 그뿐 아니라 감사를 규칙적으로 실천하는 것은 부교감신경계를 활성화하고 심박변이도를 높이는 데도 도움이 되어 침착한 상태를 유지할 수 있게 해줍니다.[156]

감사를 실천하는 일은 당신이 가진 좋은 것들에 집중하게 하고, 그럼으로써 베푸는 일도 더 쉽게 만들어줍니다. 한 연구에서는 감사할 때 측좌핵과 전전두피질에서 동기부여를 담당하는 부위가 활성화된다는 사실을 통해 감사와 너그러움이 연관되어 있음을 알아냈습니다.[157] 감사는 우리가 베푸는 걸 더 즐기게 해줄 뿐 아니라, 다른 사람들이 필요로 하는 것을 충족시키고자 하는 의욕을 높입니다. 방금 전에 언급한 연구에서는 감사를 계속해서 실천할 경우 전전두 영역의 활동이 활발해진다는 것도 발견했습니다. 감사는 다른 사람을 돕고자 하는 마음을 자극하는데, 뇌가 감사를 느끼는 능력은 연습할수록 더 커집니다.

앞으로 일주일 동안 감사 일기를 써보세요.

＊   감사 일기 양식은 QR 코드를 스캔해 내려받을 수 있습니다.

감사 일기 쓰기

인생에는 크고 작게 감사할 일이 많습니다. 매일 밤 잠자리에 들기 전에 하루를 돌아보며 감사한 일을 찾아보세요. 그날그날 겪은 사건이나 당신이 했던 긍정적인 행동, 그 밖에 당신 삶에 존재하는 그 무엇이든 좋습니다. 감사한 일을 날짜별로 다섯 가지씩 적어보세요.

날짜	감사한 일
1.	1. 2. 3. 4. 5.
2.	1. 2. 3. 4. 5.
3.	1. 2. 3. 4. 5.

날짜	감사한 일
4.	1. 2. 3. 4. 5.
5.	1. 2. 3. 4. 5.
6.	1. 2. 3. 4. 5.
7.	1. 2. 3. 4. 5.

긍정적인 일일수록 감사하는 마음을 느끼기가 더 쉬운 것은 사실이지만, 그것이 감사의 필요조건은 아닙니다. 한 연구는 감사하는 마음을 더 크게 느끼는 것이 우울증을 어느 정도로 개선하는지를 3개월 후와 6개월 후로 나누어 확인해보았습니다. 3개월까지는 긍정적인 일이 많을수록 우울증도 더 크게 개선되었지만, 6개월이 지났을 때는 긍정적인 일의 크기나 빈도가 그리 큰 영향을 미치지 않았지요. 즉 단기적으로는 긍정적인 일을 겪고 크게 감사하는 것이 우울증 개선에 도움이 되지만, 장기적으로는 크건 작건 그저 감사하는 마음만 있으면 된다는 뜻입니다. 그러니까 당신의 삶에 긍정적인 일이 꼭 필요한 것은 아니라는 거죠. 일단 감사하는 습관이 생기면 그 마음 자체만으로도 당신에게 힘이 됩니다.[158]

감사 일기를 일주일 동안 써보고, 좀 더 여유가 생긴다면 그것을 한꺼번에 읽어보세요. 또 그 일주일 동안 당신에게 힘을 준 사람들을 생각해보세요. 그중에서 적어도 한 사람을 골라 감사의 이메일이나 문자메시지나 쪽지를 보내세요. 아니면 전화를 걸어도 좋고, 직접 만나서 고맙다고 인사할 수도 있겠죠. 인사를 꼭 길게 나누지 않아도 좋아요. 그냥 "이번 주에 나를 도와줘서 고마워요" 정도면 충분합니다. 더 큰 혜택을 얻고 싶다면 이 과정을 매주 반복하세요.

감사를 연습한다는 것

2장에서 당신이 즐길 수 있는 활동을 하라고 권했던 것, 기억하나요? 즐길 수 있는 활동은 그 자체로도 보상을 주는 한편, 감사를 연습할 기회도 제공합니다. 당신이 하는 활동의 긍정적인 측면과 가장 즐기는 일에 주의를 집중하면 그 활동에 대한 경험은 더욱 풍성해집니다. 예컨대 음식에 주의를 집중하면 뇌의 동기부여 작용과 감정적 반응에도 영향을 미칩니다.[159] 정신이 딴 데 팔려 있으면 자신이 하고 있는 일을 온전히 즐기기가 어려우니, 현재의 즐거움에 몰입해보세요. 지금 곁에 있는 사람과 함께하는 시간을 즐기고, 지금 먹는 음식을 찬찬히 음미해보세요.

순간순간을 음미할 만한 활동을 몇 가지 제안합니다.

- 아이스크림(또는 무엇이든 좋아하는 음식) 먹기
- 해 질 녘에 산책 나가기
- 책 읽기
- 심호흡하기
- 친구들과 어울려 시간 보내기
- 땀이 날 때까지 운동하기

이 밖에 당신만이 음미할 수 있는 순간도 떠올려보세요. 감사 일기에 그 순간들을 기록해보세요.

잡무의 긍정적인 면 즐기기

집안일이나 일상적인 잡무를 처리하는 동안에도 감사를 활용할 수 있습니다. 예를 들어 빨래를 갤 때 말끔한 양말에서 나는 기분 좋은 냄새나

옷을 좌우가 대칭되게 반듯이 갤 때 느껴지는 쾌감에 집중해보는 식으로요.

앞으로 잡무를 처리할 때는 그 일의 긍정적인 측면에 집중해보세요. 그 순간에 느낄 수 있는 작은 기쁨에 몰입해보세요. 그런 다음 그 일에 대한 생각이나 느낌에서 달라진 점을 적어보세요.

....

....

....

....

....

....

....

집안일을 할 때는 그 일이 사소해 보여도 실은 당신의 일상을 정돈하는 데 꼭 필요한 과정이라는 점을 되새겨보세요.

스스로에게 감사하기

우울증 상태에서는 자기 자신이 커다란 후회와 불안으로 똘똘 뭉쳐진 덩어리 같기도 합니다. 우울증은 당신을 온통 부정적인 측면에만 집중하게 만들지만, 당신에게는 훨씬 다양한 면모가 있습니다. 비록 당신이 원하는 바로 그 모습은 아니더라도, 당신이 지닌 자질 중에서 마음에 드는 부분을 생각하는 것은 바람직한 일입니다.

이것이 바로 감사의 힘을 구성하는 핵심 요소예요. 감사가 우울과 불안에서 우리를 지켜주는 것은 다른 사람들과의 관계에 도움을 주기 때문만이 아니라 우리 자신과의 관계도 개선해주기 때문이지요.[160]

당신이 지닌 자질 중에서 스스로 그 가치를 인정하며 바꾸고 싶지 않은 것은 무엇인가요?

....

....

....

....

....

....

당신을 힘들게 했던 일이 전화위복이 되어 결국에는 좋은 쪽으로 마무리된 적이 있나요? 있다면 그 일을 자세히 묘사해보세요. 사귀던 사람과 헤어졌지만 오히려 이별을 계기로 자신을 더욱 잘 알게 되었다거나, 실직 후 삶이 더 긍정적으로 바뀌었다거나 하는 경우를 들 수 있겠죠. 긍정적인 측면이 부정적인 측면을 상쇄하지 못하는 경우라도, 잃은 것보다 얻은 것에 초점을 맞추는 것이 당신에게 이롭습니다.

....

....

....

....

....

....

....

　　자기 자신의 가치를 제대로 평가하고 인정하는 것이 쉽지 않을 때도 있습니다. 누구나 스스로 싫어하는 면모가 있고, 그런 면을 보고는 좀처럼 그냥 넘어가기가 어렵기 때문이지요. 바로 이 지점에서 자기자비가 요구됩니다.

자기자비와 용서

당신이 긍정적인 것에 감사한다고 해서 반드시 자신, 또는 어떤 상황이나 어떤 사람의 모든 면을 좋아해야만 하는 것은 아닙니다. 당신은 물컵의 90퍼센트가 비어 있더라도 남은 한 모금에 고마움을 느낄 수 있습니다. 이 말은 있었으면 좋겠지만 지금은 없는 나머지 90퍼센트의 물을 무시하라는 뜻일까요? 아닙니다.

　　당신이 어떤 상황이나 사람의 부족한 면을 너그럽게 받아들이지 않는다면, 안타깝게도 당신에게는 계속 그 점만 두드러져 보일 것입니다. 당신 자신에 관한 일이라면 특히 더 그럴 거예요. 우리는 대개 어느 누구보다도 자기 자신에게 더 가혹하게 구니까요. 그렇기 때문에 자기자비와 용서가 상승 나선을 만드는 데 도움이 되는 것입니다.[161]

자기자비 연습

당신에게 우울증과 불안감으로 힘들어하는 친구가 있다면, 당신은 그 친구가 잘 이겨내도록 어떤 말로 위로해주고 응원해줄 수 있을까요?

....

....

....

....

....

....

....

....

당신이 쓴 것을 읽어보고, 이제 그 말을 스스로에게 해보세요. 우리는 다른 사람들과 관계를 맺듯이 자신과도 관계를 맺습니다. 그리고 두 가지 방식 모두 기본적으로 동일한 뇌 회로를 사용하지요. 자신을 좀 더 너그럽게 대하고 응원하면서 자신과의 관계를 개선해보세요.

스스로를 용서하기

우울증으로 힘들 때 가장 먼저 용서해야 할 사람은 바로 당신 자신입니다. 유전의 영향이나 유년기 경험 등 당신이 바꿀 수 없는 일들은 받아들이세요. 우울이나 불안 또는 그 밖의 건강 문제가 삶을 온전히 살아가지 못하게 방해하고 있을 때는 받아들임이 특히 더 중요합니다. 자신을 용서하고 나면 당신이 할 수 없는 일에서 할 수 **있는** 일로 초점이 옮겨 가게 됩니다.

다음에 소개하는 자기용서 활동은 당신 스스로 충분히 해낼 수 있다는 자신감이 생겼을 때 시도하세요.

나에게 편지 쓰기

자신의 한계를 생각해봅니다. 이를테면 남과 비교했을 때 모자라다고 여기는 부분, 부끄럽거나 수치스럽게 생각하는 면, 또는 죄책감이 느껴지는 행동일 수도 있어요. 당신에게 편지를 써서 스스로 한계 또는 결점이라고 생각하는 부분을 너그럽게 인정해보세요.

....

....

....

....

....

....

누군가에게 상처를 주고 미안한 적이 있나요? 그 사람에게 사과할 용기를 내보겠어요?

....

....

....

....

....

....

....

....

....

기억하세요. 사과란 당신이 자신의 행동을 후회한다는 것을 스스로 인정하는 일입니다. 상대방은 당신을 용서해야 할 의무가 없어요. 용서는 상대방의 선택에 달려 있습니다.

상처받았을 때 대처하는 법

다른 사람은 당신을 도울 수도 있지만, 의도와 상관없이 당신에게 상처를 줄 수도 있어요. 누군가에게 상처를 받으면 본능적이고 충동적으로 복수하고 싶은 마음이 생기지요. 이 과정에는 당연히 섬엽과 선조체가 관여합니다.[162] 상대방이 용서받을 가치가 있는 사람이건 아니건 상관없이, 당신이 받은 상처를 계속 품고 있는 것은 결국 스스로를 해하는 일입니다. 그 사람이 용서받을 가치가 있는지 없는지는 당신이 판단하지 않아도 돼요. 그보다는 용서하는 것이 상처를 잊고 앞으로 나아가는 데 도움이 될지 여부를 판단해보세요.

용서를 한다고 해서 당신이 그 사람을 좋아해야 한다거나 그 사람과 친구로 지내야 한다는 뜻은 아닙니다. 용서는 받아들이는 행위이고, 실제로 전전두피질과 변연계 사이의 의사소통 방식을 바꿉니다.[163] 용서를 하면 분노와 고통을 놓아 보낼 수 있으므로 우울과 불안을 줄이는 데 도움이 되죠.[164] 용서는 당신이 가진 힘이고, 그 힘을 휘두를지 말지 선택할 수 있는 것도 당신입니다.

지금부터 용서를 쉽게 하도록 도와주는 방법을 소개합니다. 맥컬로프와 루트, 코헨의 참신한 연구에서 차용한 것이에요.[165] 이 활동으로, 어떤 사람이 당신에게 어떻게 상처를 입혔는지, 또는 그 경험이 얼마나 고통스러웠는지보다, 의도나 예상은 안 했지만 그 일로 얻은 긍정적인 점에 집중할 수 있습니다.

◯ 일의 밝은 면 보기

타이머를 20분에 맞추고 어떤 사람이 당신에게 어떻게 상처를 입혔는지 쓰되, 그 일의 긍정적인 결과를 생각합니다. 그 일을 겪은 결과, 당신이 더 강해졌을 수도 있고 미처 깨닫지 못했던 자신의 강점을 발견했을 수도 있지요. 어쩌면 더 지혜로워지고, 자신감이 높아지고, 베풀 수 있는 여유가 생겼을지도 모릅니다. 긍정적인 관계를 강화하도록 힘을 보태주는 사람을 찾았을지도 모르고, 마침내 해로운 관계에서 벗어나 해방감을 느꼈을 수도 있겠죠. 그 일을 겪은 뒤 당신의 삶은 어떤 형태로 더 좋아졌으며 당신은 어떤 식으로 더 나은 사람이 되었나요? 솔직하게 터놓고 써보세요. 이때 분노와 슬픔을 비롯한 부정적인 감정을 표현해도 괜찮지만, 되도록 긍정적인 쪽으로 의식을 보내고 차분히 호흡하면서 부정적인 감정을 놓아 보내려고 노력하세요. 감사와 달리 용서는 상대방에게 이야기하는 것이 도움이 되지 않습니다. 이 활동은 오로지 당신만을 이롭게 하기 위한 것이에요.

....

....

....

....

....

....

....

....

....

....

....

긍정적인 감정의 무지개

행복은 마치 질 좋은 와인처럼 다양하고 복잡한 층위를 갖고 있습니다. 긍정적인 감정을 경험하는 데는 너무도 많은 방식이 존재하지요. 앞에서 긍정적인 감정으로서 즐거움과 의미, 연결감 등을 두루 살펴보았는데요. 지금부터는 당신에게 긍정적인 영향을 미치리라고는 미처 생각하지 못했을 감정 몇 가지를 이야기해보려고 합니다.

경외와 경탄

바닷가에 서서 수평선 너머 미지의 세계에서 밀려오는 파도를 바라보고 있다고 상상해보세요. 밤하늘을 올려다보는 것은 어떤가요. 어둠 속에서 무수히 빛나는 별은 당신을 대범하게 만드는 동시에 아주 보잘것없는 존재로 느껴지게도 하죠. 산속에 있는 당신을 그려보세요. 눈 덮인 봉우리가 보이고, 하늘은 바로 머리 위로 펼쳐지며, 저 멀리 아래로는 강물이 세차게 흘러가지요.

이런 장면은 대개 경외감을 일으키고, 우리의 기분에도 강력한 영향을 미칩니다. 경외감은 지금 이 순간 우리를 온전히 깨어 있게 할 뿐 아니라 행복감도 높여줍니다.[166] 또 기분을 끌어올리고 다른 사람과의 연결감도 키워주지요.[167] 상실에도 더 잘 대처하게 도와줍니다.[168]

경외감이 강력한 이유는 자신을 초월한 무언가에 다가감으로써 자기 자신이 아닌 바깥으로 주의를 돌리게 하기 때문입니다. 이는 내측 전전두피질의 자기초점적 감정 처리를 줄이는 효과를 낳지요.[169] 자신보다 더 큰 어떤 존재와 연결되었다는 느낌은 인생에 의미를 더해주고 심지어 영적인 경험마저 안

겨줍니다. 실제로 영성을 목표로 삼는 여러 가지 개입법은 스트레스와 우울, 심지어 중독 치료에도 도움이 됩니다.[170]

경외감은 전적으로 긍정적인 것만은 아니라는 점에서 더 흥미로운 감정입니다. 경외감은 유쾌하거나 불편하거나 압도적일 수도 있고, 이 모든 감정을 한꺼번에 느끼게도 하죠. 대부분의 강렬한 감정은 투쟁-도피 반응의 교감신경계만을 활성화하는 반면, 경외감은 휴식-소화 반응의 부교감신경계까지도 동시에 활성화합니다.[171] 그러면서 호흡을 빨라지게도 하죠.[172] 때로는 두려움이 섞여 들기도 하고요.[173] 즉 경외감은 활력을 불어넣는 동시에 마음을 진정시켜주는 감정입니다.

안타깝게도 우울증 상태에서는 강렬한 감정을 다 나쁜 것으로 받아들이기 쉽습니다. 하지만 경외감은 있는 그대로 즐기려고 노력해보세요. 강렬한 감정은 대체로 단순하지 않지만, 우리 삶에 맛깔난 양념을 더해줍니다.

당신의 삶에 경외와 경탄을 더할 만한 방법 몇 가지를 제안합니다.

- □ 일몰 지켜보기

- □ 밤하늘 올려다보기

- □ 온라인상에서 경외감을 불러일으키는 이미지의 슬라이드 쇼 감상하기

- □ 바닷가에 서 있기

- □ 국립공원에 가기

- □ 집이나 직장에 경외감을 일으키는 자연 풍광 사진 붙여놓기

- □ 전망 좋은 호텔방에 머물기

- □ 멋진 풍경이 보이는 곳으로 드라이브나 등산 가기

- □ 교회나 절 등 종교 모임 장소 가기

□ 웅장한 건축물을 감탄하며 바라보기

□ 미술관이나 조각공원에 가기

◦ 자연에 몰입하기

경외감을 가장 흔히 경험할 수 있는 곳은 자연입니다. 요세미티 계곡의 장엄함, 사막의 적막한 아름다움을 떠올려보세요. 실제로 그저 자연 속에 있는 것만으로도 스트레스 수준이 내려가고 좋은 감정들이 촉발됩니다. 여러 연구를 분석한 대규모 연구 결과, 우리가 자연에 노출되면 긍정적인 감정은 눈에 띄게 높아지고 부정적인 감정은 한결 누그러진다는 사실이 밝혀졌습니다.[174] 자연은 우리로 하여금 다른 사람 그리고 주변 세계와 더 잘 연결되어 있다고 느끼게 해주지요.[175]

마음챙김, 운동 등 이 책에서 제안한 우울증 개선의 여러 방법과, 자연을 음미하는 일을 결합할 수도 있습니다. 자연 속을 거니는 것이 도시를 산책하는 것보다 긍정적인 감정을 불러일으키는 데 훨씬 큰 효과를 낸다는 것을 밝힌 연구도 있습니다.[176]

당신이 애초에 자연 친화적인 사람이 아니더라도, 자연이 가져다주는 긍정적인 감정과 안녕감, 동기부여 효과는 동일하게 누릴 수 있습니다. 다시 말해서 당신이 꼭 자연을 사랑해야만 자연의 혜택을 누릴 수 있는 것은 아니에요.[177] 게다가 자연의 혜택을 누리기 위해 반드시 애팔래치아 트레일에 올라야 하는 것도 아닙니다. 물론 당신이 그러기를 원한다면 말리지는 않겠지만, 소소한 방식으로도 자연이 주는 혜택을 충분히 누릴 수 있습니다.

자연을 더 많이 경험할 수 있는 방법으로는 어떤 것들이 있을까요? 다음 목록에서 당신이 시도해볼 만한 방법을 체크해보세요. 다른 아이디어가 있다면 얼마든지 추가해도 좋습니다.

- □   뒷마당에 앉아 있기

- □   공원에 가기

- □   캠핑하기

- □   산림욕하기

- □   햇볕 쬐며 앉아 있기

- □   골프장 가기

- □   등산하기

- □   호숫가에 앉아 있기

- □   배낭 메고 도보 여행 하기

- □   (야외) 암벽타기

- □   스키 타고 언덕 내려오기

- □   스키 타고 평지 걷기

- □   눈길 걷기

- □   소풍 가기

- □   ....

- □   ....

당신이 할 일을 몇 가지 선택한 후, 활동 일정표에 기록하고 그대로 실천해보세요!

유머의 힘에 의지하기

나는 대학 시절에 즉흥 코미디 동아리에 들어가려고 오디션을 봤다가 보기 좋게 떨어진 적이 있습니다. 그것도 두 번씩이나요. 코미디 연기자 지망생이 뇌 과학을 연구하게 되었다니까 언뜻 일반적인 진로를 밟지 않았다고 의아할 수도 있겠네요. 어쨌든 누구에게나 각자의 여정이 있는 법이니까요. 나는 오디션 낙방 후 즉흥 코미디 대신, 친구의 친구를 따라서 스탠드업 코미디를 시작했어요. 지금은 심야 코미디쇼 프로그램의 작가가 된 그 친구가 그 당시 내게 스탠드업 코미디의 비결을 하나 알려주었습니다. '우스운 게 생각나면 무조건 적어둬라!'

당신이 스스로 유머 감각이 있다고 생각하지 않더라도, 하루에 하나쯤은 우스운 생각이 떠오를 거예요. 그냥 당신 혼자만 재미있는 것이라도 말이에요. 대부분의 사람은 그런 것들에 신경을 쓰지 않습니다. 그냥 머릿속을 쓱 스치고 지나가도록 내버려두지요. 하지만 당신이 웃기는 것에 관심을 기울일수록, 유머와 관련된 경험을 크게 확장할 수 있습니다.[178] 게다가 생활 속에 유머가 많이 녹아들수록 우울 증상이 줄어들고 행복감이 높아지며, 그 효과는 수개월 간 지속될 수 있다고 합니다.

유머는 뿌듯함과 즐거움이라는 보상을 주기 때문에 도파민이 풍부한 측좌핵과 도파민을 생산하는 뇌간 영역을 활성화합니다.[179] 그뿐 아니라 전전두피질의 동기자극 영역과 편도체도 활성화하는데,[180] 이는 장기적으로 건강한 삶을 꾸려가는 데 매우 중요한 전전두피질과 변연계의 균형에 큰 도움을 줍니다.

・ 우스운 일 적어두기

일주일 동안 공책 한 권을 들고 다니면서(스마트폰을 써도 돼요), 우
스운 일이 일어날 때마다 적어둡니다. 재밌는 사건이나 대화도 좋고, 뭔가 관
찰하다 재미난 점을 발견하거나 그냥 머릿속에 엉뚱한 생각이 떠오를 때도 기
록해보세요.

좀 더 여유가 생긴다면, 그 생각들을 제대로 된 원고로 구성해 사람들 앞
에서 공연을 해보세요.

・ 유머 감각 키우기

일상생활에 유머 감각을 더 많이 들여놓으세요. 여기에 몇 가지
방법을 제안합니다.

- ☐ 웃긴 TV 프로그램 시청하기
- ☐ 코미디 쇼 관람하기
- ☐ 온라인에서 웃긴 영상 찾아보기
- ☐ 만화책 읽기
- ☐ 웃긴 영화 보기
- ☐ 농담 하거나 듣기

당신은 무엇이 또는 누가 우습다고 생각하나요? 어떻게 하면 그 우스운
일이나 사람을 당신의 생활에서 더 큰 부분으로 만들 수 있을까요?

감사는 내 욕구와 욕망을 인정하는 과정이다

유머, 경외감, 감사, 자비는 모두 상승 나선을 만들어주는 훌륭한 수단이지만, 그렇다고 그 감정들이 언제나 쉽게 얻어지지는 않습니다. 그중에서도 특히 감사를 느끼기가 어려울 수 있어요. 감사는 어떠한 욕망이나 욕구가 무언가에 의해 충족되었다고 인정해야만 느낄 수 있는 감정이기 때문이지요. 그래서 감사를 느낄 때면 우리의 취약한 부분도 저절로 드러납니다.

그러나 행복을 위해서는 반드시 자신의 취약함을 인정해야 해요. 취약함은 엄연히 존재하는 것이며, 그 사실을 받아들이지 않는 한 당신은 불편한 마음에서 벗어날 수 없습니다. 이렇듯 감사할 때 자신의 취약성과 직면하게 된다는 점을 생각해보면, 감사는 감정이입과도, 또 다른 사람과의 관계와도 뗄 수 없는 요소임을 알 수 있습니다. 자신의 욕구와 욕망을 인정하는 과정에서 자연스럽게 다른 사람의 욕구와 욕망도 이해할 수 있게 되니까요.

당신이 고마움을 느끼는 대상으로 주의를 돌려보세요. 그 어떤 것에도 고마운 마음이 들지 않는다면, 우선 자신을 너그럽고 자비로운 마음으로 대하세요. 부정적으로 치우친 마음을 놓아 보내기는 어렵지만, 그것이야말로 앞으로 나아가는 가장 좋은 방법이랍니다.

비록 크기는 제각각 다르더라도, 우리에게 주어진 경이로운 선물은 셀 수 없이 많습니다. 그중에는 스스로 힘들게 노력한 결과로 얻은 것도 있고, 우연한 행운으로 다른 사람이나 심지어 우주로부터 받은 것도 있습니다. 그 선물을 스스로를 지탱하기 위해, 나아가 당신보다 더 커다란 무언가를 위해 활용하세요. 당신의 상승 나선이 상승 운동을 이어갈수록, 당신은 점점 받는 것이 아니라 주는 것에 감사하게 되고, 상승에 더 큰 동력을 불어넣을 수 있을 것입니다.

11 뇌가 당신을 방해할지라도

나는 수년간의 연구 끝에 우울증을 완벽하게 해결하는 단 하나의 방법은 없으며, 수많은 세부 사항이 모여 우울증 개선에 도움이 되는 해결책을 이룬다는 사실을 깨달았습니다. 당신의 생각과 행동, 다른 사람과 나누는 상호작용과 환경을 조금씩 바꿔나가다 보면, 우울증의 원인이 되는 뇌의 특정한 활동과 화학작용을 변화시킬 수 있습니다. 때로는 작은 변화 하나로 큰 효과를 얻을 수도 있지만, 그 과정이 언제나 수월하게 진행되지만은 않습니다.

어쩌면 변화를 시도할 때마다 뇌가 당신을 방해하는 것처럼 느낄지도 모릅니다. 그래도 뇌를 너그럽게 용서해주세요. 뇌는 당신을 보호하기 위해 그런 식으로 진화한 것이니까요. 변화가 두려울 때는 심리학자 에이브러햄 매슬로가 남긴 말이 도움이 될 거예요. "안전한 지대로 되돌아갈지 아니면 앞으로 나아가 성장할지, 선택은 자신의 몫이다." 어떤 것은 당신의 앞길을 막아서는 동시에 당신을 이롭게도 할 수 있습니다. 그러니 그것들을 내다버려야 할 쓰레기가 아니라 앞일을 위해 공구함에 담아야 할 도구로 여기세요.

우울증은 당신에게 도움이 될 만한 일이라면 무엇이든 어렵게 만들어버리는, 아주 지독한 상태입니다. 이 책 전체에 걸쳐 나는 당신에게 이런저런 활동을 제안했지만, 만약 당신이 당장 그런 일을 해나갈 자신이 없다고 해도 괜찮습니다. 우울증에서 벗어나는 것이 전적으로 당신 손에 달려 있지는 않으니까요. 당신을 돕는 것이 직업인 전문가들이 정신 건강과 관련된 여러 영역에 걸쳐 폭넓게 활동하고 있습니다. 그들은 당신 혼자서는 할 수 없는 여러 방식을 적용하여 당신을 상승 나선으로 이끌어줄 수 있답니다.

우울증으로 고통받는 사람 중 상당수에게는 약물 치료가 상승 나선의 일부로 작용할 수 있습니다. 실제로 우울증에 걸린 사람의 약 40퍼센트는 몇 달간 항우울제를 복용하는 것만으로도 완전히 회복될 수 있습니다. 당신이 그 40퍼센트에 속한다면 약물 치료라는 가장 간단한 방법으로 우울증에서 벗어날 수 있다는 얘기지요. 문제는 당신이 거기 속하는지 아닌지 과학적으로 미리 판단할 방법이 아직은 없다는 것입니다.

또 다른 치료법으로 신경 조절이라는 것도 있습니다. 경두개 자기자극TMS, Transcranial Magnetic Stimulation과 전기경련요법ECT, Electroconvulsive Therapy 등이 여기 해당하는데, 이들은 각각 자기와 전기로 신경 회로를 직접 자극하여 뇌 활동을 변화시키는 방법입니다. 그리고 우울증에 효과가 있다고 증명된 심리치료법도 다양하지요. 사실 이 책에서 제안한 방법 중에도 그러한 심리치료법에서 참고한 것이 많습니다.

약물 치료와 신경 조절 치료법, 심리치료 등은 모두 방식만 다를 뿐 우울증과 불안에 원인을 제공하는 데 핵심이 되는 뇌 회로의 활동과 화학적 상태를 바꾸는 치료법입니다. 이들 치료법은 이 책이 계속 강조한 뇌 활동과 뇌 화학을 조절함으로써 효과를 내는 것이지요. 다만 사람마다 각 치료법에 반응하는 정도가 다를 뿐입니다.

어느 쪽이건, 우울증을 벗어나는 데 가장 중요한 것은 당신 스스로 회복을 위해 취하는 행동입니다. 전문적인 우울증 치료도 당신이 적극적으로 참여할 때 더 좋은 효과를 낼 수 있습니다. 의사는 놀라운 능력으로 당신을 치료해주는 마법사가 아니라, 회복을 향한 당신의 여정을 함께하는 협력자입니다. 따라서 병원 치료를 받을 때 당신이 그 과정에 더 적극적으로 참여할수록 더 좋은 결과를 기대할 수 있습니다.[181]

스스로 우울하고 불안한 상태가 불만이라면 정신 건강 전문가의 연락처를 찾아보세요. 그리고 진료 예약을 잡으세요. 그렇다고 꼭 약을 복용해야 하는 것도 아니고 원치 않는 치료법을 받아들여야 하는 것도 아니에요. 지금 만나는 치료사나 의사가 회복에 도움을 주는 것 같지 않다면 다른 전문가를 찾아보세요. 단, 모든 문제를 당신 혼자서 해결하지 않아도 된다는 사실은 꼭 기억하세요. 전문가가 존재하는 데는 다 그럴 만한 이유가 있으니까요.

모든 문제를 단숨에 해결할 필요는 없다

이제 이 책은 거의 다 끝나가지만, 당신의 여정은 아직 끝나지 않았습니다. 며칠, 몇 주 또는 몇 달은 쉬울지도 모르지만, 때로는 우울증이 당신을 짓누르려고 들지도 모릅니다. 당신의 우울증이 어느 길로 빠질지, 진행 경로는 결코 명확히 예측할 수 없으니까요.

그러나 우울증 상태에서도 의미를 찾는 일은 가능합니다. 우울증에 걸려서도 행복과 연결감을 느낄 수 있으며 가치 있는 목표를 향해 앞으로 나아갈 수 있습니다.

우울증 증상이 들쭉날쭉 이어지더라도, 그것은 당신이 직접적으로 통제할 수 있는 일이 아니니 그저 당신이 걸어온 길을 계속 이어가세요. 당신 자신을, 또는 과학을, 아니면 신이나 우주를 믿고 나아가세요.

지금까지 그 여정 위에서 당신이 이뤄낸 것을 되돌아보세요. 산을 오를 때와 마찬가지로, 환하게 빛나는 정상만을 바라보다 보면 목적지까지 얼마나 더 남았는지에만 온통 신경이 쏠릴 수도 있어요. 그렇게 하는 것이 의욕을 자극한다면 그것도 괜찮습니다. 하지만 때로는 걸음을 멈추고 심호흡을 하고 저 아래 어두운 계곡을 내려다보는 여유도 필요하지요. 아직 가야 할 길이 많이 남았더라도, 지금까지 얼마나 먼 길을 걸어왔는지 돌아보면 뿌듯함을 느낄 수 있을 거예요.

살아가면서 기억했으면 하는 한 가지는, 당신이 고장 난 것이 아니라는 사실이에요. 당신은 단지 기적 같은 경이로움으로 가득한 인간의 뇌를 갖게 되었고, 그 뇌가 안타깝게도 우울증의 패턴에 갇힐 가능성을 갖고 있었을 뿐이에요. 불안이 느껴질 때는 단지 뇌의 편도체가 잠재적 위험을 알리는 신호를 보내고 있다고 생각하세요. 몸과 마음이 고통스러울 때는 전방대상피질이 당신의 여정에 중요하다고 판단한 바를 당신에게 알려주고 있다고 생각하고요. 걱정 회로에 갇혀 있다면 전전두피질이 당신의 불안을 해결하기 위한 방법을 찾았지만 그 방법이 아직 불완전하기 때문이라고 생각하세요. 패배감이 느껴진다면 그건 배측 선조체가 수년간 실행해온 감정 습관을 되풀이하고 있다는 증거라고요. 게다가 그 습관은 다시 훈련해서 바꿀 수 있지요.

우리는 우울증의 드라마에 등장해 이런저런 문제를 일으키는 캐릭터들을 탓할 수 없어요. 그들은 우리 뇌 속에서 각자 지금 맡은 일을 하도록 진화되었을 뿐이죠. 당신은 그저 그들과 함께 잘 살아가기를, 또는 그들이 필요로 하는 것을 당신이 제대로 제공해줄 수 있기를 바라는 수밖에 없어요. 파도타기와 마찬가지로, 우울증에서 당신이 목표로 삼아야 할 것은 파도를 피하거나 멈추는 것이 아니라 그저 파도에 몸을 맡기는 것입니다.

앞에 놓인 길을 가기가 너무 어려워 보이고 도저히 계속할 수 없을 것 같다고 해도 괜찮습니다. 모든 문제를 단숨에 해결할 필요는 없어요. 당신이 내디딜 수 있는 한 걸음, 시도해볼 수 있는 작은 방법은 언제든 있으니까요. 최선의 선택이 아니라도 괜찮아요. 아무것도 하지 않거나 더 아래로 내려가려는 것보다 조금 더 나은 선택이기만 하면 돼요.

당신의 뇌를 더 강하게 만들 작은 걸음을 한 발짝 내디뎌보세요. 그러면 다음 걸음을 떼기가 쉬워지고, 그다음 걸음은 더 쉬워질 거예요. 다른 사람에게 의지하여 뇌의 감정 회로를 진정시키는 쪽이든 스스로 몸을 움직여 세로토닌을 분출시키는 쪽이든, 새로운 길을 만들어낼 기회가 바로 당신 앞에 있습니다.

감사의 말

내가 이 책을 쓰기까지 크고 작게 도움을 준 분들께 감사를 표하는 것으로 나 또한 감사의 힘을 활용해보고자 합니다. 먼저 나와 함께 뇌와 건강한 삶, 인생의 의미 등에 관해 의견을 주고받은 친구 여러분, 그때 당신들은 책 쓰는 일을 도와주고 있는 줄도 몰랐겠지만, 어쨌든 고마워요. 그리고 UCLA에서 나를 가르쳐준 과학계의 멘토와 지지자와 동료인 마크 코언, 알렉산더 비스트리츠키, 마틴 몬티, 앤디 룩터, 이언 쿡, 미셸 에이브럼스, 밥 빌더, 앤드류 펄리니, 웬디 슬러서, 피터 와이브로에게 감사드립니다.

　이 책이 세상에 나올 수 있도록 도와준 엘리자베스 홀리스 한센, 비크라지 길, 브래디 칸, 질 마살, 고맙습니다. 사랑과 격려를 보내준 나의 가족, 특히 임상경험과 뇌 과학적 전문 지식을 나눠준 나의 어머니, 레지나 팰리께 감사드립니다. 마음챙김 수행에 관한 열정과 지식을 전해준 UCLA 마음챙김 알아차림 연구 센터의 마브 벨저에게도 감사합니다. 에이미 헌터, 다라 가라메니, 조이 쿠퍼, 소중한 의견과 편집으로 도움을 줘서 고마워요. 대학원 시절부터 지금까지 나에게 영감을 불어넣어준 브루인 레이디스 얼티밋 팀원들에게도 감사를 전합니다. 사랑과 응원과 능숙한 편집(순서는 상관없어요)으로 나를 도와준 아내 엘리자베스에게도 감사합니다. 그리고 나로 하여금 삶을 더 중요하게 여기고, 잠은 덜 중요하게 여기도록 만들어준 조이, 고마워.

　　마지막으로 이 책을 빌리 고든 박사에게 바칩니다. 그는 내가 지금껏 만나본 사람 중에서 가장 흥미롭고 경이로운 사람이었습니다. 가난한 어린 시절에서 할리우드로 점프했다가 다시 뇌 과학 연구로 인생의 여정을 이끌었고, 성별을 뛰어넘었다가 제자리로 되돌아오는 과정에서 대부분의 사람은 상상하지도 못할 어려운 도전을 이겨냈지요. 우리가 친구이자 동료로 지낸 세월은 14년에 불과하지만, 그의 영혼은 앞으로도 늘 나와 함께 할 것입니다.

후주

머리말

1 Lebowitz, M. S., & Ahn, W. K. (2012). 〈정신장애에 관한 생의학적 설명과 치료가능성에 대한 정보를 결합하여 정신질환에 대한 낙인 줄이기Combining biomedical accounts of mental disorders with treatability information to reduce mental illness stigma〉. *Psychiatric Services*, 63(5): 496–499.

2 Lebowitz, M. S., & Ahn, W. K. (2015). 〈우울증의 생물학에서 유연성 강조: 행위주체성에 대한 인식 및 비관적 예후에 미치는 지속적 영향Emphasizing malleability in the biology of depression: Durable effects on perceived agency and prognostic pessimism〉. *Behaviour Research and Therapy*, 71: 125–130.

1장

3 Lebowitz, M. S., & Ahn, W. K. (2015). 〈우울증의 생물학에서 유연성 강조: 행위주체성에 대한 인식 및 비관적 예후에 미치는 지속적 영향Emphasizing malleability in the biology of depression: Durable effects on perceived agency and prognostic pessimism〉. *Behaviour Research and Therapy*, 71: 125–130.

4 Lamers, F., van Oppen, P., Comijs, H. C., Smit, J. H., Spinhoven, P., van Balkom, A. J., … Penninx, B. W. (2011). 〈대규모 코호트 연구에서 불안장애와 우울장애의 동반이환 패턴: 네덜란드 우울증과 불안증 연구Comorbidity patterns of anxiety and depressive disorders in a large cohort study: The Netherlands Study of Depression and Anxiety (NESDA)〉. *Journal of*

Clinical Psychiatry, 72(3): 341-348.

5   Lieberman, M.D., Eisenberger, N.I., Crockett, M.J., Tom, S. M., Pfeifer, J. H., & Way, B. M. (2007). 〈감정을 언어로 옮기기: 감정에 이름 붙이기는 감정적 자극에 반응하여 일어난 편도체의 활동을 방해한다Putting feelings into words: Affect labeling disrupts amygdala activity in response to affective stimuli〉. *Psychological Science,* 18(5): 421-428.

6   Baur, V., Hänggi, J., Langer, N., & Jäncke, L. (2013). 〈섬엽 – 편도체 경로 내 휴지상태의 기능적·구조적 연결성은 상태불안과 특성불안을 구체적으로 나타낸다Resting-state functional and structural connectivity within an insula–amygdala route specifically index state and trait anxiety〉. *Biological Psychiatry,* 73(1): 85-92.

7   Ichesco, E., Quintero, A., Clauw, D. J., Peltier, S., Sundgren, P. M., Gerstner, G. E., & Schmidt-Wilcke, T. (2012). 〈악관절장애 환자들의 섬엽과 대상피질 사이의 변화된 기능적 연결성: 예비연구Altered functional connectivity between the insula and the cingulate cortex in patients with temporomandibular disorder: A pilot study〉. *Headache,* 52(3): 441-454.

8   Avery, J. A., Drevets, W. C., Moseman, S. E., Bodurka, J., Barcalow, J. C., & Simmons, W. K. (2014). 〈주요 우울장애는 섬엽의 비정상적 내수용성 활동과 기능적 연결성과 관련된다Major depressive disorder is associated with abnormal interoceptive activity and functional connectivity in the insula〉. *Biological Psychiatry,* 76(3): 258-266.

9   Lyubomirsky, S. (2008).《행복해지는 법: 당신이 원하는 삶을 얻는 방법에 관한 과학적 접근The how of happiness: A scientific approach to getting the life you want》. New York: Penguin Press.

10   Miller, C.W.T. (2017). 〈심리치료 개입법들이 그리는 후성유전 및 신경 회로의 풍경Epigenetic and neural circuitry landscape of psychotherapeutic interventions〉. *Psychiatry Journal,* 2017: article 5491812.

2장

11   Dichter, G. S., Felder, J. N., Petty, C., Bizzell, J. Ernst, M., & Smoski, M. J. (2009). 〈주요 우울증에서 보상에 대한 신경 반응에 심리치료가 미치는 효과The effects of psychotherapy on neural responses to rewards in major depression〉. *Biological Psychiatry,* 66(9): 886-897.

12   Ochsner, K.N., Ray, R.D., Cooper, J. C., Robertson, E. R., Chopra, S., Gabrieli, J. D., & Gross, J. J. (2004). 〈좋은 쪽으로든 나쁜 쪽으로든: 부정적인 감정의 인지적 상향 및 하향 조절을 뒷받침하는 신경계For better or for worse: Neural systems supporting the cognitive down-and up-regulation of negative emotion〉. *Neuroimage,* 23(2): 483-499.

3장

13 Butler, R. N. 1978. 〈공익보고서 23호: 등한시된 치료법, 운동Public interest report no. 23: Exercise, the neglected therapy〉. *The International Journal of Aging and Human Development* 8(2): 193 – 195.

14 Melancon, M. O., Lorrain, D., & Dionne, I. J. (2014). 〈남성 고령자의 지속적인 운동에 대한 반응으로 뇌 세로토닌 활동 지표에 나타난 변화Changes in markers of brain serotonin activity in response to chronic exercise in senior men〉. *Applied Physiology, Nutrition, and Metabolism,* 39(11): 1250 – 1256.

15 Nabkasorn, C., Miyai, N., Sootmongkol, A., Junprasert, S., Yamamoto, H., Arita, M., & Miyashita, K. (2006). 〈운동이 우울 증상이 있는 여자 청소년의 우울증과 신경내분비 스트레스 호르몬, 생리학적 건강에 미치는 영향Effects of physical exercise on depression, neuroendocrine stress hormones and physiological fitness in adolescent females with depressive symptoms〉. *European Journal of Public Health,* 16(2): 179 – 184.

16 Olson, A.K., Eadie, B.D., Ernst, C., & Christie, B. R. (2006). 〈환경 풍부화와 자발적 운동은 성인의 해마에서 서로 분리된 경로들을 통해 각자 신경 형성을 크게 증가시킨다Environmental enrichment and voluntary exercise massively increase neurogenesis in the adult hippocampus via dissociable pathways〉. *Hippocampus,* 16(3): 250 – 260.

17 Janse Van Rensburg, K., Taylor, A., Hodgson, T., & Benattayallah, A. (2009). 〈격한 운동은 흡연과 연관된 이미지들에 대한 반응으로 나타나는 담배에 대한 갈망과 뇌 활성화를 조절한다: 기능성자기공명영상 연구Acute exercise modulates cigarette cravings and brain activation in response to smoking-related images: An fMRI study〉. *Psychopharmacology,* 203(3): 589 – 598.

18 Greenwood, B. N., Foley, T. E., Le, T. V., Strong, P. V., Loughridge, A. B., Day, H. E., & Fleshner, M. (2011). 〈장기간의 자발적 쳇바퀴 달리기는 보람을 느끼게 하고 중변연계 보상 경로에서 가소성을 만들어낸다Long-term voluntary wheel running is rewarding and produces plasticity in the mesolimbic reward pathway〉. *Behavioural Brain Research,* 217(2): 354 – 362.

19 Boecker, H., Sprenger, T., Spilker, M. E., Henriksen, G., Koppenhoefer, M., Wagner, K. J., … Tolle, T. R. (2008). 〈러너스 하이: 인간 뇌의 아편 유사 반응 메커니즘The runner' high: Opioidergic mechanisms in the human brain〉. *Cerebral Cortex,* 18(11): 2523 – 2531.

20 Sparling, P. B., Giuffrida, A., Piomelli, D., Rosskopf, L., & Dietrich, A. (2003). 〈운동이 엔도카나비노이드계를 활성화한다Exercise activates the endocannabinoid system〉.

Neuroreport, 14(17): 2209 – 2211.

21 Buxton, O. M., Lee, C. W., L'Hermite-Baleriaux, M., Turek, F. W., & Van Cauter, E. (2003). 〈운동은 일주기 리듬의 위상 이동과, 일주기 위상에 따라 변하는 멜라토닌의 급격한 변동을 유도한다Exercise elicits phase shifts and acute alterations of melatonin that vary with circadian phase〉. *American Journal of Physiology. Regulatory, Integrative and Comparative Physiology,* 284(3): R714 – R724.

22 Jacobs, B. L., & Fornal, C. A. (1999). 〈동물의 행동과 연관된 세로토닌성 뉴런의 활동Activity of serotonergic neurons in behaving animals〉. *Neuropsychopharmacology,* 21(2 Suppl): 9S – 15S.

23 Rethorst, C. D., & Trivedi, M. H. (2013). 〈증거를 기반으로 한 주요 우울장애에 대한 운동 처방의 권고 사항들Evidence-based recommendations for the prescription of exercise for major depressive disorder〉. *Journal of Psychiatric Practice,* 19(3): 204 – 212.

24 Karageorghis, C. I., Mouzourides, D. A., Priest, D. L., Sasso, T. A., Morrish, D. J., & Walley, C. J. (2009). 〈트레드밀 워킹을 하면서 듣는 음악의 정신물리학적 효과 및 운동능력향상 효과Psychophysical and ergogenic effects of synchronous music during treadmill walking〉. *Journal of Sport and Exercise Psychology,* 31(1): 18 – 36.

25 Frazao, D. T., de Farias Junior, L. F., Batista Dantas, T. C. B., Krinski, K., Elsangedy, H. M., Prestes, J., ⋯ 7 Costa, E. C. (2016). 〈고강도 인터벌 운동에서 느끼는 유쾌감은 운동 횟수와 신체 활동성 수준에 의존적이다Feeling of pleasure to high-intensity interval exercise is dependent of the number of work bouts and physical activity status〉. *PLoS One,* 11(3): e0152752.

26 Hansen, C. J., Stevens, L. C., & Coast, J. R. 2001. 〈운동 지속시간과 기분 상태: 기분이 좋아질 정도가 되려면 얼마나 운동해야 하는가?Exercise duration and mood state: How much is enough to feel better?〉. *Health Psychology,* 20(4): 267 – 275.

27 Schachter, C. L., Busch, A. J., Peloso, P. M., & Sheppard, M. S. 2003. 〈섬유근육통으로 주로 앉아 지내는 여성들에게서 짧은 유산소운동과 긴 유산소운동의 효과 비교Effects of short versus long bouts of aerobic exercise in sedentary women with fibromyalgia: A randomized controlled trial〉. *Physical Therapy,* 83(4): 340 – 358.

28 Helgadóttir, B., Hallgren, M., Ekblom, O., & Forsell, Y. 2016. 〈빠른 운동? 느린 운동? 우울증을 위한 운동: 무작위 대조 시험Training fast or slow? Exercise for depression: A randomized controlled trial〉. *Preventive Medicine,* 91: 123 – 131.

4장

29 Blood, J. D., Wu, J., Chaplin, T. M., Hommer, R., Vazquez, L., Rutherford, H. J., ⋯ Crowley, M. J. (2015). 〈심박의 가변성: 고주파수와 초저주파수는 아동과 청소년의 우울 증상과 상관관계가 있다The variable heart: High frequency and very low frequency correlates of depressive symptoms in children and adolescents〉. *Journal of Affective Disorders,* 186: 119 – 126.

30 Törnberg, D., Marteus, H., Schedin, U., Alving, K., Lundberg, J. O., Weitzberg, E. (2002). 〈들숨과 날숨의 산화질소에 대한 코 호흡과 입 호흡의 기여: 기관절제 환자 연구 Nasal and oral contribution to inhaled and exhaled nitric oxide: A study in tracheotomized patients〉. *The European Respiratory Journal,* 19(5): 859 – 864.

31 Chen, Y.F., Huang, X.Y., Chien, C. H., & Cheng, J. F. (2017). 〈횡격막 호흡 이완 훈련의 불안 감소 효과The effectiveness of diaphragmatic breathing relaxation training for reducing anxiety〉. *Perspectives in psychiatric care,* 53(4): 329 – 336.

32 Ma, X., Yue, Z.-Q., Gong, Z. Q., Zhang, H., Duan, N. Y., Shi, Y. T., ⋯ Li, Y. F. (2017). 〈횡격막 호흡이 건강한 성인에게서 주의, 부정적 정동, 스트레스에 미치는 효과 The effect of diaphragmatic breathing on attention, negative affect and stress in healthy adults〉. *Frontiers in Psychology,* 8: 874.

33 Russell, M. E., Scott, A. B., Boggero, I. A., & Carlson, C. R. (2017). 〈횡격막 호흡에 휴지기를 포함시키면 고주파 심박변이도가 높아진다: 행동 치료가 참고해야 할 사항Inclusion of a rest period in diaphragmatic breathing increases high frequency heart rate variability: Implications for behavioral therapy〉. *Psychophysiology,* 54(3): 358 – 365.

34 Wilkes, C., Kydd, R., Sagar, M., & Broadbent, E. (2017). 〈똑바른 자세는 우울 증상이 있는 사람들에게서 정동과 피로를 개선한다Upright posture improves affect and fatigue in people with depressive symptoms〉. *Journal of Behavior Therapy and Experimental Psychiatry,* 54: 143 – 149.

35 Michalak, J., Mischnat, J., & Teismann, T. (2014). 〈앉은 자세는 우울 기억 편향에 차이-체화효과를 미친다Sitting posture makes a difference-embodiment effects on depressive memory bias〉. *Clinical Psychology and Psychotherapy,* 21(6): 519 – 524.

36 Tsai, H.-Y., Peper, E., & Lin, I.-M. (2016). 〈긍정적/부정적 자세로 감정적 기억 과제를 행할 때의 뇌전도 패턴EEG patterns under positive/negative body postures and emotion recall tasks〉. *NeuroRegulation,* 3(1): 23 – 27.

37 Smith, K. M., & Apicella, C. L. (2017). 〈이기는 사람, 지는 사람, 포즈 취하는 사람: 경

기 후에 파워 포즈가 테스토스테론과 위험감수에 미치는 영향Winners, losers, and posers: The effect of power poses on testosterone and risk-taking following competition〉. *Hormones and Behavior,* 92: 172 – 181.

38 Peña, J., & Chen, M. (2017). 〈강력한 게임 플레잉: 자연스러운 모션컨트롤 비디오게임을 플레이할 때 취하는 파워 포즈는 즐거움과 몰입감, 컨트롤러 반응성, 흥분에 영향을 미친다Playing with power: Power poses affect enjoyment, presence, controller responsiveness, and arousal when playing natural motion-controlled video games〉. *Computers in Human Behavior,* 71: 428 – 435.

39 Thibault, R. T., Lifshitz, M., Jones, J. M., & Raz, A. (2014). 〈자세는 인간의 휴지상태를 변화시킨다Posture alters human resting-state〉. *Cortex,* 58: 199 – 205.

40 Coles, N., Larsen, J., & Lench, H. (2017). 〈표정 피드백 가설 문헌에 대한 메타분석A meta-analysis of the facial feedback hypothesis literature〉. PsyArXiv preprint.

41 Marzoli, D., Custodero, M., Pagliara, A., & Tommasi, L. (2013). 〈햇빛으로 인한 찡그림이 공격적 감정을 부추긴다Sun-induced frowning fosters aggressive feelings〉. *Cognition and Emotion,* 27(8): 1513 – 1521.

42 Jacobson, E. (1925). 〈점진적 이완Progressive relaxation〉. *The American Journal of Psychology, 36: 73–87.*

43 Fung, C.N., & White, R. (2012). 〈이완 치료가 우울증에 미치는 효과에 대한 체계적 검토Systematic review of the effectiveness of relaxation training for depression〉. *International Journal of Applied Psychology,* 2(2): 8 – 16.

44 Essa, R.M., Ismail, N. I. A. A., & Hassan, N. I. (2017). 〈자궁절제술 이후 스트레스와 불안, 우울증에 대한 점진적 근이완법의 효과Effect of progressive muscle relaxation technique on stress, anxiety, and depression after hysterectomy〉. *Journal of Nursing Education and Practice,* 7(7): 77.

45 Kobayashi, S., & Koitabashi, K. (2016). 〈점진적 근이완법이 뇌 활동에 미치는 영향: fMRI 연구Effects of progressive muscle relaxation on cerebral activity: an fMRI investigation〉. *Complementary Therapies in Medicine,* 26: 33 – 39.

46 Kato, K., & Kanosue, K. (2018). 〈발의 자발적 근육 이완의 운동성 심상은 일시적으로 손의 피질척수 흥분성을 감소시킨다Motor imagery of voluntary muscle relaxation of the foot induces a temporal reduction of corticospinal excitability in the hand〉. *Neuroscience Letters,* 668: 67 – 72.

47 Crowther, J. H. (1983). 〈본태성 고혈압 치료에서 스트레스 관리 훈련과 긴장 이완 심상

화Stress management training and relaxation imagery in the treatment of essential hypertension〉. *Journal of Behavioral Medicine*, 6(2): 169-187.

48 Cramer, H., Lauche, R., Langhorst, J., & Dobos, G. (2013). 〈우울증에 요가: 체계적 검토와 메타분석Yoga for depression: A systematic review and meta analysis〉. *Depression and Anxiety*, 30(11): 1068-1083.

49 Streeter, C.C., Gerbarg, P.L., Saper, R. B., Ciarulo, D. A., & Brown, R. P. (2012). 〈요가가 간질, 우울증, 외상후스트레스장애에서 자율신경계, 감마아미노뷰티르산(가바), 신항상성(생체적응)에 미치는 영향Effects of yoga on the autonomic nervous system, gamma-aminobutyric-acid, and allostasis in epilepsy, depression, and posttraumatic stress disorder〉. *Medical Hypotheses*, 78(5): 571-579.

50 Villemure, C., Čeko, M., Cotton, V. A., & Bushnell, M. C. (2015). 〈요가 수행의 신경 보호 효과: 연령 · 경험 · 빈도 의존적 가소성Neuroprotective effects of yoga practice: Age-, experience-, and frequency-dependent plasticity〉. *Frontiers in Human Neuroscience*, 9: 281.

51 Villemure, C., Čeko, M., Cotton, V. A., & Bushnell, M. C. (2014). 〈섬엽피질은 요가 수행자들에게서 통증 내성 증가를 매개한다Insular cortex mediates increased pain tolerance in yoga practitioners〉. *Cerebral Cortex*, 24(10): 2732-2740.

52 Shapiro, D., & Cline, K. (2004). 〈아헹가 요가 수행과 기분 변화의 연관성: 예비연구Mood changes associated with Iyengar yoga practices: A pilot study〉. *International Journal of Yoga Therapy*, 14(1): 35-44.

53 de Manincor, M., Bensoussan, A., Smith, C. A., Barr, K. Schweickle, M., Donoghoe, L. L., … Fahey, P. (2016). 〈우울증과 불안증 감소, 웰빙 개선을 위한 개별적 요가: 무작 위 대조 시험Individualized yoga for reducing depression and anxiety, and improving well-being: A randomized controlled trial〉. *Depression and Anxiety*, 33(9): 816-828.

54 Eda, N., Ito, H., Shimizu, K., Suzuki, S., Lee, E., & Akama, T. (2018). 〈중년과 노년 성 인에게서 타액의 면역기능과 정신적 스트레스를 개선하는 요가 스트레칭Yoga stretching for improving salivary immune function and mental stress in middle-aged and older adults〉. *Journal of Women and Aging*, 30(3): 227-241.

55 Nilsson, U. (2009). 〈심장절개수술 후 침상 회복기에 차분한 음악은 옥시토신 수치를 증가 시킬 수 있다Soothing music can increase oxytocin levels during bed rest after open-heart surgery: A randomised control trial〉. *Journal of Clinical Nursing*, 18(15): 2153-2161.

56 Knight, W. E., & Rickard, N. S. (2001). 〈건강한 남녀에게서 차분한 음악은 스트레스로 인한 주관적 불안감, 수축기 혈압, 심박 수의 증가를 예방한다Relaxing music prevents stress-

induced increases in subjective anxiety, systolic blood pressure, and heart rate in healthy males and females⟩. *Journal of Music Therapy*, 38(4): 254-272.

57 Bernardi, L., Porta, C., Casucci, G., Balsamo, R., Bernardi, N. F., Fogari, R., & Sleight, P. (2009). ⟨음악의 리듬과 사람의 심혈관 및 뇌의 리듬 사이의 역동적 상호작용Dynamic interactions between musical, cardiovascular, and cerebral rhythms in humans⟩. *Circulation*, 119(25): 3171-3180.

58 Blood, A. J., & Zatorre, R. J. (2001). ⟨음악에 대한 강렬한 쾌락 반응은 보상과 감정에 관여하는 뇌 영역들의 활동성과 상관관계가 있다Intensely pleasurable responses to music correlate with activity in brain regions implicated in reward and emotion⟩. *Proceedings of the National Academy of Sciences*, 98(20): 11818-11823.

59 Nakahara, H., Furuya, S., Obata, S., Masuko, T., & Kinoshita, H. (2009). ⟨음악 연주와 음악 지각 시 감정과 연관된 심박 수 및 심박변이도의 변화Emotion-related changes in heart rate and its variability during performance and perception of music⟩. *Annals of the New York Academy of Sciences*, 1169(1): 359-362.

60 Janssen, C.W., Lowry, C.A., Mehl, M. R., Allen, J. J., Kelly, K. L., Gartner, D. E., ⋯ Raison, C. L. (2016). ⟨주요 우울 장애 치료를 위한 전신온열요법: 무작위 임상시험Whole-body hyperthermia for the treatment of major depressive disorder: A randomized clinical trial⟩. *JAMA Psychiatry*, 73(8): 789-795.

5장

61 Sivertsen, B., Salo, P., Mykeltun, A., Hysing, M., Pallesen, S., Krokstad, S., ⋯ Øverland, S. (2012). ⟨우울증과 불면증의 양방향적 연관성: 헌트 연구The bidirectional association between depression and insomnia: The HUNT study⟩. *Psychosomatic Medicine*, 74(7): 758-765.

62 Altena, E., Van Der Werf, Y. D., Sanz-Arigita, E. J., Voorn, T. A., Rombouts, S. A., Kuijer, J. P., & Van Someren, E. J. (2008). ⟨불면증에서 전전두의 저활성과 활성 회복Prefrontal hypoactivation and recovery in insomnia⟩. *Sleep*, 31(9): 1271-1276.

63 Wierzynski, C. M., Lubenov, E. V., Gu, M., & Siapas, A. G. (2009). ⟨수면 중 해마와 전전두회로 사이의 상태의존적 극파시간 관계State-dependent spike-timing relationships between hippocampal and prefrontal circuits during sleep⟩. *Neuron*, 61(4): 587-596.

64 Meerlo, P., Havekes, R., & Steiger, A. (2015). ⟨우울증 유발 원인으로서 만성적으로 제한되거나 교란된 수면Chronically restricted or disrupted sleep as a causal factor in the development

of depression⟩. *Current Topics in Behavioral Neurosciences, 25*: 459 – 481.

65   Lopresti, A. L., Hood, S. D., & Drummond, P. D. (2013). ⟨주요 우울증과 연관된 중요 경로들에 기여하는 생활방식 요인들에 대한 검토: 식생활, 수면, 운동A review of lifestyle factors that contribute to important pathways associated with major depression: Diet, sleep and exercise⟩. *Journal of Affective Disorders, 148*(1): 12 – 27.

66   Kim, Y., Chen, L., McCarley, R. W., & Strecker, R. E. (2013). ⟨만성 수면 제약에서 수면 생체 적응: 노르에피네프린계의 역할Sleep allostasis in chronic sleep restriction: The role of the norepinephrine system⟩. *Brain Research, 1531*: 9 – 16.

67   St-Onge, M. P., Wolfe, S., Sy, M., Shechter, A., & Hirsch, J. (2014). ⟨정상체중 개인들에게서 수면 제한은 건강에 나쁜 음식에 대한 뉴런 반응을 증가시킨다Sleep restriction increases the neuronal response to unhealthy food in normal-weight individuals⟩. *International Journal of Obesity, 38*(3): 411 – 416.

68   Campbell, C. M., Bounds, S. C., Kuwabara, H., Edwards, R. R., Campbell, J. N., Haythornthwaite, J. A., & Smith, M. T. (2013). ⟨수면의 질과 지속시간의 개인차는 건강한 피험자의 실험실에서 유도된 강직성 통증 중 뇌의 뮤 오피오이드 수용체 결합 전위와 관련 있다Individual variation in sleep quality and duration is related to cerebral mu opioid receptor binding potential during tonic laboratory pain in healthy subjects⟩. *Pain Medicine, 14*(12): 1882 – 1892.

69   Altena, E., Van Der Werf, Y. D., Sanz-Arigita, E. J., Voorn, T. A., Rombouts, S. A., Kuijer, J. P., & Van Someren, E. J. (2008). ⟨불면증에서 전전두의 저활성과 활성 회복Prefrontal hypoactivation and recovery in insomnia⟩. *Sleep, 31*(9): 1271 – 1276.

70   Xie, L., Kang, H., Xu, Q., Chen, M. J., Liao, Y., Thiyagarajan, M., ⋯ Nedergaard, M. (2013). ⟨수면은 성인의 뇌에서 대사산물을 청소한다Sleep drives metabolite clearance from the adult brain⟩. *Science, 342*(6156): 373 – 377.

71   Strand, L. B., Tsai, M. K., Gunnell, D., Janszky, I., Wen, C. P., & Chang, S. S. (2016). ⟨자기보고로 알아낸 수면 지속시간과 관상동맥성 심장병 사망률: 타이완 성인 40만 명을 대상으로 한 대규모 코호트 연구Self-reported sleep duration and coronary heart disease mortality: A large cohort study of 400,000 Taiwanese adults⟩. *International Journal of Cardiology, 207*: 246 – 251.

72   Roehrs, T., Hyde, M., Blaisdell, B., Greenwald, M., & Roth, T. (2006). ⟨수면 손실과 렘수면 손실은 통각과민증을 일으킨다Sleep loss and REM sleep loss are hyperalgesic⟩. *Sleep, 29*(2): 145 – 151.

73   Memarian, N., Torre, J. B., Halton, K. E., Stanton, A. L., & Lieberman, M. D. (2017). 〈감정에 꼬리표를 다는 동안의 신경활동은 웰빙에 대한 표현적 글쓰기의 효과를 예측하게 한다Neural activity during affect labeling predicts expressive writing effects on well-being: GLM and SVM approaches〉. *Social Cognitive and Affective Neuroscience,* 12(9): 1437-1447.

74   Scullin, M. K., Krueger, M. L., Ballard, H. K., Pruett, N., & Bliwise, D. L. (2018). 〈취 침 전 글쓰기가 잘 잠들지 못하는 것에 미치는 영향: 할 일 목록과 완료한 활동 목록을 비 교한 수면다원검사The effects of bedtime writing on difficulty falling asleep: A polysomnographic study comparing to-do lists and completed activity lists〉. *Journal of Experimental Psychology: General,* 147(1): 139-146.

75   Perlis, M. L., Jungquist, C., Smith, M. T., & Posner, D. (2006). 《불면증 인지행동치료 Cognitive behavioral treatment of insomnia: A session-by-session guide》. New York: Springer-Verlag.

6장

76   Eisenberger, N. I., Jarcho, J. M., Lieberman, M. D., & Naliboff, B. D. (2006). 〈육체적 통증과 사회적 거부에 대한 공통 감수성 실험 연구An experimental study of shared sensitivity to physical pain and social rejection〉. *Pain,* 126(1-3): 132-138.

77   Kumar, P., Waiter, G. D., Dubois, M., Milders, M., Reid, I., & Steele, J. D. (2017). 〈주요 우울증에서 사회적 거부에 대한 신경 반응의 증가Increased neural response to social rejection in major depression〉. *Depression and Anxiety,* 34(11): 1049-1056.

78   Masten, C. L., Eisenberger, N. I., Borofsky, L. A., McNealy, K., Pfeifer, J. H., & Dapretto M. (2011). 〈또래의 거부에 대한 슬하전방대상피질의 반응: 청소년의 우울증 위 험지표Subgenual anterior cingulate responses to peer rejection: A marker of adolescents' risk for depression〉. *Development and Psychopathology,* 23(1): 283-92.

79   Masi, C. M., Chen, H.-Y., Hawkley, L. C., & Cacioppo, J. T. (2011). 〈외로움을 줄이기 위한 개입법에 대한 메타분석A meta-analysis of interventions to reduce loneliness〉. *Personality and Social Psychology Review,* 15(3): 219-266.

80   상동.

81   van Winkel, M., Wichers, M., Collip, D., Jacobs, N., Derom, C., Thiery, E. … Peeters, F. (2017). 〈우울증에서 외로움의 역할 해명하기: 일상의 경험과 행동의 관계Unraveling the role of loneliness in depression: The relationship between daily life experience and behavior〉. *Psychiatry,* 80(2): 104-117.

348

82 McQuaid, R. J., McInnis, O. A., Abizaid, A., & Anisman, H. (2014). 〈우울증 이해에서 옥시토신의 자리 만들기Making room for oxytocin in understanding depression〉. *Neuroscience and Biobehavioral Reviews,* 45: 305 – 322.

83 Karremans, J. C., Heslenfeld, D. J., van Dillen, L. F., & Van Lange, P. A. (2011). 〈안정적인 애착관계를 맺고 있는 파트너는 사회적 배제에 대한 신경 반응을 약화시킨다 Secure attachment partners attenuate neural responses to social exclusion: An fMRI investigation〉. *International Journal of Psychophysiology,* 81(1): 44 – 50.

84 Sherman, L. E., Michikyan, M., & Greenfield, P. M. (2013). 〈친구 사이에 유대감을 쌓는 일에 문자 · 오디오 · 비디오 · 직접 대면 커뮤니케이션의 효과The effects of text, audio, video, and in-person communication on bonding between friends〉. *Cyberpsychology: Journal of Psychosocial Research on Cyberspace,* 7(2): article 3.

85 상동.

86 Przybylski, A. K., & Weinstein, N. (2013). 〈당신은 지금 나와 연결할 수 있나요? 이동통신 기술의 존재는 대면 대화의 질에 어떤 영향을 미치나Can you connect with me now? How the presence of mobile communication technology influences face-to-face conversation quality〉. *Journal of Social and Personal Relationships,* 30(3): 237 – 246.

87 Dingle, G. A., Stark, C., Cruwys, T., & Best, D. (2015). 〈좋은 단절: 사교무리와의 관계 단절이 물질 오용에서 회복하는 데 좋을 수도 있다Breaking good: Breaking ties with social groups may be good for recovery from substance misuse〉. *British Journal of Social Psychology,* 54(2): 236 – 254.

88 Stone, D., Patton, B. & Heen, S. (2010). 《우주인들이 인간관계로 스트레스받을 때 우주정거장에서 가장 많이 읽은 대화책Difficult conversations: How to discuss what matters most(Updated ed.)》. New York: Penguin Books.

89 Grewen, K. M., Girdler, S. S., Amico, J., & Light, K. C. (2005). 〈파트너와의 다정한 접촉의 전과 후 휴지기에 옥시토신, 코르티솔, 노르에피네프린, 혈압에 파트너의 지원이 미치는 영향Effects of partner support on resting oxytocin, cortisol, norepinephrine, and blood pressure before and after warm partner contact〉. *Psychosomatic Medicine, 67*(4): 531 – 538.

90 Kim, J.-W., Kim, S.-E., Kim, J. J., Jeong, B., Park, C. H., Son, A. R., ··· Ki, S. W. (2009). 〈타인의 괴로움에 대한 연민의 태도는 중변연계를 활성화한다Compassionate attitude towards others' suffering activates the mesolimbic neural system〉. *Neuropsychologia,* 47(10): 2073 – 2081.

91 Greenaway, K. H., Haslam, S. A., Cruwys, T., Branscombe, N. R., Ysseldyk, R., &

Heldreth, C. (2015). ⟨'우리'에서 '나'로: 집단 동일시는 개인적 통제감 인지를 강화하여 건강과 웰빙에 관련된 결과를 가져온다From "we" to "me": Group identification enhances perceived personal control with consequences for health and well-being⟩. *Journal of Personality and Social Psychology*, 109(1): 53–74.

92 Cruwys, T., Haslam, S. A., Dingle, G. A., Jetten, J., Hornsey, M. J., Desdemona Chong, E. M., & Oei, T. P S. (2014). ⟨다시 연결을 느끼다: 사회적 동일시를 높이는 개입법은 지역사회 및 임상 환경에서 우울증의 증상을 줄인다Feeling connected again: Interventions that increase social identification reduce depression symptoms in community and clinical settings⟩. *Journal of Affective Disorders*, 159: 139–146.

93 Seymour-Smith, M., Cruwys, T., Haslam, S. A., & Brodribb, W. (2017). ⟨산후 어머니들에게서 단체 회원자격의 상실은 우울증의 예측 요인이다Loss of group memberships predicts depression in postpartum mothers⟩. *Social Psychiatry and Psychiatric Epidemiology*, 52(2): 201–210.

94 Cruwys, T., Haslam, S. A., Dingle, G. A., Jetten, J., Hornsey, M. J., Desdemona Chong, E. M., & Oei, T. P S. (2014). ⟨다시 연결을 느끼다: 사회적 동일시를 높이는 개입법은 지역사회 및 임상 환경에서 우울증의 증상을 줄인다Feeling connected again: Interventions that increase social identification reduce depression symptoms in community and clinical settings⟩. *Journal of Affective Disorders*, 159: 179–186.

95 Aydin, N., Krueger, J. I., Fischer, J., Hahn, D., Kastenmüller, A., Frey, D., & Fischer, P. (2012). ⟨'사람의 가장 좋은 친구': 개의 존재는 사회적 배제 이후의 정신적 고통을 어떻게 감소시키나"Man's best friend": How the presence of a dog reduces mental distress after social exclusion⟩. *Journal of Experimental Social Psychology*, 48(1): 446–449.

7장

96 Rogers, R. D. (2011). ⟨의사결정에서 도파민과 세로토닌의 역할: 사람을 대상으로 한 약물학 실험에서 나온 증거The roles of dopamine and serotonin in decision making: Evidence from pharmacological experiments in humans⟩. *Neuropsychopharmacology*, 36(1): 114–132.

97 Creswell, J. D., Welch, W. T., Taylor, S. E., Sherman, D. K., Gruenewald, T. L., & Mann, T. (2005). ⟨개인적 가치의 긍정은 신경내분비적, 심리적 스트레스 반응에 완충 역할을 한다Affirmation of personal values buffers neuroendocrine and psychological stress responses⟩. *Psychological Science*, 16(11): 846–851.

98 Bruine de Bruin, W., Parker, A.M., & Strough, J. (2016). ⟨행복을 선택하다? '극대

화' 결정 전략과 감정적 웰빙 경험에서의 연령 차이Choosing to be happy? Age differences in "maximizing" decision strategies and experienced emotional well-being〉. *Psychology and Aging*, 31(3): 295–300.

99   Alexander, L. F., Oliver, A., Burdine, L. K., Tang, Y. & Dunlop, B. W. (2017). 〈단극 성장애와 양극성장애의 부적응적 의사결정 보고 및 치료에 따른 변화Reported maladaptive decision-making in unipolar and bipolar depression and its change with treatment〉. *Psychiatry Research*, 257: 386–392.

100 Barth, J., Munder, T., Gerger, H., Nüesch, E., Trelle, S., Znoj, H., ⋯ Cuijpers, P. (2013). 〈우울증 환자를 위한 7가지 심리치료 개입법의 효력 비교: 네트워크 메타분석 Comparative efficacy of seven psychotherapeutic interventions for patients with depression: A network meta-analysis〉. *PLoS Med*, 10(5): e1001454.

101 Leykin, Y., Roberts, C. S., & DeRubeis, R. J. (2011). 〈의사결정과 우울증 증상Decision-making and depressive symptomatology〉. *Cognitive Therapy and Research*, 35(4): 333–341.

102 Etkin, J., & Mogilner, C. (2016). 〈활동의 다양성은 행복을 증진하는가?Does variety among activities increase happiness?〉. *Journal of Consumer Research*, 43(2): 210–229.

103 Loveday, P. M., Lovell, G. P., & Jones, C. M. (2016). 〈가능한 최선의 자아 개입법: 효용성 평가와 미래 연구 지침을 위한 문헌검토The best possible selves intervention: A review of the literature to evaluate efficacy and guide future research〉. *Journal of Happiness Studies*, 19(2): 607–628.

104 Luo, Y., Chen, X., Qi, S., You, X., & Huang, X. (2018). 〈미래의 긍정적 사건에 대한 기대와 웰빙Well-being and anticipation for future positive events: Evidences from an fMRI study〉. *Frontiers in Psychology*, 8: 2199.

8장

105 Wiech, K., Kalisch, R., Weiskopf, N., Pleger, B., Stephan, K. E., & Dolan, R. J. (2006). 〈전외측 전전두피질은 통증을 통제할 수 있다고 예상하거나 인식함으로써 진통 효과에 영향을 미친다Anterolateral prefrontal cortex mediates the analgesic effect of expected and perceived control over pain〉. *The Journal of Neuroscience*, 26(44): 11501–11509.

106 Visted, E., Sørensen, L., Osnes, B., Svendsen, J. L., Binder, P. E., & Schanche, E. (2017). 〈자기 보고로 파악한 감정조절의 어려움과 심박변이도 사이의 연관관계The association between self-reported difficulties in emotion regulation and heart rate variability: The salient role of not accepting negative emotions〉. *Frontiers in Psychology*, 8: 328.

107 Salomons, T. V., Johnstone, T., Backonja, M. M., Shackman, A. J., & Davidson, R. J. (2007). 〈통제할 수 있다는 인식이 통증 지각에 미치는 효과의 개인차: 전전두피질의 중대한 역할Individual differences in the effects of perceived controllability on pain perception: Critical role of the prefrontal cortex〉. *Journal of Cognitive Neuroscience,* 19(6): 993–1003.

108 Goldberg, S. B., Tucker, R. P., Greene, P. A., Davidson, R. J., Wampold, B. E., Kearney, D. J., & Simpson, T. L. (2017). 〈마음챙김을 기반으로 한 정신질환 개입법: 체계적 검토와 메타분석Mindfulness-based interventions for psychiatric disorders: A systematic review and metaanalysis〉. *Clinical Psychology Review* 59: 52–60.

109 Fledderus, M., Bohlmeijer, E. T., Pieterse, M. E., & Schreurs, K. M. (2012). 〈심리적 고통에 대한 안내 자조 치료법으로서의 수용 전념 치료와 긍정적 정신 건강Acceptance and commitment therapy as guided self-help for psychological distress and positive mental health: A randomized controlled trial〉. *Psychological Medicine,* 42(3): 485–495.

110 Tang, Y.-Y., Hölzel, B. K., & Posner, M. I. (2015). 〈마음챙김 명상의 뇌 과학The neuroscience of mindfulness meditation〉. *Nature Reviews Neuroscience,* 16(4): 213–225.

111 Zeidan, F., Martucci, K. T., Kraft, R. A., McHaffie, J. G., & Coghill, R. C. (2014). 〈마음챙김 명상을 기반으로 한 불안 완화의 신경상관물Neural correlates of mindfulness meditation-related anxiety relief〉. *Social Cognitive and Affective Neuroscience,* 9(6): 751–759.

112 Posner, M. I., Tang, Y.-Y., & Lynch, G. (2014). 〈마음챙김 수련으로 유발된 백질 변화의 메커니즘Mechanisms of white matter change induced by meditation training〉. *Frontiers in Psychology,* 5: 1220.

113 Lieberman, M. D., Eisenberger, N. I., Crockett, M. J., Tom, S. M., Pfeifer, J. H., & Way, B. M. (2007). 〈감정을 언어로 옮기기: 감정에 이름 붙이기는 감정적 자극에 대한 반응으로 일어난 편도체의 활동을 방해한다Putting feelings into words: Affect labeling disrupts amygdala activity in response to affective stimuli〉. *Psychological Science,* 18(5): 421–428.

114 Gotink, R. A., Meijboom, R., Vernooij, M. W., Smits, M., & Hunink, M. G. (2016). 〈8주간의 마음챙김을 기반으로 한 스트레스 완화법은 전통적인 장기간 명상 수행과 유사한 뇌의 변화를 유도한다: 체계적 검토8-week mindfulness based stress reduction induces brain changes similar to traditional long-term meditation practice: A systematic review〉. *Brain and Cognition,* 108: 32–41.

115 Kirk, U., & Montague, P. R. (2015). 〈마음챙김 명상은 수동 조건화된 과제에서 보상 예측 오류를 수정한다Mindfulness meditation modulates reward prediction errors in a passive conditioning task〉. *Frontiers in Psychology,* 6: 90.

116 Goldberg, S. B., Tucker, R. P., Greene, P. A., Davidson, R. J., Wampold, B. E., Kearney, D. J., & Simpson, T. L. (2017). 〈마음챙김을 기반으로 한 정신질환 개입법: 체계적 검토와 메타분석Mindfulness-based interventions for psychiatric disorders: A systematic review and metaanalysis〉.

117 Winnebeck, E., Fissler, M., Gärtner, M., Chadwick, P., & Barnhofer, T. (2017). 〈단기간의 마음챙김 명상 훈련은 만성 우울증 또는 평생 재발 병력이 있는 우울증 환자의 증상을 줄여준다: 무작위 대조 연구Brief training in mindfulness meditation reduces symptoms in patients with a chronic or recurrent lifetime history of depression: A randomized controlled study〉. *Behavior Research and Therapy*, 99: 124–130.

118 Strauss, C., Cavanagh, K., Oliver, A., & Pettman, D. (2014). 〈현재 불안장애 및 우울장애 삽화 진단을 받은 사람들을 위한 마음챙김 기반 개입법: 무작위 대조 시험들에 대한 메타분석Mindfulness-based interventions for people diagnosed with a current episode of an anxiety or depressive disorder: A meta-analysis of randomised controlled trials〉. *PLoS One*, 9(4): e96110.

119 Zeidan, F., Johnson, S. K., Gordon, N. S., & Goolkasian, P. (2010). 〈짧은 마음챙김 명상과 시늉만 하는 명상이 심혈관계 변이도에 미치는 영향Effects of brief and sham mindfulness meditation on mood and cardiovascular variables〉. *Journal of Alternative and Complementary Medicine*, 16(8): 867–873.

120 Lindsay, E. K., Young, S., Smyth, J. M., Brown, K. W., & Creswell, J. D. (2018). 〈받아들임은 스트레스 반응성을 낮춘다: 무작위 대조 시험으로 마음챙김 수련 해부하기Acceptance lowers stress reactivity: Dismantling mindfulness training in a randomized controlled trial〉. Psychoneuroendocrinology, 87: 63–73.

121 Goldberg, S. B., Tucker, R. P., Greene, P. A., Davidson, R. J., Wampold, B. E., Kearney, D. J., & Simpson, T. L. (2017). 〈마음챙김을 기반으로 한 정신질환 개입법: 체계적 검토와 메타분석Mindfulness-based interventions for psychiatric disorders: A systematic review and metaanalysis〉.

122 Mrazek, M. D., Franklin, M. S., Phillips, D. T., Baird, B., & Schooler, J. W. (2013). 〈마음챙김 수련은 잡생각을 줄이며 작업기억 용량과 GRE 성적을 향상시킨다Mindfulness training improves working memory capacity and GRE performance while reducing mind wandering〉. *Psychological Science*, 24(5): 776–781.

123 Kuyken, W., Warren, F. C., Taylor, R. S., Whalley, B., Crane, C., Bondolfi, G., ⋯ Dalgleish, T. (2016). 〈마음챙김 기반 인지치료의 우울증 재발 예방 효과: 무작위 시험에서 추출한 개인 환자 데이터 메타분석Efficacy of mindfulness-based cognitive therapy in prevention

of depressive relapse: An individual patient data meta-analysis from randomized trials〉. *JAMA Psychiatry,* 73(6): 565 – 574.

124 Young, K. S., van der Velden, A. M., Craske, M. G., Pallesen, K. J., Fjorback, L., Roepstorff, A., & Parsons, C. E. (2018). 〈마음챙김 기반 개입법이 뇌 활동에 미치는 영향: 기능적 자기공명영상연구에 대한 체계적 검토The impact of mindfulness-based interventions on brain activity: A systematic review of functional magnetic resonance imaging studies〉. *Neuroscience and Biobehavioral Reviews,* 84: 424 – 433.

125 Lieberman, M.D., Eisenberger, N.I., Crockett, M. J., Tom, S. M., Pfeifer, J. H., & Way, B. M. (2007). 〈감정을 언어로 옮기기: 감정에 이름 붙이기는 감정적 자극에 대한 반응으로 일어난 편도체의 활동을 방해한다Putting feelings into words: Affect labeling disrupts amygdala activity in response to affective stimuli〉. *Psychological Science,* 18(5): 421 – 428.

126 Wilson, T. D., Reinhard, D. A., Westgate, E. C., Gilbert, D. T., Ellerbeck, N., Hahn, C., …& Shaked, A. (2014). 〈그냥 생각만 하시오: 유리된 마음의 도전 과제들Just think: The challenges of the disengaged mind〉. *Science,* 345(6192): 75 – 77.

127 Joiner, T. (2017). 《마음챙김이 없는 상태: 나르시시즘 문화 속 마음챙김의 변질 Mindlessness: The corruption of mindfulness in a culture of narcissism》. Oxford, UK: Oxford University Press.

9장

128 Gallwey, T. W. (1997). 《테니스 이너게임The inner game of tennis(Rev. ed.)》. New York: Random House.

129 Carnegie, D. (2010). 《데일 카네기의 인간관계론How to win friends and influence people》. New York: Pocket Books.

130 Longe, O., Maratos, F. A., Gilbert, P., Evans, G., Volker, F., Rockliff, H., & Rippon, G. (2010). 〈자신과의 대화: 자기비판과 자기 확신의 신경상관물Having a word with yourself: Neural correlates of self-criticism and self-reassurance〉. *Neuroimage,* 49(2): 1849 – 1856.

131 Epton, T., Harris, P. R., Kane, R., van Koningsbruggen, G. M., & Sheeran, P. (2015). 〈자기 긍정이 건강행동에 미치는 영향The impact of self-affirmation on health-behavior change: A meta-analysis〉. *Health Psychology,* 34(3): 187 – 196.

132 Dutcher, J. M., Creswell, J. D., Pacilio, L. E., Harris, P. R., Klein, W. M., Levine, J. M., … Eisenberger, N. I. (2016). 〈자기 긍정은 복측 선조체를 활성화한다: 자기 긍정의 잠재적 보상 관련 메커니즘Self-affirmation activates the ventral striatum: A possible reward-related

mechanism for self-affirmation⟩. *Psychological Science*, 27(4): 455 – 466.

133 Winkens, L., van Strien, T., Brouwer, I. A., Penninx, B. W. J. H., Visser, M., & Lähteenmäki, L. (2018). ⟨유럽 3개국의 마음챙김 먹기 세부 영역들과 우울 증상 및 우울증과의 연관관계Associations of mindful eating domains with depressive symptoms and depression in three European countries⟩. *Journal of Affective Disorders*, 228: 26 – 32.

134 Kuroda, A., Tanaka, T., Hirano, H., Ohara, Y., Kikutani, T., Furuya, H., …Iijima, K. (2015). ⟨사회적 이탈로서의 혼자 먹기는 일본의 공동체 거주 노인들의 우울 증상들과 밀접하게 연관된다Eating alone as social disengagement is strongly associated with depressive symptoms in Japanese community-dwelling older adults⟩. *Journal of the American Medical Directors Association*, 16(7): 578 – 585.

135 Felitti, V. J., Jakstis, K., Pepper, V., & Ray, A. (2010). ⟨비만: 문제인가, 해결책인가, 아니면 둘 다인가?Obesity: problem, solution, or both?⟩. *The Permanente Journal*, 14(1): 24 – 30.

136 Jacka, F. N., Kremer, P. J., Berk, M., de Silva-Sanigorski, A. M., Moodie, M., Leslie, E. R., … Swinburn, B. A. (2011). ⟨청소년에게서 식사의 질과 정신 건강에 관한 전향적 연구A prospective study of diet quality and mental health in adolescents⟩. *PLoS One*, 6(9): e24805.

137 Rada, P., Avena, N., & Hoebel, B. (2005). ⟨매일 설탕을 폭식하는 것은 측좌핵 각층에서 도파민을 반복적으로 분비한다Daily bingeing on sugar repeatedly releases dopamine in the accumbens shell⟩. *Neuroscience*, 134(3): 737 – 744.

138 Foster, J.A., & McVey Neufeld, K.-A. (2013). ⟨내장-뇌 축: 미생물군유전체는 어떻게 불안과 우울에 영향을 미치나Gut – brain axis: How the microbiome influences anxiety and depression⟩. *Trends in Neurosciences*, 36(5): 305 – 312.

139 Jacka, F. N., O'Neil, A., Opie, R., Itsiopoulos, C., Cotton, S., Mohebbi, M., … Berk, M. (2017). ⟨주요 우울증이 있는 성인들의 식습관 개선에 대한 무작위 대조 시험A randomised controlled trial of dietary improvement for adults with major depression(the "SMILES"trial)⟩. *BMC Medicine*, 15(1): 23.

10장

140 Sin, N. L., & Lyubomirsky, S. (2009). ⟨긍정심리학 개입법에 의한 웰빙 증진과 우울 증상 완화Enhancing well-being and alleviating depressive symptoms with positive psychology interventions: A practice-friendly meta-analysis⟩. *Journal of Clinical Psychology*, 65(5): 467 – 487.

141 Chaves, C., Lopez-Gomez, I., Hervas, G., & Vazquez, C. (2017). 〈긍정심리학 개입법과 인지행동치료의 임상 우울증에 대한 효력 비교연구A comparative study on the efficacy of a positive psychology intervention and a cognitive behavioral therapy for clinical depression〉. *Cognitive Therapy and Research*, 41(3): 417-433.

142 Wood, A. M., Maltby, J., Gillett, R., Linley, P. A., & Joseph, S. (2008). 〈사회적 지지의 생성, 스트레스, 우울증에서 감사가 하는 역할: 두 가지 종단연구The role of gratitude in the development of social support, stress, and depression: Two longitudinal studies〉. *Journal of Research in Personality*, 42(4): 854-871.

143 Lin, C.-C. (2015). 〈청년들의 감사와 우울증: 자존감과 웰빙의 매개 역할Gratitude and depression in young adults: The mediating role of self-esteem and well-being〉. *Personality and Individual Differences*, 87: 30-34.

144 Hill, P. L., Allemand, M., & Roberts, B. W. (2013). 〈성인들에게서 감사와 자신이 평가하는 신체 건강 정도의 경로 검토Examining the pathways between gratitude and self-rated physical health across adulthood〉. *Personality and Individual Differences*, 54(1): 92-96.

145 Wood, A. M., Joseph, S., Lloyd, J., & Atkins, S. (2009). 〈감사는 수면 전 인지의 메커니즘을 통해 수면에 영향을 미친다Gratitude influences sleep through the mechanism of pre-sleep cognitions〉. *Journal of Psychosomatic Research*, 66(1): 43-48.

146 Zahn, R., Moll, J., Paivia, M., Garrido, G., Krueger, F., Huey, E. D., & Grafman, J. (2009). 〈사회적 가치관의 신경 기반:fMRI 증거The neural basis of human social values: Evidence from functional MRI〉. *Cerebral Cortex*, 19(2): 276-283.

147 Perreau-Linck, E., Beauregard, M., Gravel, P., Paquette, V., Soucy, J. P., Diksic, M., & Benkelfat, C. (2007). 〈기분 상태의 급격한 변화 시 C-표식 알파 메틸 L 트립토판의 뇌 내 트래핑 생체 내 측정In vivo measurements of brain trapping of C-labelled alpha-methyl-L-tryptophan during acute changes in mood states〉. *Journal of Psychiatry and Neuroscience*, 32(6): 430-434.

148 Speer, M. E., Bhanji, J. P., & Delgado, M. R. (2014). 〈과거 음미하기: 긍정적 기억은 선조체 내 가치 표상들을 이끌어낸다Savoring the past: Positive memories evoke value representations in the striatum〉. *Neuron*, 84(4): 847-856.

149 Lyubomirsky, S., Sousa, L., & Dickerhoof, R. (2006). 〈인생의 승리와 패배에 관한 글쓰기, 말하기, 생각하기의 비용과 이점The costs and benefits of writing, talking, and thinking about life' triumphs and defeats〉. *Journal of Personality and Social Psychology*, 90(4): 692-708.

150 Fox, G. R., Kaplan, J., Damasio, H., & Damasio, A. (2015). 〈감사의 신경상관물Neural correlates of gratitude〉. *Frontiers in Psychology*, 6: 1491.

151 vanOyen Witvliet, C., Root Luna, L., VanderStoep, J. V., Vlisides-Henry, R. D., Gonzalez, T., & Griffin, G. D. (2018). 〈옥시토신 수용체 유전자 rs53576 유전자형과 성별은 기질적 감사 성향의 예측 요인이다OXTR rs53576 genotype and gender predict trait gratitude〉. *The Journal of Positive Psychology*: 1--10.

152 Kini, P., Wong, J., McInnis, S., Gabana, N., & Brown, J. W. (2016). 〈감사 표현이 신경활동에 미치는 영향The effects of gratitude expression on neural activity〉. *Neuroimage*, 128: 1-10.

153 Wong, Y. J., Owen, J., Gabana, N. T., Brown, J. W., McInnis, S., Toth, P. & Gilman, L. (2018). 〈감사 글쓰기는 심리치료 내담자의 정신 건강을 개선하는가? 무작위 대조 시험에서 나온 증거Does gratitude writing improve the mental health of psychotherapy clients? Evidence from a randomized controlled trial〉. *Psychotherapy Research*, 28(2): 192-202.

154 Kini, P., Wong, J., McInnis, S., Gabana, N., & Brown, J. W. (2016). 〈감사 표현이 신경활동에 미치는 영향The effects of gratitude expression on neural activity〉.

155 Kerr, S. L., O'onovan, A., & Pepping, C. A. (2015). 〈감사와 친절 개입법은 임상사례에서도 웰빙을 증진시키는가?Can gratitude and kindness interventions enhance well-being in a clinical sample?〉. *Journal of Happiness Studies*, 16(1): 17-36.

156 Redwine, L. S., Henry, B. L., Pung, M. A., Wilson, K., Chinh, K., Knight, B. ⋯ Mills, P. J. (2016). 〈B단계 심부전 환자들의 심박변이도와 염증 지표에 대한 감사 일기 개입법 예비 무작위 연구Pilot randomized study of a gratitude journaling intervention on heart rate variability and inflammatory biomarkers in patients with stage B heart failure〉. *Psychosomatic Medicine*, 78(6): 667-676.

157 Karns, C. M., Moore, W. E., III, & Mayr, U. (2017). 〈감사를 통한 순수한 이타주의의 함양: 감사 실천과 함께 나타나는 변화에 대한 기능적 자기공명영상 연구The cultivation of pure altruism via gratitude: A functional MRI study of change with gratitude practice〉. *Frontiers in Human Neuroscience*, 11: 599.

158 Disabato, D. J., Kashdan, T. B., Short, J. L., & Jarden, A. (2017). 〈우울증의 진행과정에 영향을 미치는 긍정적 삶의 사건들의 예측 요인은 무엇인가? 감사와 삶의 의미에 대한 종단 검토What predicts positive life events that influence the course of depression? A longitudinal examination of gratitude and meaning in life〉. *Cognitive Therapy and Research*, 41(3): 444-458.

159 Siep, N., Roefs, A., Roebroeck, A., Havermans, R., Bonte, M. L., & Jansen, A. (2009). 〈시장이 반찬: 편도체와 안와전두피질에서의 음식 보상 처리에 주의와 배고픔, 칼로리 함량이 미치는 영향에 관한 기능적 자기공명영상 연구Hunger is the best spice: An fMRI study of the effects of attention, hunger and calorie content on food reward processing in the amygdala and orbitofrontal cortex〉. *Behavioural Brain Research*, 198(1): 149–158.

160 Petrocchi, N., & Couyoumdjian, A. (2016). 〈감사가 우울과 불안에 미치는 영향: 자기 비판, 자기 공격, 자기 확신의 매개적 역할The impact of gratitude on depression and anxiety: The mediating role of criticizing, attacking, and reassuring the self〉. *Self and Identity*, 15(2): 191–205.

161 Muris, P., & Petrocchi, N. (2017). 〈보호인가 취약함인가? 자기자비의 긍정적·부정적 요소와 정신병리학의 관계에 대한 메타분석Protection or vulnerability? A meta-analysis of the relations between the positive and negative components of self-compassion and psychopathology〉. *Clinical Psychology and Psychotherapy*, 24(2): 373–383.

162 Billingsley, J., & Losin, E. A. (2017). 〈용서의 신경체계: 진화심리학적 관점The neural systems of forgiveness: an evolutionary psychological perspective〉. *Frontiers in Psychology*, 8: 737.

163 Fatfouta, R., Meshi, D., Merkl, A., & Heekeren, H. R. (2018). 〈중요한 타인의 부당한 행동을 받아들이는 것은 내측 전전두피질과 배측 전방대상피질의 연결성 감소와 연관된다Accepting unfairness by a significant other is associated with reduced connectivity between medial prefrontal and dorsal anterior cingulate cortex〉. *Social Neuroscience*, 13(1): 61–73.

164 Reed, G. L., & Enright, R. D. (2006). 〈배우자에게 정서적 학대를 당한 여성들에게서 용서 치료가 우울, 불안, 외상 후 스트레스에 미치는 효과The effects of forgiveness therapy on depression, anxiety, and posttraumatic stress for women after spousal emotional abuse〉. *Journal of Consulting and Clinical Psychology*, 74(5): 920–929.

165 McCullough, M. E., Root, L. M., & Cohen, A. D. (2006). 〈대인관계에서 입은 해가 주는 이점들에 관해 글을 쓰는 것이 용서를 쉽게 만들어준다Writing about the benefits of an interpersonal transgression facilitates forgiveness〉. *Journal of Consulting and Clinical Psychology*, 74(5): 887–897.

166 Rudd, M., Vohs, K. D., & Aaker, J. (2012). 〈경외감은 사람의 시간 지각을 확장하고, 의사결정에 변화를 주며, 웰빙을 증진한다Awe expands people's perception of time, alters decision making, and enhances well-being〉. *Psychological Science*, 23(10): 1130–1136.

167 Joye, Y., & Bolderdijk, J. W. (2015). 〈특별한 자연이 감정과 기분, 친사회성에 미치는

효과에 대한 예비연구An exploratory study into the effects of extraordinary nature on emotions, mood, and prosociality〉. *Frontiers in Psychology*, 5: 1577.

168 Koh, A. H., Tong, E. M. W., & Yuen, A. Y. L. (2017). 〈분실에 대한 부정적 정동에 경외감이 미치는 완충 효과The buffering effect of awe on negative affect towards lost possessions〉. *The Journal of Positive Psychology*, 9760: 1 – 10.

169 Ishizu, T., & Zeki, S. (2014). 〈숭고하고 아름다운 것에 관한 우리 경험의 기원에 대한 신경생물학적 탐구A neurobiological enquiry into the origins of our experience of the sublime and beautiful〉. *Frontiers in Human Neuroscience*, 8: 891.

170 Gonçalves, J. P., Lucchetti, G., Menezes, P. R., & Vallada, H. (2015). 〈정신 건강 치료의 종교적 · 영적 개입법: 무작위 대조 임상시험들의 체계적 검토와 메타분석Religious and spiritual interventions in mental health care: A systematic review and meta-analysis of randomized controlled clinical trials〉. *Psychological Medicine*, 45(14): 2937 – 2949.

171 Chirico, A., Cipresso, P., Yaden, D. B., Biassoni, F., Riva, G., & Gaggioli, A. (2017). 〈경외감 유도에 대한 몰입형 비디오의 효율성Effectiveness of immersive videos in inducing awe: An experimental study〉. *Scientific Reports*, 7(1): 1218.

172 Shiota, M. N., Neufeld, S .L., Yeung, W. H., Moser, S. E., & Perea, E. F. (2011). 〈좋은 기분: 5가지 긍정적인 감정에 대한 자율신경계의 반응Feeling good: Autonomic nervous system responding in five positive emotions〉. *Emotion*, 11(6): 1368 – 1378.

173 Stellar, J. E., Gordon, A. M., Piff, P. K., Cordaro, D., Anderson, C. L., Bai, Y., … Keltner, D. (2017). 〈자기초월적 감정과 그 사회적 기능들: 자비, 감사, 경외감은 친사회성으로 우리를 다른 사람들과 연결한다Self-transcendent emotions and their social functions: Compassion, gratitude, and awe bind us to others through prosociality〉. *Emotion Review*, 9(3): 200 – 207.

174 McMahan, E. A., & Estes, D. (2015). 〈자연 환경과의 접촉이 긍정 및 부정 정동에 미치는 영향: 메타분석The effect of contact with natural environments on positive and negative affect: A meta-analysis〉. *The Journal of Positive Psychology*, 10(6): 507 – 519.

175 Joye, Y., & Bolderdijk, J. W. (2015). 〈특별한 자연이 감정과 기분, 친사회성에 미치는 효과에 대한 예비연구An exploratory study into the effects of extraordinary nature on emotions, mood, and prosociality〉.

176 Berman, M. G., Kross, E., Krpan, K. M., Askren, M. K., Burson, A., Deldin, P. J., … Jonides, J. (2012). 〈자연과의 상호작용은 우울증이 있는 사람의 인지와 정동을 개선한다Interacting with nature improves cognition and affect for individuals with depression〉. *Journal of*

Affective Disorders, 140(3)：300 – 305.

177 Passmore, H.-A., & Howell, A. J. 2014. 〈자연에 대한 몰두는 쾌락적 웰빙과 행복(에우
다이모니아)의 웰빙을 증진한다: 2주간의 실험 연구Nature involvement increases hedonic and
eudaimonic well-being: A two-week experimental study〉. *Ecopsychology,* 6(3)：148 – 154.

178 Wellenzohn, S., Proyer, R. T., & Ruch, W. (2016). 〈유머 기반 온라인 긍정심리학 개입
법: 무작위 플라시보 통제 장기 시험Humor-based online positive psychology interventions: A
randomized placebo-controlled long-term trial〉. *The Journal of Positive Psychology,* 11(6)：
584 – 594.

179 Mobbs, D., Greicius, M. D., Abdel-Azim, E., Menon, V., & Reiss, A. L. (2003). 〈유머
는 중변연계 보상중추를 조절한다Humor modulates the mesolimbic reward centers〉. *Neuron,*
40(5)：1041 – 1048.

180 Bartolo, A., Benuzzi, F., Nocetti, L., Baraldi, P., & Nichelli, P. (2006). 〈유머의 이해와
음미:fMRI 연구Humor comprehension and appreciation: An fMRI study〉. *Journal of Cognitive*
Neuroscience, 18(11)：1789 – 1798.

11장

181 Clever, S. L., Ford, D. E., Rubenstein, L. V., Rost, K. M., Meredith, L. S., Sherbourne,
C. D., ⋯ Cooper, L. A. (2006). 〈1차의료 환자의 의사결정 참여는 우울증 개선과 관
련 있다Primary care patients' involvement in decision-making is associated with improvement in
depression〉. *Medical Care,* 44(5)：398 – 405.

옮긴이   **정지인**

　　　　　부산대학교 독어독문학과를 졸업하고 번역 일을 하며 살고 있다. 14살 때 처음 번역가
가 되고 싶다고 생각했고, 15년 뒤 처음 번역을 시작했다. 그 후 20년 가까이 번역만 하며 살았고, 남은
삶도 계속 번역하며 살고 싶다. 읽는 이에게 어떤 식으로든 도움이 되는 좋은 책을 먼저 읽고 소개하는 것
이 가장 뿌듯하고 즐거운 일이다. 《우울할 땐 뇌 과학》, 《내 아들은 조현병입니다》, 《불행은 어떻게 질병으
로 이어지는가》, 《나는 정신병에 걸린 뇌 과학자입니다》, 《미술관에 가면 머리가 하얘지는 사람들을 위한
동시대 미술 안내서》, 《혐오사회》, 《무신론자의 시대》 등 60여 권의 책을 번역했다.

우울할 땐 뇌 과학, 실천할 땐 워크북

첫판　1쇄 펴낸날　2020년　1월 17일
　　　6쇄 펴낸날　2023년 12월 15일

지은이　앨릭스 코브
옮긴이　정지인
발행인　김혜경
편집인　김수진
편집기획　김교석 조한나 유승연 문해림 김유진 곽세라 전하연 박혜인 조정현
디자인　한승연 성윤정
경영지원국　안정숙
마케팅　문창운 백윤진 박희원
회계　임옥희 양여진 김주연

펴낸곳　(주)도서출판 푸른숲
출판등록　2003년 12월 17일 제2003-000032호
주소　서울특별시 마포구 토정로 35-1 2층, 우편번호 04083
전화　02)6392-7871, 2(마케팅부), 02)6392-7873(편집부)
팩스　02)6392-7875
홈페이지　www.prunsoop.co.kr
페이스북　www.facebook.com/simsimpress　　인스타그램　@simsimbooks

ⓒ푸른숲, 2020
ISBN　979-11-5675-808-2 (03180)

심심은 (주)도서출판 푸른숲의 인문·심리 브랜드입니다.

* 잘못된 책은 구입하신 서점에서 바꾸어 드립니다.
* 본서의 반품 기한은 2028년 12월 31일까지입니다.